Anthologie

Weihnachten bei uns daheim

Band 1

VJE Bücher

Verlag: Jasmin Eichner Verlag, Gerberstraße 11 – 13
77652 Offenburg
Telefon: 07 81 / 7 35 02

1. Auflage November 1996

Gemeinschaftsproduktion der Eichner-Autoren

Satz: Satz-Studio Meyer
77963 Schwanau, Telefon 0 78 24 / 6 65 02

Covergestaltung: DMS-Studio in Zusammenarbeit mit VJE

Druck: Jasmin Eichner Druck- & Verlagshaus

ISBN 3-89668-170-2

Anthologie

Weihnachten bei uns daheim

Band 1

Gemeinschaftsproduktion
der Eichner-Autoren

Weihnachten 1996

Ein herzliches Dankeschön

Dir lieber Walter

Frohe Weihnachten

und zum Neuen Jahr

Gesundheit, Glück

und Zufriedenheit

wünscht Dir von Herzen

Inge

Inhaltsverzeichnis

Annett Schubert

Damit sie nie mehr friert

****

Der Heiligabend war vorüber. Die Kirchturmuhr schlug Mitternacht. Auf Zehenspitzen schlich ich mich noch einmal zum Kinderzimmer und öffnete die Tür einen Spaltbreit. Die kleine bronzefarbene Wandleuchte im Flur warf einen feinen Lichtschimmer durch die Glasscheiben.

Mein Blick streifte über das Kinderbettchen. Unser Jüngster, gerade eineinhalb Jahre alt, hatte seinen Knuddel, einen hellblauen Stoffteddy, fest an sich gedrückt und lächelte im Schlaf zufrieden vor sich hin. Ich hauchte ihm ein Küßchen auf seine Pausbäckchen und flüsterte: „Träum was Schönes."

Dann huschte ich mit zwei kleinen Schritten zum Kinderbett unserer dreijährigen Tochter. Eine Holzdiele begann zu knarren. Elisa rekelte sich, murmelte ein paar unverständliche Worte, streckte schließlich ein Ärmchen heraus und umschlang ihr kleines, heiß ersehntes Kinderfahrrad, welches dank seiner Stützräder neben ihrem Bett plaziert werden konnte.

„Alles okay?" flüsterte mein Mann, der soeben zur Tür hereinspähte.

„Ist das nicht süß", sagte ich, während ich mit dem Zeigefinger zum Fahrrad deutete.

„Unsere kleine Schnecke. Wie sie losgewetzt ist: Mein Fahrrad! Weihnachtsmann, du hast mein Fahrrad vergessen!" äffte mein Mann.

Unwillkürlich mußten wir beide lachen und verließen schnell das Zimmer, damit wir die Kinder nicht munter machten.

Wir gingen ins Wohnzimmer, wo ich mich auf die Couch fallen ließ: „War das ein Trubel heute. Ganz schön anstrengend, so ein Zwölf-Personen-Haushalt. Ich bin echt groggy!"

„Na, du hast ja auch die meiste Zeit in der Küche geschufftet. Bloß gut, daß wir unseren ‚Willy' haben, sonst müßten wir jetzt noch Geschirr spülen."

„Gott sei Dank! Es dreht sich ohnehin nur noch alles ums Essen - um die Geschenke! Vieles haben die Kinder gar nicht mal richtig ausgepackt. Elisa wollte nur ihr Fahrrad."

„Das wird schon noch. In ein, zwei Tagen ist das Neue nicht mehr neu, dann wird all das andere ihr Interesse wekken."

„Ich find das nicht in Ordnung, daß Elisa drei Puppen geschenkt bekommt, wo eine Galerie voll auf dem Schrank sitzt", sagte ich wehmütig.

„Laß gut sein, super war's trotzdem. Weihnachten so richtig in Familie!" sagte Papa und nahm mich zärtlich in die Arme.

*****

Die ersten Sonnenstrahlen blinkten hinter dem Berg hervor, der Himmel war strahlend blau und wolkenleer. Eine hauchdünne Schneedecke zierte die Erde. Die Spatzen tummelten sich scharenweise in der Hecke vor dem Haus, während die Amseln das Laub vom letzten Herbst nach einem Leckerbissen durchstöberten. Es versprach, ein schöner Weihnachtsfeiertag zu werden.

Übermütig tänzelte ich zum Kinderzimmer und zitierte jenen Spruch meiner Lieblings-Patentante, mit dem sie mich als Kind stets weckte: „Heraus aus den Betten, heraus aus dem Haus, die liebe Frau Sonne, die lacht euch sonst aus."

Ohne eine Antwort abzuwarten, begab ich mich ins Wohnzimmer, nahm beschwingt ein weißes Tischtuch aus dem Schrank, schaltete im Vorbeigehen den Christbaum an und deckte anschließend den Frühstückstisch. Mein Mann klapperte in der Küche.

„Papa“, rief ich, „setzt du mal den Kaffee an?“

„Hab ich schon. Soll ich ein paar Eier kochen?“

Ich eilte ins Kinderzimmer und fragte: „Möchtet ihr ein Frühstücksei? Dann aber raus aus den Federn und flink angezogen!“

Jubelnd sprang Dario aus seinem Bettchen. „Ja, ein Ei, ich möchte ein Ei essen!“

Kleine Tippelschritte folgten mir ins Wohnzimmer. Ich ging zur Schrankwand, zog die Schubladen mit den CDs auf, nahm die „Wiener Klassik“ heraus und legte die Scheibe in den CD-Player.

„Probier doch mal die neue aus“, sagte mein Mann, der soeben das Wohnzimmer betrat und mit dem großen Küchenmesser in der Hand in Richtung Weihnachtsbaum deutete.

„Du solltest nicht so mit dem Messer herumwedeln!“ sagte ich ein wenig streng.

„Oh, Pardon. Ich war gerade dabei, ein paar Scheiben von dem Christstollen abzuschneiden“, entschuldigte er sich und verschwand wieder in Richtung Küche.

Ich holte die mit einem Schleifenband versehene CD unter dem Christbaum hervor. Obwohl ich mir nicht sicher war, daß nachfolgende Rhythmen mit einem gemütlich ausgedehnten Frühstück harmonierten, tauschte ich schließlich den „Strauß“ gegen die „Rockchristmas“, als Papa - ich nannte meinen Mann seit der Geburt unserer Kinder meist so - plötzlich rief: „Ich hab schon wieder etwas falsch gemacht.“

Sofort dachte ich an hartgekochte Eier, denn die konnte bei uns keiner leiden, als ich auch schon seine Stimme vernahm: „Die Eier sind okay!“

Ich zog die Stirn kraus. „Du hast wohl wieder den Landkaffee gefiltert?“ sagte ich ein wenig ironisch, als ich die Küche betrat.

„Viel schlimmer!“ sagte Papa, wobei er wissentlich bis über beide Ohren grinste. „Schau doch mal, hier muß Keithy aber mächtig gezerrt haben.“

„Um Gottes Willen, die haben wir ja gestern bei all dem Trubel völlig vergessen“, platzte ich heraus, während ich mir das nächtliche Kunstwerk betrachtete. „Oh je, da wird Elisa sicherlich heulen.“

Meine etwas impulsive Tonlage ließ unsere Tochter hellhörig werden. Im Nu kam sie in die Küche gesaust. Ein kleiner barfüßiger Engel mit langem, goldblondem Haar blickte uns aus großen Augen an. Dann wurden ihre rosigen Wangen kreidebleich.

„Wer hat das kaputt gemacht?“ brüllte sie los.

Papa schniefte reuevoll einen tiefen Atemzug durch die Nase. Dann tätschelte er meine Schulter und nickte mir augenzwinkernd zu, was soviel heißen sollte wie: Du kriegst das schon hin.

„Weißt du“, begann ich vorsichtig, „der Papa hat den Stuhl zu nahe bei Keithy . . .“ Noch ehe ich zu einer entsprechenden Erklärung kam, schnitt sie mir das Wort im Munde ab.

„Du bist daran schuld!“ schrie sie aus voller Kehle, riß ihm das Hemd aus der Hose und rannte aufschluchzend ins Wohnzimmer.

„Was is'n los, Lisa?“ meldete sich unser Sohnemann zu Wort, der, anstatt sich anzuziehen, schon wieder unter dem Christbaum saß und genüßlich von seinem Weihnachtsteller naschte.

Krokodilstränen perlten zu Boden, und der rechte Ärmel ihres rosafarbenen Nachthemdes diente als Taschentuch. Mit beiden Händen streckte sie ihm ihr zerlöchertes Hemd entgegen: „Der Papa war's, der ist daran schuld.“

Dario kroch schließlich unter dem Christbaum hervor. „Das is danz daputt!“ und schwupps war das nächste Stück Schokolade in seinem Mund verschwunden.

Elisa sank heulend in den Sessel.

„Nun zieht euch aber an, wir wollen endlich frühstücken!“ sagte ich ein wenig streng, und an Elisa gewandt, während ich ihr ein anderes Unterhemd reichte: „Ich kaufe dir ein neues.“

„Aber genau so eins!“

Das war mehr ein Befehl als eine Bitte. Mitleidig tolerierte ich diesen Ton und half ihr stattdessen beim Ankleiden.

„Nun hör mir mal gut zu“, sagte ich, „wir haben uns gestern überhaupt nicht um Keithy gekümmert. Die arme hat kein einziges Geschenk bekommen, nicht einmal frisches Heu. Vielleicht war ihr kalt, und da wollte sie sich nur mal deine Sachen borgen. Du weißt doch, wie eng die Gitterstäbe sind!“

Mit dem Köpfchen nickend bestätigte sie es mir: „Hm.“

„Schau mal, wie groß dein Hemd ist! Da hat die Keithy gezerrt und gezogen und gar nicht gemerkt, daß sie mit ihren scharfen Zähnen lauter Löcher macht." - Es schien eine zufriedenstellende Erklärung zu sein, zumindest hatte die Heulerei ein Ende.

„Werden wir jetzt endlich frühstücken?" drängelte Papa ungeduldig. „Nachher machen wir gemeinsam den Hamsterkäfig sauber, und ihr zwei gebt Keithy ganz viel frisches Heu rein."

„Damit sie nie mehr friert", meinte Elisa beruhigt, beugte sich zu mir vor und flüsterte: „Das Hemd, das schenk ich Keithy."

Heidrun Waibel

Friede für Christine

****

„Haben wir nun alles?“ fragte Christine, die mit ihrem Mann inmitten des großen Kaufhauses stand und kritisch ihre Einkäufe betrachtete, die im Einkaufswagen lagen.

„Ich denke schon“, murmelte Robert. „Das Videospiel und den CD-Player für Kai, und für Sonja das Keyboard und den Fotoapparat.“

„Die Wünsche unserer Kinder werden von Jahr zu Jahr kostspieliger“, seufzte Christine und hatte mal wieder, so wie alljährlich zur Weihnachtszeit, das Gefühl, daß sie ihre Kinder viel zu sehr verwöhnten. Eigentlich ist Weihnachten überhaupt kein Weihnachten mehr, dachte sie. In den Kaufhäusern werden schon die Weihnachtsdekorationen kurz nach den Sommerferien aufgebaut, nur damit das Weihnachtsgeschäft auch genügend abwirft, aber die ganze Vorfreude geht damit verloren, und die Leute überschlagen sich fast, nur um ihre Lieben mit teuren Geschenken zu überhäufen, denn mit Kleinigkeiten ist niemand mehr zufrieden, es muß bei allem das Teuerste und Beste sein.

Während Christine Robert folgte, der den Einkaufswagen zur Kasse schob, dröhnte aus den Lautsprechern im Kaufhaus in einer unbeschreiblichen Lautstärke das Weihnachtslied „Stille Nacht“ und wurde immer wieder von der blechernen Stimme eines Kaufhausangestellten unterbrochen, der die neuesten Sonderangebote verkündete, so als wären sie die Botschaft Gottes. Christine fühlte sich seltsam dabei, und von Minute zu Minute wurde ihr mehr bewußt, wie kalt und gefühllos die Weihnachtszeit geworden war, nichts mehr war zu spüren vom Fest der Liebe und des Friedens. Aus den Augenwinkeln heraus beobachtete sie ein Ehepaar, das vor einem Spielzeugregal stand und sich lautstark darüber stritt, was sie ihren Kindern nun schenken wollten. Fehlt nur noch, daß sie sich deswegen schlagen, dachte Christine bitter, und plötzlich erschienen ihr die vielen Menschen, die durch die Gänge hasteten und sich suchend mit den Wunschzetteln ihrer Kinder in Händen in den Regalen umsahen, wie Marionetten, die dieses Gedränge auf sich nahmen, nur um ihre Kinder am Heiligen Abend zufriedenzustellen, um vielleicht ein kurzes Dankeschön und ein kleines Lächeln zu ernten und sich damit vorgaukeln zu können, daß sie ein glückliches Familienleben führten und ihre Kinder sie liebten. „Denkst du, unsere Kinder würden uns auch lieben, wenn sie einmal keine oder nur kleine Geschenke bekommen würden?“ fragte Christine leise, während sie mit Robert zum Auto ging.

„Lieben schon“, grinste Robert, „aber sie wären furchtbar enttäuscht, und das wollen wir doch nicht.“

Christine setzte sich ins Auto. „Das klingt ja fast so, als wären wir verpflichtet, ihnen so teure Geschenke zu machen.“

Robert sah sie für einen Augenblick von der Seite an, dann startete er den Wagen und fuhr aus der Parklücke. „Es war doch bisher an jedem Weihnachtsfest so, warum sollte es dieses Jahr anders sein?“

„Weil mir so Weihnachten nicht mehr gefällt“, murmelte Christine. „Die Kinder wissen doch gar nicht mehr, um was es beim Weihnachtsfest überhaupt geht. Für sie sind doch nur die Geschenke wichtig.“

„Ach Chris, die Zeiten haben sich einfach geändert“, seufzte Robert.

„Ja“, murmelte Christine, „es ist kalt geworden auf dieser Welt, kein Mensch hat mehr Zeit und Verständnis für den anderen, man redet und beschäftigt sich nicht mehr miteinander, und auch an Weihnachten, dem Fest, das uns daran erinnern sollte, seine Mitmenschen zu lieben, ist es nicht anders."

„Das mag vielleicht bei anderen Familien so sein, aber doch nicht bei uns", meinte Robert mit voller Überzeugung, und Christine sah ihn erstaunt von der Seite an, aber sie sagte ihm nicht, daß es in ihrer Familie genauso war. Die CDs hatten das Singen der Weihnachtslieder abgelöst, das Fernsehen verhinderte jegliche Unterhaltung innerhalb der Familie, und die Video- und Computerspiele ersetzten das Spielen miteinander: Sie hatte jedesmal das Gefühl, daß mit jedem Weihnachtsfest ein kleines Stückchen Liebe und Wärme in der Familie verlorenging.

Sie zeigte auf eine Bäckerei am Straßenrand. „Laß mich bitte hier raus, wir brauchen noch Brot für heute abend."

Robert hielt den Wagen an, ließ Christine aussteigen und fuhr dann weiter, um selbst noch einige Dinge in der Stadt zu erledigen.

Christine betrat die Bäckerei, aber die allgemeine Hektik, die im Laden herrschte, trug nicht gerade dazu bei, daß sie sich besser fühlte, und auf ihrem anschließenden Nachhauseweg, der sie durch die Fußgängerzone führte, empfand sie die Weihnachtsdekorationen in den Schaufenstern und die vielen Lichter, die an den Giebeln der Geschäftshäuser festlich leuchteten, als überflüssig, denn keiner der vielen Menschen, die mit ihren Einkaufskörben oder Taschen, in denen sich die Geschenke für ihre Lieben befanden, über die Straßen hetzten, schien sie zu bemerken. Sie hasteten in dieses oder jenes Geschäft, um dann mit einem weiteren Geschenk wieder herauszukommen, und es schien so, als hätten sie sich nicht einmal die Mühe gemacht, das Geschenk mit Liebe auszusuchen, denn dazu war die Zeit, die sie im Laden verbrachten, viel zu kurz gewesen.

Christine sehnte sich nach ein klein wenig Ruhe und Besinnung, und als sie an der großen Stadtkirche vorüberging, hatte sie plötzlich das Verlangen, hineinzugehen und sich in eine Kirchenbank zu setzen, um für ein paar Minuten dem hektischen Treiben in der Stadt zu entfliehen. Sie betrat durch das Hauptportal die Kirche, und als sich die schwere Holztüre hinter ihr schloß, blieb sie für einen Augenblick wie erstarrt stehen, denn der Straßenlärm war mit einem Schlag wie abgeschnitten, und die Stille in der Kirche schien sie fast zu erdrücken, doch dann empfand sie die Stille als angenehm, und sie wagte es kaum, weiter in die Kirche hineinzugehen, aus Furcht, die Stille mit dem Klappern ihrer Stöckelschuhe zu durchbrechen. Auf Zehenspitzen ging sie durch das große schmiedeeiserne Tor in das Seitenschiff hinüber, in dem sich die große Weihnachtskrippe befand, und setzte sich auf die Kirchenbank, die vor der Krippe stand. Schweigend betrachtete sie die geschnitzten Holzfiguren und dachte an ihre Familie.

Für so etwas haben sie nichts übrig, ging es ihr durch den Kopf. Robert würde mich belächeln, wenn er mich hier sehen könnte, weil er meine sentimentalen Gefühle nicht versteht. Kai mit seinen vierzehn Jahren hätte dafür überhaupt kein Verständnis und würde fragen, was er davon hat, wenn er die alten, verstaubten Holzfiguren betrachtet, und Sonja - nun ja, Sonja würde es vielleicht verstehen - sie ist noch ein halbes Kind und noch empfänglich für Gefühle.

Christine seufzte und dachte an die Weihnachtsfeste, die sie als Kind erlebt hatte. Damals gab es nicht viele Geschenke, denn ihre Eltern hatten nur wenig Geld, aber die Geschenke waren auch nicht so wichtig, vielmehr war es der Zauber dieses Festes, der Geruch, der in diesen Tagen durch das ganze Haus zog. Alles war so geheimnisvoll, und sie hatten immer das Gefühl gehabt, daß diese Tage etwas ganz Besonderes waren, denn diese Zeit hatte ganz der Familie gehört. Man hatte gesungen, erzählt und geredet, und es hatte Stille und Besinnlichkeit geherrscht.

Unsere Kinder haben so ein Weihnachtsfest noch nie erlebt, dachte Christine, denn als sie geboren wurden, hatten wir genügend Geld, und sie wurden schon von klein auf mit Geschenken überschüttet. Die Stille und Besinnlichkeit ist dem Fernsehen gewichen, das Liedersingen gab es bei uns nie, weil Robert dafür nichts übrig hat, und ich habe mich schon aus diesem Grund zurückgehalten. Daß Kai nicht singen mag, ist zu verstehen, denn er ist völlig unmusikalisch, aber anstatt zu akzeptieren, daß Sonja singt, lacht er sie aus, und Sonja schämt sich dann. Wir reden zwar miteinander, aber wir führen keine tiefgründigen Gespräche, weil der Fernseher, der immer nebenbei läuft, das verhindert, und wehe wenn ich den Fernseher leise oder gar abstellen möchte, dann bekomme ich nicht nur mit meinen Kindern, sondern auch mit Robert Ärger.

„Ja, es ist traurig, was aus Weihnachten geworden ist", hörte sie plötzlich eine Frauenstimme neben sich, und als sie sich erschrocken umdrehte, entdeckte sie eine alte Frau, die sie kannte. „Guten Tag, Frau Benz", grüßte sie die Frau, die im selben Stadtteil wie sie, nur ein paar Straßen weiter, in einem kleinen Einfamilienhaus wohnte. „Woher wissen Sie, was ich gedacht habe?"

Frau Benz schenkte ihr ein kleines Lächeln. „Ist es nicht bei vielen so?" fragte sie, ohne Christine eine Antwort zu geben, dann zeigte sie auf die Kirchenbank. „Darf ich mich zu Ihnen setzen?"

Christine nickte, und die Frau setzte sich zu ihr.

„Es ist sehr traurig, daß es so weit gekommen ist", seufzte Christine.

Frau Benz starrte mit wehem Blick auf die Krippe. „Wir sind selbst daran schuld."

„Ja, da haben Sie wohl recht", murmelte Christine bitter. „Wir überhäufen unsere Kinder aus Liebe mit Geschenken, und da sie es nicht anders kennengelernt haben, ist Weihnachten für sie das Fest der Geschenke. Sie werden nie den Sinn dieses Festes begreifen, denn wir, die es noch anders kennen, sind zu bequem geworden, um es ihnen zu erklären. Wir gehen nicht mehr in die Kirche, weil es zu Hause im warmen Wohnzimmer auf der Couch doch viel gemütlicher ist, wir laden keine Gäste mehr ein, weil das mit Arbeit verbunden ist, wir singen und wir reden nicht mehr miteinander."

„Sie wissen, woran es liegt, warum ändern Sie es dann nicht?" fragte Frau Benz leise.

Christine starrte nachdenklich auf die Krippe, dann begann sie, der alten Frau leise zu erzählen, warum sie es nicht ändern konnte oder auch nicht wollte. Frau Benz hörte ihr ruhig zu. Zuerst erzählte Christine stockend und schämte sich sogar ein wenig, daß sie einer fremden Frau die Probleme erzählte, die sie an Weihnachten mit ihrer Familie hatte, doch dann nahm Frau Benz ihre Hand, und sie fühlte eine unbeschreibliche Liebe und Wärme, und sie schämte sich nicht mehr, denn sie spürte, daß diese Frau sie verstand.

„Versuchen Sie es trotzdem, Christine, denn in Ihrer Familie ist es noch möglich, etwas zu ändern", meinte Frau Benz, als Christine geendet hatte.

Christine lächelte die alte Frau an. „Meine Familie würde dagegen rebellieren, und das Fest würde noch häßlicher werden."

„Tun Sie es - für sich und für Ihre Kinder, denn wenn Sie jetzt nichts tun, würde es eines Tages, wenn Sie einmal alt sind, noch häßlicher werden", sagte Frau Benz mit einer solchen Härte, daß Christine es nicht wagte, etwas dagegen zu sagen. Irgendwie wollte sie auch nichts mehr dagegen sagen, und sie entschied sich, dieses Jahr das Weihnachtsfest mit ihrer Familie anders zu feiern.

Als sie am Abend mit ihrer Familie beim Abendessen saß, überlegte sie lange, wie sie ihnen ihr Vorhaben wohl beibringen sollte, doch dann lehnte sie sich auf ihrem Stuhl zurück und holte tief Luft. „Ich möchte, daß wir dieses Jahr den Heiligen Abend einmal anders verbringen."

„Anders?" fragte Robert erstaunt.

„Ja, ich möchte, daß wir morgen nachmittag in die Kirche gehen . . ." begann Christine und wurde durch ein allgemeines Murren der gesamten Familie unterbrochen.

„Das ist doch langweilig", maulte Kai. „Was sollen wir denn da? Wir gehen doch sonst nie zur Kirche."

„Gerade deshalb!" meinte Christine.

Robert seufzte. „Ach, Chris, zu Hause auf der Couch ist es doch viel gemütlicher."

„Gemütlicher ja, aber feierlicher ist es in der Kirche", beharrte Christine. „Ihr seht euch doch immer an Weihnachten diese herzzerreißenden Weihnachtsfilme im Fernsehen an, und danach bemängelt ihr immer, daß Weihnachten in Wirklichkeit nie so schön und feierlich ist, aber es liegt an uns selbst, wie wir unser Fest gestalten. Ich wünsche mir, daß wir dieses Jahr das Fest anders feiern und daß wir zur Kirche gehen."

„Wir werden sehen, wie das Wetter morgen ist", murmelte Robert, und Christine wußte, daß er ihr zwar nicht widersprechen wollte, aber daß diese Worte eine gut umschriebene Absage an sie waren, trotzdem ließ sie sich nicht beirren.

Als die Kinder in ihren Betten lagen, bat sie Robert, schon an diesem Abend den Weihnachtsbaum aufzustellen, damit sie ihn am nächsten Morgen schmücken konnte, doch auch da erntete sie zunächst nur ein unwilliges Murren und einen Blick, der ihr sagte, daß er sie nicht verstehen konnte. „Es genügt doch, wenn ich das morgen früh mache“, murmelte er.

Christine seufzte. „Robert, ich möchte dieses Jahr den Baum schmücken. Mit Liebe und in Ruhe - verstehst du? Nicht so wie sonst immer - zuerst schimpfst und fluchst du, weil der Baum nicht gerade ist, nicht in den Ständer paßt und auf der einen Seite zuviel und auf der anderen zu wenig Äste hat, dann werde ich wütend, weil du mir mein frischgeputztes Wohnzimmer mit Tannennadeln, Wasser und Harz schmutzig machst, und danach streitest du dich mit Kai darüber, wer nun dazu verdammt wird, den Christbaum zu schmücken. Kai mault dann, daß er Weihnachten doof findet und überhaupt keinen Christbaum haben will, und Sonja heult, weil du dann wütend drohst, den Christbaum aus dem Fenster zu werfen. Wenn dann der Baum endlich steht, werden lieblos ein paar glänzende Kugeln drangehängt und Lametta draufgeworfen, wobei Kai und Sonja immer eine Lamettaschlacht veranstalten. Du schimpfst, weil die elektrischen Kerzen nicht brennen und du mir schon beim letzten Weihnachtsfest gesagt hast, daß wir Ersatzkerzen brauchen, und wenn dann endlich auch das überstanden ist, wird der Fernseher eingeschaltet. Kurz vor der Bescherung gehen wir in die Küche, um zu essen, wobei ich mir jedesmal anhören muß, daß der Zeitpunkt zum Essen jetzt gerade ungünstig ist, weil doch noch dieser oder jener Film kommt. Wir sitzen dann, anstatt in festlicher Kleidung, in unseren alten Jogginganzügen - weil diese ja so bequem sind - vor dem festlich gedeckten Tisch und essen zu Abend, danach steigt für einen kurzen Moment die Spannung vor der Bescherung.

Wir hasten ins Schlafzimmer, holen die Geschenke, und noch bevor sie richtig unter dem Christbaum liegen, stürzen unsere Kinder darauf, reißen die Pakete auf, und dann kommen Kommentare wie: ‚Doofe Hose! Blöder Schlafanzug! Schon wieder so ein bescheuertes Sweatshirt! Immer nur Sachen zum Anziehen!‘ Das geht so lange, bis sie sich zu den Paketen mit den interessanten Dingen durchgewühlt haben, dann hören wir ein kurzes ‚Sehr schön!‘ oder ‚Toll!‘ und wenn wir großes Glück haben, bekommen wir ein ‚Echt Super‘ zu hören. Schon fünf Minuten später sitzt dann die ganze Familie wieder vor der Glotze und sieht sich einen jener herzzerreißenden Weihnachtsfilme an, in denen die Welt und Weihnachten noch in Ordnung sind - und das ist das einzige Mal, daß in mir ein Gefühl von Weihnachten aufkommt. Denn dann sehe ich plötzlich in deinen Augen Mitleid mit den Helden, die ein schweres Schicksal erdulden müssen, in Sonjas Augen sehe ich ein verräterisches Glänzen, das mir sagt, daß sie am liebsten weinen würde, aber sie wagt es nicht, weil Kai, der der einzige ist, den das alles nicht zu berühren scheint, über ihre sentimentalen Gefühle lachen würde. Wenn unsere Kinder dann endlich in ihren Betten liegen, bleibt uns ein riesiger Berg von Geschenkpapier, den wir wegräumen und dann ebenfalls zu Bett gehen.“ Christine klatschte in die Hände. „Frohe Weihnachten! Das war's dann - bis zum nächsten Jahr.“

Robert sah sie betroffen an. „Ist es wirklich so schlimm?“ fragte er leise.

Christine nickte. „Ja, und das weißt du genausogut wie ich."

Robert seufzte, dann ging er und stellte widerspruchslos den Baum auf, und Christine bemerkte, daß er sich große Mühe gab, nicht zu schimpfen oder gar zu fluchen.

Am nächsten Morgen stand Christine schon sehr früh auf. Sie genoß die Stille im ganzen Haus, denn die Familie lag noch in den Federn und schlief. Sie schloß sich im Wohnzimmer ein und schmückte in aller Ruhe den Christbaum. Nebenbei hörte sie Weihnachtslieder und sang leise mit. Es war ihr egal, daß ihr dabei immer wieder Tränen in die Augen stiegen. Es waren ihre Gefühle - sentimentale Gefühle, die sie jahrelang unterdrückt hatte, nur um von Robert und den Kindern nicht belächelt zu werden, aber nun war niemand da, der über sie lachen konnte. Als sie nach zwei Stunden fertig war, war sie erfüllt von jener unbeschreiblichen Vorfreude auf diesen Tag, die sie als Kind das letzte Mal gefühlt hatte, doch schon kurze Zeit später, als die Familie aufstand und ins Wohnzimmer wollte, um schon am frühen Morgen den ersten Film im Fernsehen anzusehen, war dieses Gefühl verschwunden.

Robert hielt sich zwar zurück, aber sie sah es ihm an, daß es ihm nicht paßte, daß sie die Wohnzimmertür verschlossen hatte. Sonja maulte, daß es ihr nun bestimmt langweilig werden würde, und Kai ging sogar so weit, daß er Christine als herzlos bezeichnete. Mißmutig saß die Familie den ganzen Morgen in der Küche. Während Robert sich eine seiner vielen Autozeitungen ansah, half Sonja Christine etwas widerwillig bei der Zubereitung des Mittagessens. Kai hatte den Kopf auf den Küchentisch gelegt und nervte Christine damit, daß er eine Murmel ständig auf dem Tisch hin- und herrollen ließ.

„Möchtet ihr nicht etwas spielen?“ fragte Christine nach einer Weile und erntete nur mißmutige Blicke. Sie seufzte und widmete sich wieder ihrer Arbeit.

Nach dem Mittagessen wollten die Kinder in ihre Zimmer gehen, und Robert erklärte, daß er sich für eine Stunde ins Bett legen würde.

„Wäre es nicht viel netter, wenn wir ein Gesellschaftsspiel miteinander spielen würden?“ fragte Christine und erntete wieder diese entsetzten Blicke, die sie glauben ließen, daß es ihrer Familie unsagbare Schmerzen bereiten würde, wenn sie sich miteinander beschäftigen müßte.

„Das ist doch was für kleine Kinder!“ maulte Kai.

„Ich verliere ja doch nur“, murmelte Sonja, und auch Robert seufzte. „Chris, das ist wirklich kein guter Vorschlag.“

„Ich möchte aber spielen“, sagte Christine hart und holte ein Spiel.

Gelangweilt setzte sich die Familie an den Tisch und begann zu spielen, doch nach zehn Minuten war nichts mehr von Langeweile zu spüren. Die Kinder waren plötzlich mit Leib und Seele beim Spiel, sie plapperten drauflos, erzählten nebenbei, lachten und scherzten, und zum ersten Mal seit langem unterließ es Kai sogar, Sonja zu ärgern. Alles in allem verlief der Nachmittag harmonisch, bis zu jenem Zeitpunkt, als Christine die Familie aufforderte, nun mit ihr in die Kirche zu gehen, da hagelte es wieder Proteste, aber Christine blieb hart, und die Familie folgte ihr mit düsteren Gesichtern zur Kirche.

„Bei dem Wetter würde man nicht einmal einen Hund vor die Tür jagen“, maulte Robert, als es leicht zu schneien begann. Er warf Christine einen vorwurfsvollen Blick zu, und Christine fragte sich schon zum x-ten Mal an diesem Tag, ob sie das richtige tat, denn in ihrer Familie wollte einfach keine weihnachtliche Stimmung aufkommen, und sie fürchtete sich davor, ihren Lieben das ganze Fest zu verderben.

Als sie die feierlich geschmückte Kirche betraten, empfingen sie das Flackern der brennenden Kerzen, leise Orgelmusik, das erwartungsvolle Flüstern und Murmeln der anderen Kirchenbesucher und leuchtende Kinderaugen, die sich neugierig und voller Erwartung in der Kirche umsahen.

So haben die Augen unserer Kinder auch geleuchtet, als sie noch klein waren und noch an das Christkind glaubten, dachte Christine und blickte zu Kai und Sonja, die nun nur noch gelangweilt nach einer freien Kirchenbank Ausschau hielten.

In der Kirche herrschte angenehme Wärme. Das schien wenigstens Robert wieder ein wenig zu versöhnen, denn er lehnte sich gemütlich auf der Kirchenbank zurück, auf die sich die Familie gesetzt hatte.

Auch Sonja machte es sich gemütlich, indem sie sich in den Arm ihres Vaters lehnte, aber Christine warf sie immer wieder einen vorwurfsvollen Blick zu.

Kai hingegen saß unruhig zwischen Sonja und Christine. Zuerst stellte er seine Füße auf die umklappbare Kniebank, dann hob er sie mit den Füßen ein wenig an und ließ sie zurückschnellen, so daß es laut klapperte. Christine warf ihm einen strafenden Blick zu, und er lehnte sich geknickt zurück. Desinteressiert ließ er seinen Blick durch die ganze Kirche schweifen, und als ihm das zu langweilig wurde, griff er zu Christines Entsetzen in seine Jackentasche und zog ein völlig zerknittertes Comicheft hervor.

Christine nahm es ihm sofort aus der Hand und steckte es in ihre Handtasche, wobei sie sich ein böses Knurren von Kai anhören mußte.

Der Pastor betrat die Kirche. Als er mit seiner Predigt begann, legte Kai seine Hand auf den Mund und gähnte theatralisch, bis Christine ihm einen drohenden Blick zuwarf, dann senkte er beleidigt den Kopf und hielt sich für den Rest der Predigt zurück. Der Kirchenchor begann „Stille Nacht" zu singen, und Christine bekam glänzende Augen, denn dieses Mal klang das Lied so, wie sie es sich vorgestellt hatte. Sie beobachtete ihre Familie, ob diese nun vielleicht doch so langsam von der feierlichen Stimmung ergriffen wurde, aber an Roberts Miene konnte sie keine Veränderung erkennen. Er blickte immer noch gleichgültig auf den Pastor, Sonja sang zwar leise mit, aber die feierliche Stimmung schien sie nicht zu beeindrucken, und Kai - nun ja, er hatte in der Zwischenzeit die Kordel seiner Winterjacke herausgezogen und ließ sie gelangweilt durch seine Finger gleiten.

Als der Pastor am Ende des Gottesdienstes die Gemeinde zum Friedensgruß aufforderte, sah Christine, daß Robert widerwillig seinem Banknachbarn, der ihm die Hand entgegenstreckte, die Hand reichte und mit ihm höflich den Friedensgruß austauschte, dann wandte er sich wieder dem Pastor zu - an Sonja dachte er gar nicht. Christine wollte ihm die Hand reichen, aber Robert knurrte unwillig, und sie ließ es. Auch Sonja, der sie anschließend die Hand entgegenstreckte, seufzte und reichte ihr dann verschämt die Hand, sagte aber nichts. Enttäuscht wandte sich Christine Kai zu. „Friede für dich und auf Erden, mein Junge", flüsterte sie und wollte Kai die Hand reichen, doch Kai entzog sich ihr.

„Das ist doch alles Blödsinn!" fauchte er, und Christine wußte, daß ihre Familie nichts begriffen hatte und es offensichtlich auch nicht begreifen wollte. In diesem Augenblick entschied sie sich aufzugeben, denn sie wollte der

Familie, der offensichtlich ihre eigene Art, Weihnachten zu feiern, besser gefiel, nicht das ganze Fest verderben. Traurig wandte sie sich von Kai ab und starrte mit Tränen in den Augen auf den Altar, denn sie stand an der Außenseite der Kirchenbank und hatte zu ihrer linken Seite keinen Nachbarn, doch plötzlich sah sie eine alte, zittrige Hand, die sich ihr entgegenstreckte, und als sie sich umwandte, blickte sie in die gütigen Augen von Frau Benz, die plötzlich neben ihr stand. „Friede für Sie, Christine, und auf Erden", sagte sie leise, und Christine ergriff diese alte Hand, als wäre sie ein Rettungsring, der sie aus der Tiefe ihrer traurigen Gefühle retten würde. „Friede auch für Sie", flüsterte sie und wandte sich wieder dem Pastor zu, der den Segen sprach, und während der ganzen Zeit hielt sie die Hand von Frau Benz fest, denn sie wußte, daß diese Frau sie verstand, und das gab ihr die Kraft, doch nicht aufzugeben.

Als der Gottesdienst zu Ende war, schob Christine ihren Arm unter den von Frau Benz und verließ gemeinsam mit ihr die Kirche. „Frau Benz, wäre es sehr vermessen, Sie zu bitten, mit uns den Heiligen Abend zu verbringen? Ich brauche Sie!"

Frau Benz lächelte sie an. „Ich bin alleine und habe nichts anderes vor, Christine."

Christine wandte sich an ihre Familie, die nun ebenfalls aus der Kirche kam und auf das Familienauto zusteuerte. „Ich habe Frau Benz für heute abend eingeladen."

Robert starrte sie an. „Christine, ich bin ein geduldiger Mensch, und ich habe auch Verständnis dafür, daß du heute einmal deiner sentimentalen Ader freien Lauf lassen willst, aber das geht mir zu weit!" zischte er so laut, daß Frau Benz es hören mußte, aber als Christine sie erschrocken anblickte, schien es so, als hätte sie es überhaupt nicht gehört. Sie lächelte Robert freundlich an und streckte ihm ihre alte, zittrige Hand entgegen. „Vielen Dank für die Einladung!“ meinte sie, und Robert blieb nichts anderes übrig, als ihre Hand zu ergreifen und eine freundliche Miene zu machen.

„War das jetzt alles, oder müssen wir jetzt auch noch Weihnachtslieder singen und die Weihnachtsgeschichte über uns ergehen lassen, bevor wir unsere Geschenke bekommen?“ maulte Kai, während sie nach Hause fuhren.

„Wenn du singen willst, habe ich nichts dagegen“, meinte Christine freundlich.

Das Abendessen verlief sehr ruhig, und Christine bemerkte, daß ihre Familie die Anwesenheit von Frau Benz überhaupt nicht paßte. Sie schämte sich unsagbar für das Verhalten ihrer Familie, aber Frau Benz warf ihr ein aufmunterndes Lächeln zu.

„Dürfen wir jetzt endlich ins Wohnzimmer?“ fragte Kai, als das Essen beendet war.

„Erst wenn wir den Tisch abgeräumt haben“, meinte Christine und stellte zu ihrer Verwunderung fest, wie fleißig ihre Kinder plötzlich waren, aber sie wußte, daß es ihnen nur darum ging, so schnell wie möglich an ihre Geschenke zu kommen.

„Fertig!“ verkündete Kai. „Dürfen wir jetzt?“

„Wir werden jetzt ganz ruhig ins Wohnzimmer gehen, uns in Ruhe den Weihnachtsbaum ansehen, und dann möchte ich, daß jeder, der ein Geschenk haben will, etwas sagt oder singt“, sagte Christine.

Robert schüttelte den Kopf, und Christine wußte, daß er so langsam an ihrem Verstand zu zweifeln begann.

„Das ist doch blöd! Ich mag nicht singen, weil Kai mich immer auslacht“, maulte Sonja.

„Du kannst ja auch nicht singen“, ärgerte Kai seine Schwester, dann wandte er sich an Christine. „Meinst du das wirklich ernst? Das ist doch total ätzend!“

„Ja, ich meine es ernst, Kai“, sagte Christine hart und verschwand im Wohnzimmer, doch schon kurze Zeit später kam sie zurück und öffnete die Wohnzimmertür für ihre Familie.

In dem Augenblick, als Robert und die Kinder den Raum betraten, konnte Christine zum ersten Mal an diesem Tag ein kindliches Erstaunen und so etwas wie Freude in den Gesichtern ihrer Lieben erkennen. Sie sahen sich verwundert im Raum um, der nur durch die Kerzen am Christbaum beleuchtet war, den Christine nicht mit bunten Glaskugeln, sondern mit Strohsternen, Holzfiguren und Süßigkeiten geschmückt hatte. Es roch nach Tannenreis, Kerzen und Lebkuchen, und im Hintergrund spielte leise Weihnachtsmusik. Doch als die Kinder die beiden kleinen Päckchen sahen, die unter dem Baum lagen, machte sich Enttäuschung auf ihren Gesichtern breit.

„Ist das alles?“ entfuhr es Sonja.

„Sind wir denn so arm, daß wir dieses Jahr nicht mehr bekommen?“ maulte Kai.

Christine seufzte. „Nein, wir sind nicht arm an Geld, Kai, aber ich habe festgestellt, daß wir arm an Gefühlen sind, denn unsere Liebe hängt anscheinend davon ab, wie viele Geschenke wir bekommen.“ „Das ist doch nicht wahr, Christine“, begehrte Robert auf. „Wir sind eine glückliche Familie, und wir lieben uns doch alle.“

„Sind wir wirklich so glücklich?“ fragte Christine leise. „Wir wissen doch gar nicht mehr, wie schön ein Weihnachtsfest sein kann, wenn man sich darauf besinnt, daß die Familie, das Miteinander und Füreinander, das Verstehen und die Liebe das wichtigste sind, und das wollte ich euch dieses Jahr einmal zeigen."

„Ich finde, das ist das blödeste Weihnachten, das ich jemals erlebt habe", maulte Sonja.

Ja, das finde ich auch", fauchte Kai. „Du bist so egoistisch und verlangst von uns, daß wir alle Weihnachten so feiern, wie du es willst, und verdirbst uns damit das ganze Fest."

Frau Benz, die sich in einen Sessel gesetzt hatte, sah Kai in die Augen. „Waren eure Weihnachtsfeste, die ihr bisher gefeiert habt, denn wirklich so schön?" fragte sie leise. „Sie haben sich doch, außer daß ihr viele Geschenke bekommen habt und es ein Festessen gab, in nichts von einem ganz gewöhnlichen Wochentag unterschieden."

Kai konnte dem festen Blick von Frau Benz nicht mehr standhalten und senkte die Augen, Robert räusperte sich verlegen, und Sonja zupfte nervös an ihrem Kleid herum.

„Ich kenne da eine Familie, bei der war es genauso", sagte Frau Benz. „Sie hatten auch für Weihnachten nichts übrig, obwohl sie früher immer sehr schöne Weihnachtsfeste gefeiert hatten. Damals waren sie noch arm, und das wichtigste für sie war, daß sie Zeit füreinander hatten und zueinanderhielten. Sie bastelten jedes Jahr in der Adventszeit Christbaumschmuck und Geschenke, und dabei sangen sie Weihnachtslieder, unterhielten sich und waren glücklich. Doch von Jahr zu Jahr ging es der Familie besser, und die Strohsterne, Holzfiguren und Süßigkeiten erschienen ihr zu ärmlich, deshalb kauften sie teuren Christbaumschmuck, und das Basteln hörte auf. Sie sangen nicht mehr, und sie redeten nicht mehr viel miteinander, denn ein Fernseher stand nun im Wohnzimmer und verhinderte jedes tiefergehende Gespräch. Die Kinder stellten immer größere Ansprüche, und ihre Eltern kauften ihnen, soweit es ihre finanziellen Mittel zuließen, alles was sie haben wollten, und ganz langsam, ohne daß es jemand bemerkte, traten die materiellen Dinge in den Vordergrund, und die Nächstenliebe, die Menschlichkeit und das Gemeinschaftsgefühl verkümmerten. Die Mutter bemerkte, wie die Familie auseinanderbrach, aber sie brachte nie den Mut auf, so wie eure Mutti zu versuchen, etwas zu ändern."

Frau Benz seufzte leise. „Die Kinder wurden älter, heirateten, hatten eigene Kinder und dachten nur an ihre Eltern, wenn es an Weihnachten Geschenke gab, dann kamen sie, holten die Geschenke, und schon nach einer Stunde gingen sie wieder und erklärten, daß sie keine Zeit hätten. Zuerst machte es den Eltern nichts aus, schließlich waren sie zu zweit und hatten Verständnis dafür, daß ihre Kinder, die nun eigene Familien hatten, alleine Weihnachten feiern wollten, aber dann starb der Vater, und die Mutter war allein. Sie wünschte sich nichts sehnlichster, als einmal wieder mit ihren Kindern zusammen das Weihnachtsfest verbringen zu können, aber die Kinder hatten es schon lange aufgegeben, Weihnachten zu feiern. Für sie war ein Skiurlaub oder ein Urlaub im warmen Süden wichtiger, und sie erfanden jedes Jahr eine andere Ausrede, nur um die Mutter nicht einladen und mit ihr feiern zu müssen, und so blieb die Mutter jedes Jahr allein, stellte die Fotos ihrer Kinder unter den Christbaum und erinnerte sich an jene glücklichen Weihnachtsfeste, die sie gefeiert hatten, als die Familie noch arm war."

„So etwas würden wir nie tun", murmelte Kai, der in einer Ecke der Couch saß.

„Nicht?" fragte Frau Benz leise. „Ihr habt ja jetzt schon kein Verständnis mehr für Weihnachten. Euch ist doch ein

Geschenk und das Fernsehen wichtiger als ein Gespräch mit der Familie. Eure Mutti hat mir gestern erzählt, wie ihr eure Weihnachtsfeste feiert und wie sehr sie die freudige Erwartung und die Zeit der Besinnung vermißt. Für sie war Weihnachten in ihrer Kindheit immer die schönste Zeit im ganzen Jahr. Sie konnte schon Wochen vorher vor Aufregung nicht mehr schlafen, und noch Wochen später dachte sie immer glücklich an diese Zeit zurück. Aus Liebe zu euch hat sie dieses Jahr versucht, euer Weihnachtsfest anders zu gestalten, um euch ein einziges Mal dieses unbeschreiblich schöne Gefühl zu geben. Für euch hat sie sich heute morgen beim Schmücken dieses Zimmers und des Christbaums die größte Mühe gegeben, und sie hat heute den ganzen Tag euer Murren und eure Vorwürfe ertragen, weil ihr nicht fernsehen durftet, weil ihr in die Kirche gehen mußtet und weil sie eine alte Frau eingeladen hat, die an diesem Abend alleine gewesen wäre. Sie hat euch dieses Mal nur kleine Geschenke unter den Christbaum gelegt, um euch klarzumachen, daß kein Geschenk der Welt die wahre Liebe ersetzen kann, und daß Liebe nichts mit der Größe des Geschenkes zu tun hat, denn so wie ich eure Mutti kenne, hat sie diese kleinen Geschenke mit viel Liebe ausgesucht, um euch trotzdem eine kleine Freude zu bereiten, aber ihr habt euch die Geschenke nicht einmal angesehen. Ihr hattet vorhin in der Kirche nicht einmal den Anstand, eurer Mutti den Friedensgruß zu schenken, weil ihr das doof findet, weil ihr euch geschämt habt und weil ihr kein Gefühl mehr für die anderen Menschen habt, denn sonst hättet ihr gemerkt, wie weh ihr eurer Mutti damit tut."

Es war eine ganze Weile still im Zimmer geworden. Robert saß auf der Couch und blickte verlegen auf Christine, Sonja starrte wie gebannt, mit offenem Mund, auf Frau

Benz, und nur Kai saß mit beleidigtem Gesicht auf der Couch neben Robert und schien sich nicht dafür zu interessieren, was Frau Benz sagte.

„Hattet ihr denn heute nicht auch das Gefühl, als wäre dieser Tag etwas Besonderes?“ fragte Christine leise. „Denkt doch mal an heute morgen, als ihr aufgestanden seid und es im ganzen Haus nach Weihnachten roch, oder an heute nachmittag, als wir miteinander in der Küche saßen und gespielt und geredet haben. War das nicht schön? Und als wir vorhin in der festlich geschmückten Kirche waren und der Kirchenchor die schönen Weihnachtslieder sang? Habt ihr denn überhaupt nichts dabei gefühlt?“

Robert räusperte sich. „Nun ja, es war heute morgen schon schön, als ich aufgestanden bin und es nach Weihnachten roch, und es war auch gut, einmal Zeit für die Familie zu haben und zu hören, was die Kinder so bewegt. Auch in der Kirche war es schön, und die Weihnachtslieder haben mich irgendwie berührt und in mir ein Weihnachtsgefühl geweckt, das ich als kleiner Junge an Weihnachten immer hatte.“

„Ich fand es auch schön, daß wir heute nachmittag miteinander gespielt und uns unterhalten haben“, meinte Sonja, „und die Weihnachtslieder in der Kirche waren toll.“

„Und du, Kai?“ fragte Frau Benz leise, aber Kai gab ihr keine Antwort.

Christine seufzte traurig, denn Kai schien es nicht gefallen zu haben. „So, ich denke, es ist Zeit für die Geschenke“, sagte sie leise. „Ich würde mich freuen, wenn ihr, bevor ihr eure Geschenke öffnet, etwas sagt oder ein Lied singt.“

„Gut, dann werde ich ein Lied singen“, meinte Sonja und erhob sich. Sie stellte sich vor den Weihnachtsbaum und begann ein Weihnachtslied zu singen. Zuerst zaghaft, doch als sie bemerkte, daß niemand - nicht einmal Kai - über sie lachte, wurde ihre Stimme fester, und als dann auch noch Christine und Frau Benz mit ihr sangen, trat ein freudiges Lächeln auf das Gesicht des Kindes. Danach setzte sie sich auf den Boden und packte vorsichtig ihr Päckchen aus, und als sie ein wunderschönes Porzellanpferd hervorzog, trat ein glückliches Lächeln auf ihr Gesicht. „Das paßt genau zu meiner Sammlung", meinte sie und setzte sich zufrieden mit ihrem Geschenk in eine Ecke.

„Christine sah Kai an. „Nun zu dir, Kai!"

„Ich kann doch nicht singen!" maulte Kai.

Frau Benz lächelte ihn an. „Aber ein Gedicht kannst du sicher."

Unwillig stellte sich Kai vor den Christbaum und begann mürrisch ein Gedicht vor sich hinzumurmeln, und schon nach der dritten Zeile wußte er nicht weiter, doch Frau Benz unterstützte ihn leise, und so schaffte er es, das ganze Gedicht vorzutragen. Erleichtert, es geschafft zu haben, setzte er sich danach auf den Boden und packte sein Geschenk aus. Mißmutig betrachtete er das schöne Abenteuerbuch, dann zog er sich damit wieder in seine Ecke auf der Couch zurück.

„Dieses Buch wolltest du dir doch schon lange kaufen", meinte Christine.

„Ja, danke", murmelte Kai.

„Ich freue mich, daß ihr euch doch noch ein wenig für dieses Fest begeistern konntet."

Frau Benz erhob sich. „Ich bin müde", murmelte sie, „und es ist Zeit für mich zu gehen."

Christine folgte ihr in den Flur hinaus und half ihr in den Mantel. „Ich werde Sie nach Hause begleiten."

„Christine, warte, ich werde mit euch gehen!“ rief Robert, dann sah er die Kinder an. „Würdet ihr bitte ein wenig aufräumen und dann zu Bett gehen?“ bat er sie und verließ dann mit Frau Benz und Christine das Haus.

„Ich danke Ihnen, daß Sie heute abend unser Gast waren“, sagte Christine leise, während sie Frau Benz nach Hause brachten. Sie hielt Frau Benz am rechten Arm, und Robert ging auf der anderen Seite und hielt Frau Benz am linken Arm, damit die alte Frau auf der verschneiten Straße nicht hinfiel.

Robert räusperte sich. „Es war ein schönes Fest, und ich danke Ihnen, daß Sie Chris unterstützt haben. Ich hätte nie geglaubt, daß es möglich ist, einmal unseren Kindern den Sinn von Weihnachten begreiflich zu machen, aber ich denke, daß sie heute abend sehr viel gelernt haben, und ich ebenfalls.“

„Bei Sonja war es leicht, sie ist noch klein“, meinte Christine, „aber Kai will es nicht verstehen, denn dann müßte er ja zugeben, daß er sich geirrt hat, und das ist in seinem Alter nicht ganz einfach.“

Frau Benz blieb vor ihrem Haus stehen. „Sie dürfen die Hoffnung nicht aufgeben, denn manchmal geschehen noch kleine Wunder.“ Sie reichte Robert die Hand. „Vielen Dank, daß Sie mich heute abend als Ihren Gast akzeptiert haben.“

„Ich war kein guter Gastgeber, Frau Benz“, sagte Robert leise, „aber Sie waren ein lieber Gast, und ich hoffe, daß Sie mir verzeihen.“

Frau Benz lächelte ihn an und reichte ihm die Hand. „Friede für Sie, Robert!“

Robert schluckte, dann ergriff er ihre Hand. „Friede auch für Sie, Frau Benz!“

Frau Benz wandte sich Christine zu und wollte ihr die Hand reichen, doch Christine umarmte die alte Frau. „Friede für Sie, Frau Benz, und ein frohes Weihnachtsfest."

„Danke!" murmelte Frau Benz und sah Christine mit einem seltsamen Blick an. „Gute Nacht, Christine!" Sie ging zur Haustür, und Robert und Christine warteten, bis sie im Haus verschwunden war, dann legte Robert seinen Arm um Christines Schulter und schlenderte mit ihr nach Hause zurück.

„Denkst du, daß es ihre Familie war, von der sie erzählt hat?" fragte er.

„Ich weiß, daß es so ist, Robert, denn ich habe den Seelenschmerz in ihren Augen gesehen, als sie uns das erzählte", antwortete Christine leise.

„Hoffentlich ergeht es uns nicht auch eines Tages so", seufzte Robert.

Christine sah ihm in die Augen. „Wenn unsere Kinder heute abend nur ein klein wenig von dem begriffen haben, was Frau Benz erzählt hat, dann sicher nicht."

Robert blieb stehen und legte beide Arme um Christine. „Ich liebe dich, Christine", flüsterte er. „Friede für dich!"

Christine lächelte ihn an. „Friede auch für dich, Robert!" Für einen kurzen Augenblick lehnte sie sich glücklich an ihn, denn sie wußte, daß er sie verstanden hatte und er sie in Zukunft, bei den nächsten Weihnachtsfesten, unterstützen würde.

Die Kinder lagen schon in ihren Betten, als sie nach Hause kamen, und Christine ging zu Sonja, um ihr „Gute Nacht" zu sagen.

„Mutti, es war ein schönes Weihnachtsfest, und nächstes Jahr möchte ich es wieder so feiern, aber dann soll es noch schöner werden, und ich helfe dir dabei", sagte Sonja leise.

„Das ist lieb von dir, meine Kleine." Christine küßte ihre Tochter auf die Stirn. „Friede für dich, Sonja!"

„Friede auch für dich, Mutti!" Sonja lächelte Christine an, dann rollte sie sich in ihre Decke ein und schloß zufrieden die Augen.

Christine ging zu Kai, der in seinem Zimmer im Bett lag und an die Decke starrte. „Gute Nacht, Kai", sagte sie leise.

„Nacht", murmelte Kai.

Christine war sehr traurig darüber, daß Kai ihr nicht sagte, daß ihm dieser Tag auch ein wenig gefallen hatte, aber was wollte sie auch von einem Vierzehnjährigen erwarten, der im schwierigsten Alter überhaupt war und rebellisch gegen alles.

Als die Familie am nächsten Morgen beim Frühstück saß, war ihnen die Freude über den vergangenen Tag immer noch anzumerken, und es herrschte Ruhe und Frieden im ganzen Haus. Robert unterhielt sich mit Sonja und Kai, und keiner von ihnen redete darüber, was wohl heute im Fernsehen kommen würde, oder saß gar schon mit dem Frühstücksteller davor, so wie sonst immer.

„Chris, ich würde gerne Frau Benz zum Mittagessen einladen", meinte Robert. „Ich finde es nicht richtig, daß sie an Weihnachten alleine ist."

Christine nickte. „Gerne, ich bin einverstanden." Sie sah ihre Kinder an: „Und was denkt ihr darüber?"

„Ja, es wäre schön, wenn sie kommen würde", meinte Sonja.

„Von mir aus“, murmelte Kai.

„Gut, dann werde ich sie anrufen“, sagte Christine und ging zum Telefon, aber Frau Benz meldete sich nicht. Deshalb versuchte sie es den ganzen Vormittag immer wieder, aber sie erreichte Frau Benz nicht.

Am Nachmittag verzichteten die Kinder und Robert freiwillig darauf, den Fernseher einzuschalten und baten Christine stattdessen, mit ihnen spazieren zu gehen. Als die Familie auf dem Rückweg war, kam sie am Haus von Frau Benz vorbei. „Ich werde es noch einmal versuchen“, meinte Christine. „Vielleicht ist sie ja jetzt da, und sie könnte mit uns Kaffee trinken.“ Sie ging zur Haustür und klingelte, während die anderen am Gartentor warteten, aber Frau Benz öffnete nicht. Die heruntergelassenen Rolläden irritierten sie, und sie kam zu Robert zurück. „Sie sagte doch, daß sie alleine sei und von niemandem an Weihnachten eingeladen wird. Sie kann doch nicht den ganzen Morgen außer Haus sein“, flüsterte sie. „Außerdem hätte sie doch heute morgen sicher die Rolläden hochgezogen. Ich mache mir Sorgen, vielleicht ist sie gefallen und kann sich nicht bemerkbar machen, oder es ist sonst etwas geschehen.“

„Wir werden mal ums Haus herumgehen“, meinte Robert und gebot den Kindern zu warten, während er mit Christine in den Garten ging. Sie entdeckten ein Fenster, an dem der Rolladen nur halb heruntergelassen war, und als sie durch das Fenster blickten und sich ihre Augen an die Dunkelheit, die in dem Raum herrschte, gewöhnt hatten, erkannten sie, daß es das Wohnzimmer war. Das Zimmer war festlich geschmückt, ein kleiner Christbaum, mit Strohsternen, Holzfiguren und Süßigkeiten behängt, stand auf dem Tisch in einer Ecke, darunter standen die Fotos der drei Kinder von Frau Benz.

„Sie ist tot!“ hörten Robert und Christine plötzlich Kai neben sich. Dann entdeckten auch sie die alte Frau, die auf der Couch lag. Ihre gütigen Augen waren weit geöffnet. Sie starrten auf die Fotos unter dem Weihnachtsbaum, und ein sanftes, zufriedenes Lächeln lag auf ihren Lippen.

„Sie hat einer Familie die Liebe zurückgebracht und dann ist sie einfach gestorben“, flüsterte Christine unter Tränen.

„Ja, Christine, aber sie durfte auch ein letztes Mal im Kreise einer Familie so ein Weihnachtsfest erleben, wie sie es früher gefeiert hat, und auch wenn der Heilige Abend gestern nicht ganz so gelungen war und wir nicht ihre Familie waren, so denke ich doch, daß sie an ihrem letzten Abend auf dieser Welt ein klein wenig glücklich war“, murmelte Robert.

Drei Tage später wurde Frau Benz beerdigt, und auch Christine und ihre Familie nahmen an der Beerdigung teil.

„Sie mußte alleine sterben, weil ihre Kinder vergessen haben, wie wichtig Menschlichkeit und Nächstenliebe ist“, murmelte Kai, als der Sarg in die Erde gesenkt wurde, „und ich möchte nicht, daß uns das auch passiert.“

Christine sah ihn von der Seite an. Sie hatte wohl bemerkt, daß Kai sich in den letzten beiden Tagen in sein Zimmer zurückgezogen hatte und nur zum Essen heruntergekommen war, und nun wußte sie, worüber er sich Gedanken gemacht hatte. Plötzlich spürte sie, wie sich seine kräftige Jungenhand in die ihre schob.

„Friede für dich, Mutti!“ flüsterte er, und Christine lächelte ihn an. „Friede auch für dich, mein Junge!“

Kerstin Breitschuh

Eine etwas andere Weihnachtsgeschichte

****

Weihnachten bei uns, das heißt ein Fest mit viel Trubel, Heiterkeit und einigen besinnlichen Momenten. Wir sind eine schrecklich nette Familie. Wir, das sind meine Eltern Charlotte und Matthias, meine Schwester Madleine, ihr Mann Heinz sowie ihre Kinder Martin und Karin. Natürlich mich nicht zu vergessen. Ich bin Diana und werde nun Weihnachten aus der Sicht meiner Familie beschreiben.

Wochen vor dem großen Fest sind meine Mutter und Madleine schon in Weihnachtsstimmung. Noch vor dem 1. Advent backt meine Schwester Plätzchen. Sehr zur Freude von Heinz, denn er ißt süße Sachen wahnsinnig gerne. Charlotte überzeugt auch Matthias davon, mit der Weihnachtsdekoration in der Wohnung schon frühzeitig anzufangen. Zum Leidwesen meiner Mutter habe ich für den frühen Weihnachtsrummel nicht allzuviel übrig. Dafür meine Nichte Karin um so mehr. Plätzchen zu naschen bis der Bauch weh tut und die Fenster mit dem Opa weihnachtlich zu dekorieren, findet Karin ganz toll. Auch lernt sie in der Schule schon Lieder auf der Flöte für Weihnachten. Die Lieder muß ich dann immer mit ihr üben, da ich die einzige bin, die ebenfalls Flöte spielen kann. Das Üben macht auch mir großen Spaß, wenn ich sehe, welche Fortschritte meine Nichte auf der Flöte macht.

Heinz, mein Schwager, nimmt den ganzen Trubel zu Weihnachten nicht so wichtig. Er ist auch derjenige, welcher seine Weihnachtsgeschenke auf den letzten Drücker kauft.

Dieses Jahr wollen wir Weihnachten bei meiner Schwester feiern. Madleine und Heinz hatten sich in diesem Jahr ein Haus gekauft, so daß meine Schwester ihr erstes Weihnachten in ihrem neuen Haus mit der kompletten Familie feiern wollte. Bevor der Heilige Abend stattfinden konnte, stand uns allen noch viel Arbeit bevor.

Meine Mutter wollte unbedingt, daß am Heiligen Abend gesungen wird. So mußten Karin, Heinz und ich „Stille Nacht, heilige Nacht“ auf unseren Musikinstrumenten einüben. Die Proben fanden unter der Aufsicht von Madleine statt. Diese Proben gestalteten sich als etwas schwierig, da wir vor lauter Lachen kaum üben konnten. Heinz spielte auf der Heimorgel, Karin auf der Flöte und ich auf der Gitarre. Heinz ist nicht sehr musikalisch, darum malte ich ihm die Noten auf der Heimorgel auf. Doch Heinz konnte sich einfach nicht an den Rhythmus der Melodie halten. Einmal spielte Heinz zu langsam, einmal zu schnell. Wir mußten alle sehr viel lachen, und so gingen einige Abende zum Üben drauf, bis wir „Stille Nacht, heilige Nacht“ einigermaßen gut zusammen spielen konnten.

Auch der Kauf eines Weihnachtsbaumes gestaltete sich als äußerst schwierig, wie bei unserer Familie nicht anders zu erwarten war. Mein Vater war der Ansicht, den Baum sobald wie möglich zu kaufen, weil da die Auswahl größer sei. Heinz meinte, man solle so spät wie möglich den Baum kaufen, dann wäre er nicht mehr so teuer und würde auch nicht so schnell die Nadeln verlieren. Die beiden einigten sich darauf, den Baum eine Woche vor Heiligabend zu kaufen.

Nun ging es um den Baumschmuck. Madleine hätte den Baum am liebsten ganz in Gold dekoriert, wie sie es im Fernsehen gesehen hatte. Meine Mutter war aber der Ansicht, daß der Baum altdeutsch geschmückt werden sollte. Wir einigten uns alle darauf, den Baumschmuck zu mischen; teils mit Gold und teils altdeutsch. So war jeder zufrieden.

Martin, der Sohn von Madleine, und Heinz hielten sich aus den ganzen Weihnachtsvorbereitungen heraus. Für den

18jährigen war Weihnachten einfach zu spießig und zu sehr auf Familie programmiert. In dieser Hinsicht gab ich ihm auch manchmal recht. Auch ich finde, daß um Weihnachten ein viel zu großer Wirbel gemacht wird. Aber ich beugte mich der höheren Gewalt. Und die höhere Gewalt in unserer Familie heißt Mutter.

Charlotte steht in der ganzen Weihnachtshektik über den Dingen. Wie ein Feldwebel kommandiert sie die Familie herum. Aber dabei verliert sie nie ihren Humor. So wie alle in der Familie ihren Sinn für Spaß behalten. An so ziemlich jedem Durcheinander können wir etwas Lustiges finden.

Das Einkaufen der Weihnachtsgeschenke fällt mir persönlich sehr leicht. Ich muß mir nie lange den Kopf zerbrechen, was ich jedem einzelnen Familienmitglied schenken soll. Bei den Eltern war es jedoch schwieriger. Mutti fragt mich, was sie Vati, so wie Matthias von mir wissen will, was er seiner Frau schenken soll. Meistens endet das Ganze damit, daß ich mit jedem von den beiden einkaufen gehe, um das passende Geschenk auszusuchen. Sogar Karin geht schon mit ihrer Mutter Geschenke kaufen. Sie spart schon Wochen vorher ihr Taschengeld, um für jeden etwas kaufen zu können. Meine Schwester erzählt uns dann immer, mit wieviel Sorgfalt Karin die Geschenke für jeden kaufe. Sie macht sich richtig Gedanken darüber, für jeden das passende Geschenk zu finden. Aber Karin ist auch sehr neugierig. Sie möchte schon immer im voraus wissen, was sie zu Weihnachten geschenkt bekommt. Heinz steht seiner Tochter in bezug auf die Neugier in nichts nach. Madleine muß seine Geschenke entweder in allerletzter Minute kaufen oder sie bei den Eltern verstecken, weil Heinz kurz vor dem Heiligen Abend beginnt, die Schränke nach Geschenken zu durchsuchen.

Nach den erledigten Einkäufen konnten wir alle Heiligabend kaum noch erwarten. Karin hatte in ihrem Zimmer einen Adventskalender, an dem sie jeden Tag eine Türe öffnete, und nun war endlich der Heilige Abend da.

Am Morgen des Heiligen Abends wurde der Baum aufgestellt. Karin bekam das Verbot auferlegt, das Wohnzimmer bis zur Bescherung nicht mehr zu betreten. Darüber war sie nicht einmal traurig. So konnte sie in aller Ruhe die Geschenke einpacken und auf der Flöte noch einmal alle Weihnachtslieder üben, die sie am Abend vorspielen wollte. Nun aber zurück zum Aufstellen des Baumes. Dies war die Aufgabe von Matthias und Heinz. Der hatte einen nagelneuen Baumständer gekauft, der sich als ziemlich schwierig in der Handhabung herausstellte. Erst ließ er sich nicht auseinanderklappen, und dann, als dies geschafft war, hielt der Baum im Ständer nicht, er kippte immer wieder um. Heinz und Matthias waren beide voller Nadeln, bis der Baum endlich fest im Ständer stand. Doch auf einmal stellte man mit Schrecken fest, daß die Tanne etwas zu groß geraten war und mit der Spitze an der Decke anstieß. Daraufhin beschlossen Heinz und Matthias, den Baum zu kürzen. Als sie damit fertig waren, war die 2,20 Meter große Tanne nur noch 1,60 Meter groß.

„Wir haben dieses Jahr aber einen großen Baum", meinten Madleine und ich mit etwas sarkastischem Unterton. Meine Mutter mußte darüber sehr lachen, doch Matthias und Heinz fanden die ganze Sache nicht so lustig.

Endlich stand der Baum in der Ecke vom Wohnzimmer, und wir konnten mit dem Schmücken beginnen. Ich gab meiner Schwester und meinem Vater abwechselnd den Christbaumschmuck aus der Verpackung in die Hand. Bei der ganzen Prozedur stand ich neben den beiden. Als diese sich nicht einigen konnten, wo die großen goldenen Kugeln am besten aussähen, beschloß ich, mich hinzusetzen. Ein Schrei meiner Schwester ließ mich hochfahren, doch es war schon zu spät. Ich saß mit meinem Po auf den kleinen goldenen Kugeln, die meinem Gewicht natürlich nicht standhalten konnten und in die Brüche gingen. Alle lachten, bis auf Madleine und ich. Auch Heinz verging ziemlich schnell das Lachen, als meine Schwester ihn in die Stadt schickte, um neue Kugeln zu kaufen. Nach einiger Zeit war der Baum fertig geschmückt. Zu unserer eigenen Überraschung funktionierten sogar alle Lichter bei der Christbaumbeleuchtung. Charlotte hatte den Aufbau der Krippe übernommen. Aber irgendwie sah die Krippe dieses Jahr etwas anders aus als sonst. Die Lösung war schnell gefunden. Charlotte hatte anstatt des Stalls das hölzerne Vogelhaus unter den Baum gestellt. Weil die beiden Teile sich so ähnlich sahen, hatte Charlotte den Unterschied nicht bemerkt.

Mutter nahm die ganze Sache mit Achselzucken zur Kenntnis und tauschte die beiden Häuser einfach aus. Nun war es geschafft. Der Weihnachtsbaum sah wunderschön aus. Auch tauchte Martin plötzlich auf. Dies war typisch für ihn. Martin kam immer erst dann, wenn die ganze Arbeit gemacht war. Er kam auch nicht um zu helfen, sondern er wollte wissen, was es zum Abendessen gab.

Ja, das Abendessen. Dies ist bei uns auch immer etwas anders als bei den meisten Familien. Vater und Heinz wollten zu Heiligabend eine Gans. Doch Mutter, Madleine und ich essen Gans nicht so gerne. Also wurden zwei Essen gekocht. Für Matthias und Heinz gab es Gans mit Kloß und Blaukraut, für Mutter, Madleine und mich Schweinebraten mit Kloß. Karin und Martin aßen von überall ein bißchen mit.

Die Eltern beschlossen, die Bescherung vor dem Abendessen stattfinden zu lassen, damit Karin nicht zu lange auf die Geschenke warten mußte. Wir hatten uns alle sehr fein angezogen. Wir sahen so schmuck aus, als wollten wir den Weihnachtsbaum in punkto gutes Aussehen übertreffen. Karins Augen leuchteten, als sie den Christbaum sah. Auch war sie sehr aufgeregt, ob ihr die Lieder auf der Flöte gelängen. Ich konnte sie beruhigen. Ich hatte zuvor mit ihr auf der Flöte nochmals alle Lieder geübt, und sie konnte sie wirklich gut spielen. Worüber ich mir mehr Gedanken machte, war, ob Heinz auf der Heimorgel alles richtig machen würde. Wir setzten uns um den Wohnzimmertisch und begannen zu musizieren. Meine Mutter war ganz begeistert, als sie Karin auf der Flöte spielen hörte. Ihre Begeisterung ließ allerdings nach, als Heinz anfing „Stille Nacht, heilige Nacht" auf der Heimorgel zu spielen. Einmal spielte er so schnell, daß wir mit dem Singen kaum nachkamen, und gleich darauf spielte er wieder so langsam, daß wir befürchten mußten, mit dem Lied nicht fertig zu werden. Als das Lied beendet war, sahen wir unsere Mutter an. Charlotte hatte Tränen in den Augen, wir dachten schon, sie finge zu weinen an, doch das Gegenteil war der Fall. Charlotte konnte sich kaum noch das Lachen verbeißen, und Matthias ging es auch nicht viel anders. Schließlich mußten wir alle herzhaft lachen, und so war es mit der Besinnlichkeit vorbei.

Geschenke verteilen und auspacken war nun angesagt. Wir fingen mit Karin an, weil sie die Jüngste ist und schon vor lauter Neugier zu platzen drohte. Die Geschenke, die jeder von unserer Familie bekommen hat, werde ich hier nicht einzeln aufführen. Aber ich kann sagen, es war für jeden das Richtige dabei. Ein Geschenk möchte ich doch erwähnen, da dieses im weiteren Verlauf des Abends eine besondere Beachtung fand. Es war eine Zauberkugel, in der eine Wahrsagerpuppe saß und sprechen konnte. Dieses Geschenk bekam Karin von ihren Großeltern. Aber die ganze Familie wollte damit spielen. Doch zuerst räumten wir gemeinsam den Abfall weg und deckten den Tisch für das Abendessen.

Madleine hatte für Mutti und mich den Schweinebraten zubereitet. Heinz hatte eigenhändig die Gans gebraten und das Blaukraut dazu gekocht, damit seine Frau nicht zusätzliche Arbeit hatte. Als Vorspeise gab es Lauchsuppe. Es schmeckte uns allen sehr gut. Nur Karin hatte wie immer am Essen etwas auszusetzen. Die Suppe war zu heiß, das Fleisch zu hart und die Klöße hatten angeblich keinen Geschmack. Natürlich wußten wir alle den Grund für ihr Verhalten. Karin wollte das Essen so schnell wie möglich beenden, damit sie mit ihren neuen Spielsachen spielen konnte. Aber sie mußte sich noch etwas gedulden, bis auch der letzte mit dem Essen fertig war. Danach halfen wir alle Madleine, die Küche aufzuräumen.

Als auch der Eßtisch bis auf ein paar Gläser abgeräumt war, konnte Karin endlich ihre Zauberkugel aufbauen. Wir hatten alle viel Spaß mit dem Spiel, besonders als Karin den Wahrsager befragte, ob ihr Vater betrunken wäre. „Natürlich nicht“, sagte Heinz. Doch der Wahrsager meinte: „Ja.“ Vor lauter Schreck stieß Heinz das Weinglas um. Wir mußten alle lachen, und Karin meinte zu ihrem Vater: „Du bist ja doch betrunken, die Zauberkugel hat es richtig gesagt.“

Am späten Abend saßen wir dann noch alle bei Plätzchen und Glühwein zusammen. Charlotte und Matthias erzählten Geschichten über die Weihnachtsfeste in ihrer Kindheit. In der Zeit, als meine Eltern Kinder waren, herrschte der Zweite Weltkrieg. Die Eltern erzählten uns, daß sie ihre Spielsachen nur zu Weihnachten bekamen, und nach den Feiertagen wurden sie wieder eingepackt und auf den Dachboden gestellt. Erst zur nächsten Weihnacht durften meine Eltern wieder mit ihren Puppen und Eisenbahnen (mehr gab es zu Kriegszeiten nicht) spielen.

„Auch wurde damals Weihnachten nicht nach dem materiellen Wert gemessen", meinten die Eltern. Viel wichtiger war damals das Überleben im Krieg, und daß alle gesund blieben. So etwas kann man sich heute nur noch schwer vorstellen. Nachdem meine Eltern ihre Erzählungen beendet hatten, waren wir alle etwas nachdenklich geworden. Wahrscheinlich stimmt es, daß Weihnachten zu materiell geworden ist. Ein Schrei von Karin ließ uns zusammenfahren. Sie stritt sich gerade mit Martin darüber, wer von ihnen beiden die meisten Geschenke bekommen hatte. Wir Erwachsenen fühlten uns nun in unseren Gedanken bestätigt, daß Weihnachten mehr an den Geschenken als an der Menschlichkeit gemessen wird. Aber vielleicht kommt einmal eine andere Zeit, in der das Menschsein wieder in den Vordergrund rückt, und das nicht nur zu Weihnachten.

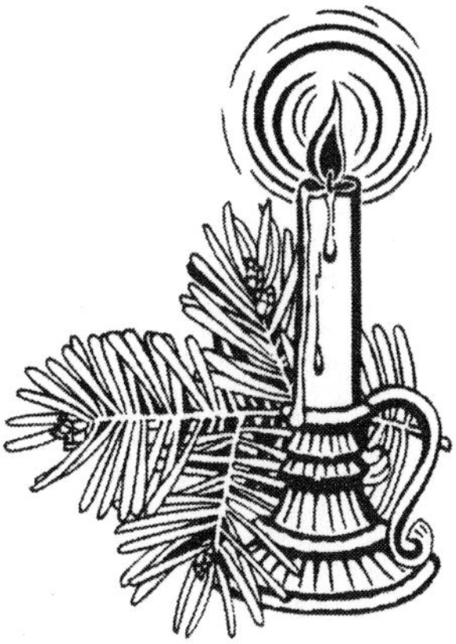

Oliver Meiser

Weihnachten unterm Flammenbaum

****

„Outra vez!“ - „Noch einmal!“ rief die Lehrerin und klatschte ermunternd in die Hände. „Du mußt richtig erstaunt und etwas mißtrauisch klingen, mit einer Portion Ängstlichkeit“, wies sie den sechzehnjährigen, kaffeebraunen Buben mit der Eselsmaske an.

Der Junge holte Luft und begann von neuem: „Ochs, Ochs! Es muß etwas Außergewöhnliches geschehen sein in dieser Nacht. Die Familie in unserem Stall, das Kind . . . Kommt es dir nicht auch reichlich sonderbar vor?“

„Oh ja“, antwortete der andere junge Mann mit seinem schwarzgefleckten Umhang und den aufgesetzten Hörnern, „und nicht nur sonderbar: wunderbar. Alles erstrahlt in einem Glanz!“

Lange rätselten Ochs und Esel, was wohl geschehen sein könne. Die Lehrerin, eine schlanke Frau mit langen, dunklen Haaren und sanften, schwarzen Augen, hielt ihr Kinn in die Hand gestützt und nickte zufrieden. Sie führte ihre Schützlinge mit viel Gespür.

Neben dem Podest wartete eine Schar von zwei Dutzend kleinen Engelchen auf ihren Auftritt. Schwarze, weiße und braune Engelchen, Bübchen und Mädchen aus den favelas, den Armenvierteln von Rio de Janeiro. Die sonst zerlumpten Kinder trugen golddurchwirkte weiße Spitzenkleidchen. Heute strahlten ihre Augen, denn jetzt, in der Weihnachtszeit, durften sie sein, was sie waren: Kinder mit Wünschen, Kinder, die viel lieber an einem Krippenspiel als am Drogenkrieg teilnahmen, Buben, die lieber herumalberten, anstatt als Kuriere zu dienen, und Mädchen, die lieber kicherten, als mit leidender Miene Geld für ihre Eltern zu erbetteln.

Über mir hörte ich das Rauschen der himmelhohen Königspalmen. Vom Hintergrund drangen die Geräusche der belebten Avenida Jardim Botanico. In der Luft hing der widerlich-süßliche Geruch, den die verfaulenden Früchte des Kanonenkugelbaumes verströmten, ein Geruch nach tropischer Vergängnis, von Zeit zu Zeit abgelöst von aromatischeren Düften, die von irgendwelchen blühenden Pflanzen herüberzogen.

Allein durch Zufall war ich auf die fröhliche Generalprobe des Krippenspiels gestoßen. Eigentlich hatte ich mich mit meinen Eltern hierher in den Botanischen Garten begeben, um ihnen die überschwengliche Pracht tropischer Vegetation zu zeigen. Seit fast einem Jahr hatte ich in der Stadt am Zuckerhut studiert. Zum ersten Advent waren meine Eltern angereist, um zu sehen, wo und wie ich lebte und was ich so trieb. Gemeinsam wollten wir Weihnachten in Brasilien feiern.

Nun lauschten wir den Dialogen von Ochs und Esel, die, eingerahmt von der wunderschönen Kulisse des Botanischen Gartens, die Weihnachtsgeschichte einmal anders, aus ihrer Sicht, erzählten. Randfiguren der Krippe, Tiere wie Ochs und Esel, denen der Ruf von eher bescheidener Intelligenz anhaftet, standen diesmal im Mittelpunkt der Aufführung. Ihre Darsteller, die Kinder und Jugendlichen, fristeten während des übrigen Jahres ein ähnliches Schicksal wie die Krippentiere. Auch sie waren sonst rücksichtslos an den Rand gedrängte Geschöpfe, Randfiguren der brasilianischen Gesellschaft, einer Gesellschaft, die in ihrem grenzenlosen Egoismus die große Mehrheit der Bevölkerung benachteiligt. Doch jetzt war Weihnachtszeit. Ich betrachtete die vielen Kinder, die Engelchen und eine noch viel größere Gruppe von Kindern im Grundschulalter, die entweder zusahen oder ihren Auftritt schon hinter sich hatten. Noch gingen sie in die Schule. Noch konnten sie sich einigen und gemeinsam eine Lösung finden. Zum

Beispiel, wo der Stern von Bethlehem angebracht werden sollte: ob am Stamm der großen Palme oder separat auf einer langen Stange. In zehn, fünfzehn Jahren, fiel mir schmerzlich ein, würde es keine Lösung geben, wenn sie um Drogenreviere, aus Eifersucht oder auch nur, weil der andere eine etwas dunklere Hautfarbe hatte, aufeinander schossen. Viele der Kinder würden keine zwanzig Jahre alt werden. Der Bursche, der den Ochsen spielte, hatte bisher wohl Glück gehabt. Vielleicht ging er sogar einer Arbeit als Straßenhändler nach und verkaufte Batterien, Nagelknipser oder Kaugummis. Doch die anderen . . .

Freilich, goldig waren alle, doch von der ganzen, großen Gruppe würde höchstens einer eine geregelte Arbeit finden. Wahrscheinlich einer von den Buben mit heller Hautfarbe. Am düstersten sah die Zukunft wohl für die schwarzen Mädchen aus . . .

Vielleicht wußten sie es schon und warteten, hofften so sehr auf die Ankunft des Herrn, auf Gott, der keine Unterschiede macht. „Schwarze, Weiße, Rote, Gelbe - Gott hat sie alle lieb", fiel mir ein Lied ein, das meine Grundschullehrerin einst zu einer Weihnachtsfeier mit uns gesungen hatte, als ich etwa in demselben Alter, wie jetzt diese Kinderchen, gewesen war.

Weihnachten in Brasilien macht sich weniger durch visuelle oder akustische Reize bemerkbar: man spürt es, es liegt in der Luft. Es ist nicht jene Besinnlichkeit, wie sie unserem mitteleuropäischen Fest anhaftet, sondern angeregte Freude und echte Zuversicht, die ein hoffnungslos heruntergewirtschaftetes Land belebt. Das Zentrum von Rio, die kolonialen Häuschen, zwischen denen lieblose Wolkenkratzer emporwachsen, war mit bunten Fähnchen dekoriert. Weihnachtsbäume haben in Brasilien keine Tradition, aus dem einfachen Grund, weil solche Nadelbäume in den heißen Tropen nicht vorkommen. Nirgendwo sah ich geschmückte Fenster, und wenn in den nächsten Jahren Familien im Stadtviertel Jardim Botanico ihre Fenster mit gefalteten Sternen und ausgeschnittenen Engeln schmücken, dann vielleicht, weil sie mein heimwehkrankes, weihnachtliches Fenster gesehen haben.

Wer nun glaubt, in Brasilien gäbe es zu Weihnachten keinen Kaufrausch und der Handel ließe sich die Einnahmen durch dieses Fest entgehen, irrt: all dies findet man in Brasilien auch, doch sind es, wie in allen Ländern, nur ganz bestimmte Bevölkerungsschichten, die diesem Verhalten frönen. Und weil Brasilien ein Land der großen benachteiligten Mehrheit ist, sind es dort entsprechend weniger Leute, die das Fest der Liebe nach dem Motto „Die Geldbörse wird immer leerer, die Einkaufstaschen immer schwerer" feiern. Dabei kann es leicht passieren, daß die Geldbörse leer ist und die Einkaufstaschen weg, nämlich dann, wenn sich die edlen Senhoras und Senhores der obersten Oberschicht zu hochmütig in die Nähe der Elendsquartiere und ihrer weniger gut gestellten, meist schwarzen Mitbürger, begeben.

Die großzügige brasilianische Natur hält für das Christkind und die armen Menschen, die sich aufwendigen Schmuck nicht leisten können, ein besonders schönes Geschenk bereit: sie feiert die Geburt des Herrn mit der Blüte des flamboyant, des Flammenbaums. Der Flammenbaum, eine Akazienart, säumt die alten Alleen Rios und der Städte anderswo in Brasilien. Diese feuerroten, bezaubernden Blüten des flamboyant verkünden nicht nur die nahende Weihnacht, sondern auch den Sommer, der in Südamerika am 22. Dezember beginnt. Was braucht der Mensch seine Stadt noch großartig und mit viel Aufwand für die Festtage zu schmücken, wenn sich Mutter Natur doch freiwillig und viel gekonnter dazu erbietet!

Cleber, ein Freund von mir, der im Chor der deutsch-brasilianischen Vereinigung des Goethe-Instituts sang, hatte uns zu deren Weihnachtsfeier in die Açude eingeladen.

Die Açude ist ein Landsitz aus dem 19. Jahrhundert. Einst war sie Treffpunkt bekannter Künstler gewesen. Das Landhaus liegt in der Abgeschiedenheit des Tijuca-Walds im gleichnamigen Massiv, um das sich der Moloch Rio de Janeiro erstreckt. Wer hierher kommt, ahnt nicht, daß in unmittelbarer Nähe zehn Millionen Menschen leben.

Es war angenehm kühl im Wald. Nur auf die Fahrstraße fiel die helle Nachmittagssonne. Hoch oben in den Bäumen turnten Affen im Geäst, als könnten auch sie den Heiligen Abend kaum erwarten. Bougainvillen rankten sich auf das weißgetünchte, mit blauen, portugiesischen Kacheln besetzte Anwesen. An Blumenstöcken schwirrten ungeduldig die Kolibris auf und nieder. Im Garten, unter mächtigen, ausladenden Bäumen, stand eine Gruppe von Kindern und flötete Weihnachtslieder. Auf dem Innenhof drängten sich viele Menschen, südländische Typen und blonde, hellhäutige. Unter den Arkaden verkauften Leute Krippenfiguren und Töpferwaren. Ich vernahm deutsche Wortfetzen.

„Sind Sie Deutsche?“ fragte ich zwei Frauen, die wie Siedlerinnen in einem Wildwestfilm gekleidet waren.

„Wir sind Brasilianer, aber deutschstämmig“, antwortete eine der Frauen erfreut, und ihre hellblauen Augen strahlten in dem sonnengeröteten Gesicht. „Unsre Urgroßelter sin vom Hunsrick kumme“, fuhr sie, in deutlich pfälzischem Dialekt, fort. „Ei, möchte Se net Krippefigure kaufe?“

„Entschuldigt mich“, klopfte Cleber mir auf die Schultern, „aber gleich ist mein Auftritt.“ Er zupfte vor einer spiegelnden Fensterscheibe sein Jackett zurecht und mischte sich unter andere fein gekleidete Männer und Frauen, die sich unter den alten Bäumen gruppierten. Der Chorleiter gab ein Zeichen.

„Noite feliz, noite d'amor . . .“, „Glückliche Nacht, Nacht der Liebe . . .“ - ich hatte nicht gewußt, daß auch die Brasilianer unser „Stille Nacht, heilige Nacht“ kannten. Viele deutsche Weihnachtslieder waren einst, wie mir Cleber anschließend erklärte, mit den deutschen Einwanderern nach Brasilien gekommen. Vielleicht waren es Leute wie die Urgroßeltern jener Frauen, die da Krippenfiguren verkauften, gewesen. Sie hatten das deutsche Weihnachtsliedgut in die tropische neue Welt getragen.

Abwechselnd wurden die Weihnachtslieder auf portugiesisch und dann mit deutschem Text gesungen. Dazwischen schob der Chor typisch brasilianische Weihnachtslieder ein. Eines davon, ein Weihnachtskanon, ist mir als Festtagsohrwurm in guter Erinnerung geblieben:

Blem, blem, blem, blem,
Bim bam, bim bam,
toca o sino, blem, blem, blem,
es läutet die Glocke, bim bam,
anunciando que Cristo nasceu
kündigt an, daß Christus geboren
en Belém, Belém, Belém, en Belém . . .
in Bethlehem, in Bethlehem . . .

Bethlehem, auf portugiesisch Belém, heißt auch eine Stadt in Brasilien. Sie liegt an der Amazonasmündung. Ebenso gibt es Natal, „Weihnachten“, oder Angra dos Três Reis Magos, die „Bucht der Heiligen Drei Könige“. Wurde ein

Ort zu einem Feiertag entdeckt, eine Stadt an einem Festtag gegründet, so erhielt sie meist den Namen des dementsprechenden Tages. Und die Entdecker saßen wohl traurig auf ihrem Schiff inmitten einer unbekannten Wildnis, fernab der Heimat. Ganz so schlimm ging es mir glücklicherweise nicht: in der Zwischenzeit hatte ich viele brasilianische Freunde, und nun war meine Familie hier.

Es war ein eigenartig berührendes Gefühl, diese Mischung von vertrauten und fremden Weihnachtsliedern zu hören, gleichzeitig vom gleißenden Sonnenlicht geblendet zu werden und zu beobachten, wie sich die älteren Damen mit ihren bunten Fächern Luft zufächelten.

Oben, unter der Dachrinne des Hauses, entdeckte ich ein seltsam geformtes Wespennest. Als der Chor ansetzte und ich die Ohren spitzte, vernahm ich ein gefährliches Summen. Als alter Naturfreund fand ich immer irgendwo interessante Tiere und Pflanzen. Vielleicht war ich deshalb dieses Jahr zu Weihnachten so wunschlos glücklich. Tiere, Blüten, Bäume und all das, was ich liebte, hatte ich im Überfluß - Geschenke des Herrn an uns Menschen, nicht nur zu Weihnachten. Ich ließ meine Blicke über die anderen Leute schweifen und überlegte. Die meisten von ihnen wollten diese Geschenke nicht. Gewiß hatte keiner von ihnen das Insektennest oder die farbenprächtigen schwarzgelben Falter gesehen, die sich an einer Pfütze im Schatten eines Baumes mit Feuchtigkeit versorgten.

„Na, hast du wieder etwas entdeckt?“ fragte Cleber, der seinen Auftritt nun beendet hatte.

„Schau mal, hast du das da oben gesehen? - Wenn du einen langen Stecken hast, können wir die Weihnachtsfeier etwas aufmischen“, scherzte ich und deutete auf das Wespennest.

„Was macht ihr an Heiligabend?“ wollte Cleber nun wissen. „Seid ihr in Rio?“

„Nein.“ Meine Antwort kam ohne Bedauern, denn Rio ist, ungeachtet der Tatsache, daß es auch so stille Winkel wie die Açude oder den Botanischen Garten gibt, eine große und hektische Stadt, die zudem noch als die gefährlichste der Welt gilt. Wie New York, „the city that never sleeps“, ist auch Rio eine Stadt, die niemals schläft. Dementsprechend ermüdet sind ihre Bewohner vom tagtäglichen Kampf gegen den mörderischen Verkehr, gegen Kriminalität, Umweltverschmutzung, Hektik und Unrast. Eine Stadt, die auch an den Weihnachtstagen nicht ruhen würde. Als deutscher Kleinstädter, der das Beschauliche liebt, drängte es mich nun doch dazu, Weihnachten in einer Umgebung zu feiern, die eher der mir vertrauten Größenordnung entsprach: ich fuhr mit meinen Eltern nach Ouro Prêto, einem Ort im Innern der Minas Gerais.

Die ganze Nacht waren wir mit dem Bus gefahren. Früh am Morgen kamen wir in Ouro Prêto an, und wieder konnte ich etwas von dem Gefühl Stefan Zweigs erhaschen. Der Wiener Schriftsteller, der 1940 aus dem kriegsgeschüttelten Europa nach Brasilien emigrierte und 1942 in Petropolis, der ehemaligen Kaiserresidenz unweit von Rio, seinem Leben ein Ende setzte, hatte bei einer Reise durch Minas festgehalten:

„Da plötzlich an einer Kurve leuchtet etwas auf wie ein weißer Doppelblitz: die beiden hellen Türme einer schlanken, schönen Kirche. Man erschrickt fast vor diesem jähen Einbruch menschlicher Vollendung in diese harte, strenge Einsamkeit.“

Für mich war es eher ein freudiger Schrecken, endlich wieder einmal ein überschaubareres und positiveres Beispiel menschlicher Zivilisation vor mir zu haben. Mehrere Male war ich bereits in Ouro Prêto gewesen, und das Städtchen hatte mich immer aufs neue fasziniert. Daß ich das Weihnachtsfest dort und nicht in Rio, wo ich wohnte, feiern wollte, war das nicht schon eine Art Liebeserklärung?

Als ich die Schritte auf dem alten Pflaster vernahm, das fröhliche Rufen der Leute aus den Fenstern der putzigen Häuschen, als ich das Knattern eines alten VW-Käfers hörte und das Schwadronieren der Dorfjugend auf dem Marktplatz, war mir für einen Augenblick, als wäre ich inmitten eines fremden Landes nach Hause gekommen - ein Gefühl, das, wenn man fern der Heimat weilt, auch ein wertvolles Gefühl sein kann.

Hier würde ich den Tannenbaum, den Christstollen, die Lebkuchen und die ernste Besinnlichkeit am Heiligen Abend gewiß nicht vermissen. Einige Weihnachtsplätzchen hatten meine Eltern ja mitgebracht. Ich freute mich sehr darauf . . .

Ouro Prêto ist Weltkulturerbe. Die Stadt ist eine reine Barockstadt und hat sich seit zweihundert Jahren kaum verändert. Der Ort erstreckt sich über einige Hügel und wird von einem guten Dutzend großer Barockkirchen sowie einigen Klöstern beherrscht. Einst, während des Goldrausches in Minas, war die Stadt zu großem Reichtum gelangt und hieß demnach auch damals Vila Rica - reiche Stadt. Einige Zeit war sie die Hauptstadt der Region gewesen. Heute ist Ouro Prêto Pilgerziel all jener Brasilianer, die nach ihren geschichtlichen Wurzeln suchen oder aber auf geruhsame Art Weihnachten verbringen wollen.

Der Heilige Abend begann mit einem üppigen Essen in einem urigen, mit stilvollen Ölgemälden dekorierten Kellerrestaurant an der Praça Tiradentes, dem pittoresken Marktplatz von Ouro Prêto.

Eine Kellnerin, schwarz wie die Nacht und mit weißer Schürze, brachte uns als Festessen tutú à mineira, riesige Schweineschnitzel mit couve mineiro, einer Art gedünstetem Kohl, den man in Minas ißt. Dazu gab es, wie in Brasilien üblich, Reis und schwarze Bohnen.

Hinter einem der Gemälde kam eine pigmentlose, weiße Eidechse hervor. Mit ihren großen schwarzen Augen blickte sie neugierig hervor und schnappte nach einer Fliege.

„Iih, eine Eidechse im Restaurant!“ rief meine Mutter, als sie sah, was ich beobachtete.

„Aber Mutter, das ist doch nur eine lagartixa“, klärte ich sie auf. Die possierlichen Tierchen mit ihren großen, schwarzen Augen sind in allen Häusern Brasiliens zugegen und räumen dabei mit allerlei lästigem Ungeziefer auf. Sie sind wirklich niedlich, die lagartixas, und die Engländer nennen sie sehr treffend „the friendly lizard“, „die freundliche Eidechse“.

Ich freute mich über die Eidechse und darüber, daß hier zu Weihnachten alles lebte: die Menschen, die Pflanzen und die Tiere. Ich dachte an die Heimat, wo jetzt vielleicht Schnee lag, wo Frosch und Salamander erstarrt im Schlamm ruhten . . .

Wir waren nicht nur die einzigen Fremden im Restaurant, sondern auch die einzigen Gäste überhaupt, denn auch die Brasilianer feiern den Heiligen Abend im privaten Kreis daheim, wobei sich dieser Kreis nicht nur auf die Kernfamilien beschränkt: das Weihnachtsfest bietet in Brasilien, wie in allen Ländern, wo die Menschen etwas geselliger sind, einen willkommenen Anlaß, ein Familientreffen zu organisieren.

Zunächst langweilte ich mich etwas in dem schönen Kellerrestaurant. Gern hätte ich noch etwas mehr Gesellschaft gehabt. Was da noch auf mich zukommen sollte, konnte ich nicht erahnen.

Vom Rathausturm schlug es zehn, als wir uns in eine der prunkvoll ausgestatteten Barockkirchen, in die Kirche Nossa Senhora da Conceiçâo, zur Christmette begaben. Das Gotteshaus war bis zum Bersten voll, so überfüllt wie sonst nur die Stadtbusse von Rio. Nur im hintersten Bereich bekamen wir gerade noch einen Stehplatz. Von einem Pfarrer war nichts zu sehen. Allein ein monotones Gemurmel, das ich trotz meiner inzwischen hervorragenden Portugiesischkenntnisse nicht verstand, verriet, daß er sich irgendwo hinter einem Pfeiler befinden mußte. Die angeregten Gespräche der Kirchgänger erweckten den Eindruck, daß man am allerwenigsten um der Worte des Geistlichen willen hergekommen war, sondern daß es sich bei dem Gottesdienst eher um ein soziales Ereignis handelte. Ich beobachtete, wie viele der Leute die Kirche betraten und, auf der Suche nach einem Freund oder Verwandten, umherblickten. Hatten sie die betreffende Person ausfindig gemacht, verließen beide die Kirche, um sich, wild gestikulierend, vor dem Kirchenportal irgendetwas mitzuteilen. Dabei ging es anscheinend weniger darum, was man so alles verschenkt und dafür bekommen hatte. Viel wichtiger war es, sich zu erzählen, wer gekommen war, was es zu essen und insbesondere zu trinken gab:

„Jorginho, Feliz Natal, frohe Weihnachten, wie steht's? Ich hab dich lange nicht mehr am Bankschalter gesehen. Arbeitest du dort nicht mehr?"

„Alberto, schön dich zu sehen - ich hab mir freigenommen. Weißt du, mein Bruder in Santa Catarina ist krank. und da bin ich für einige Wochen hingefahren. Bin erst gestern zurückgekommen . . ."

„Jorge, kommst du noch rüber zu uns? Juliana aus Salvador ist mit ihren Kindern gekommen und hat einen Riesen-Pott feijoada gekocht."

„Wie gehts denn der alten Ju?"

„Soweit ganz gut. Ist halt auch nicht mehr die Jüngste ... Los, gehen wir. Das Essen wartet!"

„Augenblick! Mein Bruder hat mir ein Faß Wein mitgegeben. Das holen wir. Komm und hilf mir tragen ..."

Den Gesprächsfetzen einiger Kinder, die sich den Weg durch die Menge bahnten, entnahm ich, daß auch irgendwo eine besonders schöne Krippe aufgestellt sein mußte. In Anbetracht des großen Gedränges verzichtete ich darauf, diese ausfindig zu machen, und suchte stattdessen meine Eltern, die sich mittlerweile aus der Kirche entfernt hatten.

Ich weiß nicht mehr genau, wie es dazu kam, daß schließlich auch wir in einer brasilianischen Familie landeten. Nach dem Gottesdienst sprach uns Alessandro, ein junger Mann, an. Er muß uns, soweit ich mich erinnere, einfach eingeladen haben, mit in sein gegenüber der Kirche liegendes Haus zu kommen. Wir folgten der Einladung. Es war eines jener alten Häuschen, wie sie für Ouro Prêto und die anderen historischen Minas-Städtchen so typisch sind: weiß getüncht, geschmückt mit einem hölzernen Balkon und kolonialen Laternen. Aus der schmucken Fassade waren die Fenster mit ihren vielfach unterteilten Scheiben und zarten Pastellfarben herausgehoben.

Alessandro führte uns die hölzernen Stiegen hinauf. Sein Familienclan, der gerade mit dem Festtagsbraten kämpfte, begrüßte uns und wünschte Feliz Natal, als sei es eine Selbstverständlichkeit, daß wir kämen. Vielleicht schafften sie ihr Essen nicht und hatten Alessandro losgeschickt: „Such noch irgend jemanden, der mitißt!“ Jetzt hatte es uns erwischt. Eines der Mädchen brachte Stühle. Es gab reichlich Truthahn und feijoada, jenes brasilianische Nationalgericht aus schwarzen Bohnen und Fleischresten. Da wir eigentlich schon gegessen hatten, erweckte mehr noch als die Speise das Haus unser Interesse. Bei all meinen Besuchen der Stadt hatte ich in mir den Wunsch getragen, eines dieser alten Bürgerhäuser von innen sehen zu dürfen. Schien Ouro Prêto von außen in den letzten zweihundert Jahren nicht wesentlich verändert worden zu sein, galt für das Innere dieses Hauses ähnliches: vor dem groben, unverputzten Mauerwerk standen uralte, massive Möbel aus wertvollen Tropenhölzern. An manchen Stellen waren Regale in Mauernischen eingelassen. Alessandro, der unser Interesse an seinem Haus bemerkt hatte, erbot sich, uns alles zu zeigen. Er führte uns in den Keller, der halb gemauert und halb in den anstehenden Felsen eingelassen war.

„Hier haben früher die Minensklaven gelebt. Im Haar oder unter ihren Fingernägeln haben sie Gold aus den Stollen geschmuggelt und dann in den Mauerritzen versteckt. Bei der Restauration sind wir fündig geworden . . .“ prahlte Alessandro, als hätte er den größten Goldschatz entdeckt. Als wir wieder im Obergeschoß waren und scheinbar alles gesehen hatten, meinte er geheimnisvoll: „Kommt mit, das Beste habe ich euch noch nicht gezeigt.“

Er öffnete einen Kleiderschrank. Außer daß es ein schöner alter in die Wand eingelassener Schrank war, nichts Besonderes - dachten wir, bis Alessandro eine Taschenlampe hervorzog und die Rückwand im Innern des Schranks öffnete. Vor uns gähnte ein finsteres Loch. Alessandro gab mir die Lampe. Ich leuchtete. Der Schein der Lampe fiel in einen schmalen Gang, in dem eine Treppe steil abwärts führte.

„Es ist ein Geheimgang, der mit einer alten Goldmine unter dem Haus in Verbindung steht. Wir haben ihn erst beim Renovieren entdeckt“, erklärte Alessandro.

Ich war beeindruckt und wollte mich sogleich in den Schrank zwängen. „Du kannst da nicht runter. In der Mine steht jetzt Wasser“, dämpfte Alessandro meinen Eifer. Ich erinnerte mich an alte, englische Kriminalfilme aus den fünfziger Jahren. Doch das hier war Wirklichkeit. Spannende Realität in einem fremden Land als Weihnachtsgeschenk, anstelle von flimmernder Fiktion auf dem heimatlichen Fernsehschirm!

„Opa, trink nicht so viel!“ mahnte Roseli, Alessandros Frau, Zé, den Großvater, und nahm ihm die Flasche mit dem cachaça, dem Zuckerrohrschnaps, weg.

„Aber es ist doch Weihnachten!“ beschwerte sich der Großvater und forderte indigniert: „Dann bringt mir wenigstens noch was zu essen!“

„Lourdinha, bring uns noch Truthahn“, rief Roseli das schwarze Dienstmädchen. Kurz darauf kam die Hausangestellte mit einem großen Tablett aus der Küche. Allein das Weiß ihrer Augen und Zähne blitzte in dem von dämmrigem Kerzenlicht ausgeleuchteten Raum.

Die Familie lebte, und das nicht schlecht, von einer Seifensteinmanufaktur. Seifenstein, pedra sabâo, ist ein weicher Stein, der mit dem Messer bearbeitet werden kann und in gelblichen, grünlichen und bräunlichen Farbtönen in Minas gefunden wird. Allerlei Kunst- und Gebrauchsgegenstände werden daraus gemacht und auf dem Platz vor der Kirche São Francisco de Assis verkauft. So erhielten wir als Weihnachtsgeschenke einige Andenken aus Seifenstein.

Mein Vater, selbst ein begabter Bildhauer und Künstler, freute sich ganz besonders, als er auf seine Nachfrage hin einen Rohstein erhielt, den er zu Hause selbst bearbeiten wollte.

Erneut sah ich mich um. Erst jetzt fiel mir auf, was in dem Haus alles aus Seifenstein gefertigt war. Hatte ich bisher immer gedacht, die Seifensteinprodukte würden vornehmlich für Touristen hergestellt, wurde ich hier nun eines Besseren belehrt: Waschbecken, Geschirr, Kochtöpfe und Bratpfannen waren aus pedra sabâo.

„Garantiert feuerfest", räumte Márcia, Roselis Schwester, meine Zweifel ob der Hitzeresistenz des Kochgeschirrs aus. Ich wunderte mich nur noch wenig, als ich ein gewisses Örtchen aufsuchte und eine aus Seifenstein geschnitzte Toilettenschüssel vorfand.

Nun waren wir von wildfremden Menschen nicht nur eingeladen, sondern auch noch beschenkt worden - eine in unseren Augen etwas beschämende Situation, in der wir, wie wir fanden, auch unsererseits gerne mit irgendeiner Aufmerksamkeit hätten aufwarten wollen. Doch womit nur? Ein Geschenk dürfte einer gewissen Originalität keinesfalls entbehren . . .

Jetzt ging es ans Eingemachte, konkret: an die Dose mit Weihnachtsplätzchen, die meine Mutter noch vor der Abreise daheim in Deutschland für mich gebacken hatte. Konnten wir uns sonst, da auf eine solche Situation völlig unvorbereitet, äußerst schwer revanchieren, hofften wir, den liebenswerten Brasilianern mit einer weihnachtlich-kulinarischen Kostprobe unseres Landes eine Freude zu bereiten!

Ich wurde losgeschickt, um die Plätzchen aus unserer Herberge zu holen. Zunächst tat es mir leid, daß ich meine heißgeliebten Ausstecherle herschenken sollte, doch hatte ich erstens keine andere Wahl und zweitens gar keinen so rechten Appetit auf das Gebäck. Weihnachtsplätzchen sind wohl eine deutsche Angelegenheit und schmecken unter der Tropensonne nie so wie daheim. Ich überreichte die Dose Roseli. Gespannt wartete ich, daß sie ihr Geschenk öffnete, doch das dauerte eine ganze Weile. Die Plätzchen befanden sich nämlich in einer der hübschen Blechdosen, die früher einmal Nürnberger Lebkuchen enthalten hatten. Waren die alten Stadtansichten von Nürnberg, mit denen die Dose verziert war, für uns nichts Weltbewegendes, faszinierten Roseli die ihr unbekannten Bilder so ungemein, daß sie darüber fast den Inhalt der Dose vergaß. Gebannt schaute sie jedes einzelne Bild an und drehte langsam die Dose. Alle Köpfe steckten beisammen, um einen Eindruck Alemanha zu erhaschen. Alessandro mochte kaum glauben, daß es in Deutschland so schöne Städte gab, was zugegebenermaßen schwer sein muß, wenn man in einem Juwel wie Ouro Prêto lebt.

„Mama, mach endlich auf und schau, was drin ist!" drängten die Kinder ihre Mutter und zerrten ungeduldig an Roselis Rock. Roseli öffnete die Dose und quietschte freudig, als sie die mit Zitronenguß bestrichenen Plätzchen sah.

„Ja, ja, das ist was für meine Naschkatze Roseli!" meinte der Großvater und fügte traurig hinzu: „Jeder darf hier seinen Lastern frönen, nur mir nimmt man immer wieder den Schnaps weg . . ."

Roseli schnupperte an der Dose und kostete ein Plätzchen. „Gostoso!" - „Lecker!" war ihr Kommentar.

„Laß probieren!" forderte Márcia und streckte ihre Hand aus, doch Roseli hielt die Dose zu: „Ich verteile!" bestimmte sie.

Roseli reichte die Dose herum, hielt sie dabei aber mit beiden Händen ganz fest. „Nur eins!“ fauchte sie Alessandro an, der gleich mehrere Plätzchen hatte nehmen wollen. Es schien ihr nicht recht zu passen, daß überhaupt jemand etwas von „ihren“ Plätzchen nahm, von den Plätzchen, die eigentlich für die ganze Familie gedacht waren, wie ich noch einmal betonte: „Sâo para todos!“ „Sie sind für alle!“ Doch Roseli schloß die Dose und verwahrte sie in einem der hölzernen Wandschränke. „Sonst sind sie gleich wieder alle!“

„Die frißt sie wieder ganz allein“, maulte der Großvater. „Da im Schrank, amigos alemâes, hat die Schlange auch meinen cachaça versteckt.“

Roseli und einige der jungen Leute gingen in ein Nebenzimmer, aus dem sogleich fröhliche Lambada-Klänge erschallten. Ich sah nach, was sie dort trieben. Was auch sollten Brasilianer an einem Festtag wie Weihnachten und bei Musik anderes tun als tanzen! Der Holzboden ächzte unter den wildgewordenen Füßen, und Roseli konnte ihr nur schwer zu bändigendes Temperament nun abreagieren. Noite feliz und andere schwerblütige Weihnachtslieder waren nicht mehr gefragt. Als weniger begabter Tänzer ging ich zu den anderen zurück. Die Kinder spielten Karten. Opa Zé hatte sich seinen „Zuckerrohrler“ organisiert und schenkte auch uns ein Glas ein: „So“, frohlockte er und ließ seine Goldzähne blitzen, „jetzt ist die Luft rein: die tanzt, bis daß sie umfällt, Heilige Jungfrau!“ lachte der Alte, und seine Ohren wackelten vor Freude.

„Saúde! - Prost! und Feliz Natal, liebe Gäste aus Deutschland! . . . Gostoso, der cachaça, nicht wahr? Viel zu schade, um Autos damit vollzutanken“, fand Zé.

„Ihr wißt vielleicht, daß vierzig Prozent aller Autos bei uns mit Alkohol aus Zuckerrohr fahren“, klärte Alessandro uns auf. Ich wußte es, denn andernfalls wären alle Brasilianer in Rio und São Paulo schon längst erstickt . . .

Zé schüttelte erneut den Kopf: „Das leckere Zeug einfach zu verbrennen tut mir im Herzen weh“, und dabei machte der Alte ein Gesicht, als leide er wirklich. „Aber heute“, freute er sich, „wird das meiste getrunken. Weil Weihnachten ist. Saúde!“

Die Zeit verging wie im Fluge. Keine Berge von Geschenkpapier zu entsorgen, kein Frust, weil ein erwartetes Geschenk nicht geliefert wurde. Dafür Menschlichkeit und Wärme, Teilnahme und Zusammengehörigkeit mit Menschen, die noch bis vor kurzer Zeit Fremde gewesen waren, Fremde, die nichts von unserer Existenz gewußt hatten. So wie die Menschen damals nichts von der Ankunft des Herrn gewußt hatten. Und plötzlich war er da, so wie wir plötzlich hereinschneiten. Und ähnlich viel Freude schienen auch wir diesen Leuten in ihrem rustikalen Patrizierhaus zu bereiten.

Von ob in Alemanha denn wohl auch Ananas wüchsen, bis hin zu der unangenehmen Frage, ob es denn dort noch „diese Konzentrationslager“ gebe, ließen die Gastgeber keine Gelegenheit aus, kleinere und größere vorhandene Wissenslücken über Deutschland zu schließen.

Zu fortgeschrittener Stunde, etwa gegen drei Uhr, begann uns, die wir als Deutsche eben doch Anhänger der eher besinnlichen Weihnacht sind, der Umtrieb langsam, aber sicher auf die Nerven zu gehen. Wir verabschiedeten uns. Es war sternenklar, obwohl sich das Wetter tagsüber eher regnerisch gezeigt hatte. Der tropische Sternenhimmel strahlte in einer seltenen Pracht und legte einen silbernen, märchenhaften Schleier über das Städtchen im brasilianischen Hochland, ein Städtchen, das wahre Freude noch nicht verlernt hatte. Aus erleuchteten Fenstern drang herzhaftes Gelächter, zuweilen aber auch sehnsuchtsvolle Gitarrenklänge, den wehmütigen fados der alten Heimat Portugal gleich.

Meine Eltern waren schon vorweggegangen, als ich an eine Ecke kam, wo beinahe Stille herrschte. Das Plätschern eines barocken Brunnens, das Rauschen der Blätter eines alten Baumes in der nächtlich-frischen Brise und das eintönige Lied der Grillen waren die einzigen Geräusche hier. In Dankbarkeit blieb ich einen Augenblick stehen und überlegte.

Der Heilige Abend, die Weihnachtsnacht in Ouro Prêto war auch ohne Christbaum und die üblichen, altvertrauten Dinge eines der schönsten und ausgefallensten Feste, die ich je erleben durfte, ein wirkliches Fest des Friedens und der Liebe: „Noite feliz, noite d'amor . . ."

Von Konsumrausch war keine Spur in Ouro Prêto. Freilich hatte sich auch die Familie, bei der wir zu Gast gewesen waren, kleine Geschenke gemacht, doch dies war keinesfalls in einen Wettbewerb ausgeartet. Es schien mir, als hätten diese Leute die Weihnachtsbotschaft noch in ihrem ursprünglichen Sinn verstanden. Freude bereitete ihnen da eher, einem möglicherweise einsamen Fremden ihre Gesellschaft zu schenken, um im Gegenzug dafür Unterhaltung und Informationen über ein weit entferntes Land zu erhalten.

Ich fragte mich, wo man Ähnliches noch bei uns, im Land der akkuraten Bordsteinkanten und der wohlgehegten Vorgärten, fände. Wer von uns würde einen Fremden ausländischer Herkunft am Heiligen Abend nach der Christmette ansprechen und zu sich nach Hause bitten, in die intimste Privatsphäre, die Wohnung? Heiliger Abend - heilig an sich, oder sind es andere Dinge, die heilig sind, wie der

Kreis der Familie, der Arme, Alte und Einsame ausschließt? - Ihr müßt leider draußen bleiben!

Die Armen, die dann ganz besonders sehen, wir wenig sie haben. Die Alten, die dann fühlen, daß sie offenbar niemand mehr braucht. Opa Zé mußte dieses Gefühl gewiß nicht haben, und alle hatten Spaß, wenn Roseli seine Schnäpse versteckte. Einsame - die gab es gar nicht im Land der primos und primas, der „Vettern“ und „Kusinen“.

Wer von uns würde ganz spontan einen unbekannten Reisenden zu Weihnachten mit all seiner Herzlichkeit im Kreis der Familie als lieben Gast willkommen heißen und am Festtagsbraten teilhaben lassen? Ich mußte mir unumwunden eingestehen, daß da sogar ich meine Schwierigkeiten hätte. Auch ich würde mich noch ändern müssen, ja ändern wollen . . .

Am nächsten Morgen spazierte ich mit meinen Eltern durch die Stadt. Auch der prefeito, der „Bürgermeister“ von Ouro Prêto, war auf den Beinen und versäumte es nicht, seinen Bürgern ein frohes Fest zu wünschen. Auf einem Wagen, der von einem Traktor gezogen wurde, rief er seine Festtagswünsche durch einen Lautsprecher. Städtische Bedienstete warfen mit Bonbons, um auch die Kinder zu beglücken, deren Eltern sich keine Süßigkeiten leisten konnten.

Vor der Kirche São Francisco de Assis, auf dem Seifenstein-Markt, trafen wir Alessandro.

„Heute am heiligsten Feiertag machst du Geschäfte, und das noch direkt neben der Kirche!“ rügte ich ihn. Ich betrachtete eine seiner Seifensteinskulpturen. Pfiffig, wie Alessandro war, hatte er die Ausnahmesituation ausgenutzt und in einige seiner Verkaufsteile „Feliz Natal“ eingraviert.

„Ist vielleicht pietätlos und profan, aber heute lohnt sich's. Da kommen viele so wie ihr. Wenn ich heute verkaufe, kann ich die ganze nächste Woche Urlaub machen", meinte Alessandro und fügte scherzhaft hinzu: „Und wenn ich dann Urlaub habe, dann gehe ich jeden Tag in die Kirche und bete für meine Sünden."

So ging die brasilianische Weihnacht wieder zu Ende. In Ouro Prêto verhökerten sie wieder ihre Seifensteinprodukte und in Rio verkauften sie wieder ihre Drogen. Und, bis die Flammenbäume ihre faszinierenden Blüten fallen ließen, schossen, raubten und mordeten sie sicher schon wieder, kehrten zu alten, tierisch-menschlichen Verhältnissen zurück ...

Wenn ich nun Weihnachten zu Hause in Deutschland feiere und vor den Bergen der Schwäbischen Alb, die meine Heimatstadt umgeben, wieder einmal dichte Wolken hängen, dann denke ich oft an das Land, das mit der Sonne einen Dauervertrag geschlossen hat: den armen, reichen Riesen Brasilien. Sehe ich die Amsel, dick aufgeplustert in meinem Garten an einem alten Apfel picken, erinnere ich mich gerne an der Tropensonne Edelsteine, die Kolibris.

Wehmütig denke ich an Ouro Prêto, das liebe Städtchen auf den eisenroten Hügeln, das kleine Rom Brasiliens, das sich allein ob der bloßen Tatsache, daß Weihnachten ist, so freuen kann.

Dann wünsche ich, der Wind könnte an Weihnachten von all dem Luxus Europas einige Geldscheine nach Brasilien hinüberwehen, zu einem Volk, das allein für seine Tapferkeit im alltäglichen Kampf gegen das unmenschliche Elend es verdient, beschenkt zu werden. Vielleicht brächte der Wind auf seinem Rückweg ein paar rote Blüten des flamboyant mit und blies sie jenen Menschen, die nicht mehr wissen, was sie noch kaufen sollen, ins Haar. Mit der Aufforderung, das nächste Mal ein Flugticket nach Südamerika zu kaufen und von ihrem Wohlstand ein wenig bereitzuhalten: für den blinden Bettler im überfüllten Omnibus, für das Mädchen aus der favela, das Geld für eine Schuluniform sammelt, oder für den jungen Burschen am Strand, der in der unbarmherzigen Mittagshitze des Strandes mit heiserer Stimme Mineralwasser verkauft. Und ein gutes Trinkgeld für die schwarze Köchin, die wieder einmal so lecker tutú oder feijoada zubereitet hat. Offenheit zu zeigen für Cleber, Alessandro, Roseli, Márcia, Lourdinha und Zé, für die schwarzen, weißen und indianischen Brasilianer, die Menschen afrikanischer, portugiesischer und deutscher Abstammung. Gott hat sie und uns alle miteinander lieb.

Es mag eitle Selbstverherrlichung oder aber passender Zufall sein, wenn die Brasilianer gar behaupten: „Deus é brasileiro“ - „Gott ist Brasilianer“. Zumindest an Weihnachten könnte es stimmen. Es lohnt sich, über die eigene Christbaumspitze zu blicken, fremden Menschen entgegenzureisen und dafür mit Wärme, Zuneigung und Freundschaft, mit Sonne, bunten Vögeln, Schmetterlingen und farbenprächtigen Blüten beschenkt zu werden. Das Fest der Liebe als solches spüren zu dürfen, ist ein Geschenk längst vergessener Art: die Weihnacht unterm Flammenbaum.

Hegall Vollert

Kindliche Weihnachts-empfindungen

****

Am Mittwoch vor dem 1. Advent reiste ich nach Sri Lanka, jener „glücklichen Insel“, auf der die meisten Menschen arm, auf der die meisten Menschen glücklich sind. Innerhalb von zwölf Stunden ergrünten die kahlen Bäume, die Temperatur stieg von 0° C auf 32° C, Vögel und Insekten erfüllten jeden Fleck mit Stimmen aus untrüglicher Lebensfreude. Ein warmes Meer, fremde Düfte und bettelnde Menschen versetzten mich nicht nur in einen anderen Raum, sondern schienen wohl auch die Zeit verstellt zu haben.

Wie sich alle Gedanken durch Raum und Zeit verändern können - sonderbar! Nach einer kurzen Inlandreise sitze ich im Schatten der Außenanlage des Strandhotels neben dem offenen Restaurant, in dem sich schwitzende Touristen am Mittagsbuffet mästen. Der unwiderstehliche würzige Duft dringt nach außen.

Ach du meine Güte, da dringt noch etwas nach außen! Daran hätte ich nun zuletzt gedacht. Von einer Kassette kommt es, mehr Gejaule, doch unmißverständlich! „Stille Nacht, heilige Nacht.“ Die Touristen grinsen befremdet.

Liebe zum Mitmenschen, Toleranz und Geschäftstüchtigkeit verbinden sich im Denken der überwiegend buddhistischen Sri Lankaner zu einer gefälligen Symbiose, um den Gästen - über 90 % Europäer - einen angenehmen Aufenthalt zu bereiten. Draußen auf der Straße warten ihre bettelnden Nächsten auf eine kleine Gabe. Hungernde Kinder belasten unaufhörlich das Gewissen der übergewichtigen Touristen. Oder man schaut einfach weg.

Wer im Jahre 1995 unter 40 ist, wird wohl kaum am eigenen Leibe gespürt haben, was Hunger bedeutet. Jene jüngeren unter ihnen, die etwas geben, tun es vielleicht aus christlicher Überzeugung. Doch unter dem ständigen Nachrücken der Bettelnden ermüden sie bald, weisen die Kinder von sich oder stumpfen allmählich ab. Fast alle betrachten die Hotelanlage im stillen als eine Festung, die ihnen gehört, in der sie sicher sind und zu der das bettelnde Volk keinen Zutritt hat.

Ruhe und Erholung haben sie schließlich bitter nötig - und nicht die problematische Auseinandersetzung mit den Armen. Außerdem haben sie für die Flugkosten hart arbeiten und sparen müssen. Und übrigens wollten sie doch dem merkantilen Vorweihnachtsrummel entgehen, samt seinen bettelnden Organisationen.

Nein, die Weihnachtslieder - überwiegend in deutscher Sprache gesungen - passen überhaupt nicht in die tropischen Gefilde. Ihnen haftet ein gelungener Verfremdungseffekt an. In diesen Regionen können sie nur ein verschämtes Lächeln hervorrufen, aber keinesfalls eine weihnachtliche Stimmung.

Schade für die Armen; denn den weihnachtsbeduselten Kirchensteuerzahler befällt in seiner Heimat so manche „schwache Stunde", in der er seinem Mitleid nachgibt und ein wenig spendet, das ihm in der Regel viel erscheint.

Und übrigens - warum jedem, der daherkommt, etwas geben? Vielleicht ist er gar nicht so arm, wie er tut? Wie kann ich das beurteilen? Da gibt es doch die bekannten Organisationen bei uns zu Hause. Denen kann man später mal was geben.

Und außerdem - bei uns gibt es ebenfalls genügend Armut. Es wäre doch vernünftig, dort zu spenden. Oder?

Und übrigens und außerdem und schließlich . . .

Vom nahen Fischerdorf hat sich unbemerkt - oder vielleicht nur geduldet - ein kleiner Junge am Strande entlang zur Hotelumzäunung geschlichen. Mit seinem Betteln: „Sir, please bakschisch, school-pen, bombom, Sir“ durchkreuzt er meinen konzentrierten Gedanken, den Versuch, mir die begonnene Weihnachtszeit vorzustellen.

Macht nichts, es wäre mir ohnehin nicht richtig gelungen; denn das von der Kindheit an Gewohnte, damit meine ich diese gesamte Atmosphäre, stellte mit all den Gegensätzen viel zu hohe Ansprüche an die menschlichen Sinne. Der kleine Junge und ich schauten uns einen Moment stumm an.

Doch er verstand es, mich ständig mit seiner Körpersprache an sich zu fesseln. Eine Hand durch die Bambusstäbe gestreckt, wippten seine Ärmchen fordernd auf und ab. Er lächelte mit dem gewissen Charme der Exotischen. Dann zupfte er an seinem einzigen Kleidungsstück, einer bereits arg zerlumpten Hose, wohl ein Nachlaß eines Touristen. Er schaute mich jetzt fragend an.

Nein, Geld hatte ich nicht in meiner Badehose. Eine neue Hose für ihn besaß ich selbstverständlich auch nicht. Ebenso verhielt es sich mit Kugelschreibern oder Bonbons. Also gab ich ihm dies alles durch Zeichensprache zu verstehen.

Das arme Kerlchen gab sich noch lange nicht geschlagen. Was die Erfahrenheit mit Touristen anbelangte, hätte er wohl eine Professur verdient. Er beherrschte alle Tricks, um zu seinem Erfolg zu kommen.

„Kling, Glöckchen“ erschallte es in diesem Moment aus der Dudelbox, was den kleinen Zaungast in Entzücken versetzte. Perfekt sang er die Melodie mit. Einige Passagen beherrschte er ebenfalls textmäßig, wenn auch etwas durcheinander. Alles andere sang er auf der Silbe „ling“: „Ling, Gockchin, lingelingeling . . .“

Dabei schaute er mich unentwegt an. Seine stolzen Gesichtszüge und seine wunderhübschen tiefbraunen Augen triumphierten geradezu. Es war der Triumph über einen gelungenen mächtigen Sprung auf jenes Ziel zu, das es unbedingt zu erreichen galt.

Mit seinem feinfühligen Anpassungsgeschick hatte er es in seinen wenigen Jahren schon verstanden, den einen oder anderen Touristen in eine moralische Abhängigkeit zu bringen. Es mußte nur der richtige Moment gefunden werden, wie soeben das „Ling, ling".

„Good song, Sir, good, you German?"

„Nice song."

„Where come from, Hamburg, Berlin?"

„Ach, ist doch egal, vergißt du doch wieder."

„What?"

„Wie alt bist du denn?" „What you say?" „How old are you?" „Nine, grade 4."

Diese Angabe erweckte in mir ein zunächst unergründbares unangenehmes Gefühl. Neun Jahre, sagte er, und in der vierten Klasse. Aber er wirkte wie ein Fünfjähriger. Er war zu klein für sein Alter und erheblich untergewichtig.

„Irgend etwas Unangenehmes vermittelt er mir. Ich muß ihn sofort loswerden." Allmählich spürte ich eine Unruhe in mir.

„Fröhliche Weihnacht überall . . ." durchkreuzte die Dudelbox meine Gedanken, die nach einer klaren Aussage für die unergründbaren Gefühle suchten. „Überall", wurde ich abgelenkt. Wo ist überall, in Verbindung mit fröhlich? Hier vor dem Zaun bestimmt nicht. Und „fröhlich"? Höchstens gewohnt übersättigt, was mich betrifft.

„X-mas nice, Sir, you have boy Germany?“ Mit der Frage zeigte er exakt in die Richtung, in der Deutschland liegt. „You Germans buy many presents?“

Warum er mich als deutsch erkannte, blieb sein Geheimnis. Außerdem schien jeder deutsche Mann einen Sohn zu haben. Selbstverständlich bekommt unser Sohn viele Geschenke - bleibt bei dem Wohlstand auch nicht aus. Aber was geht es den kleinen Zaungast an? Würde er traurig werden, wenn ich es ihm sage? Oder hätte er eine weitere moralische Waffe gegen mich in der Hand, mich endlich ins Hotel zu schicken, um das hartnäckig umkämpfte Bakschisch herauszurücken?

„Geh jetzt“, rief ich und zeigte ihm drohend mit dem Finger eine Richtung. Ich wandte mich ab und tat so, als interessierte ich mich für irgendeinen Gegenstand in der Hotelanlage. Als ich wieder zum Zaun sah, stand der Kleine immer noch am selben Fleck und schaute erbarmungswürdig traurig drein.

Noch gelang es mir, diesen Blick zu ignorieren. Als stünde ich mit dem armen Kerlchen in einem Zweikampf, den ich wohl aus Gründen der Eitelkeit nicht verlieren durfte, schrie ich, in eine Art gekünstelte Wut gesteigert: „Go!“

Endlich! Das hat gewirkt. Ganz langsam, wie im Zeitlupentempo, setzte er ein Beinchen vor das andere. Den Kopf hielt er gesenkt und wischte sich über die Wangen. Ob wirklich die Tränen flossen, konnte ich nicht sehen.

Doch etwa 20 Schritte in einer schier zermürbenden Zeitdauer bedeuteten eine bedingungslose Aufgabe meiner Härte gegenüber dem aufkommenden Mitleid. Von drinnen bekam das Mitleid noch volle Unterstützung aus der Dudelbox: „Es ist für uns eine Zeit angekommen, die bringt uns allen große Freud’.“

Was heißt hier „uns allen"! Auch den Bettelarmen? Und „große Freud'"? Große Freud' ist mir, was meine Person betrifft, nicht bewußt, weil sie zur Gewohnheit wurde. Und eine Winzigkeit dieser Gewohnheit soll der Kleine vor dem Zaun nicht abbekommen?

Könnte diese Winzigkeit für ihn nicht zur „großen Freud'" werden? Jetzt lehnte er sich mit der einen Körperseite und gesenktem Kopf an die Bambusstäbe und schielte vorsichtig unentwegt zu mir herüber. Er schien sich den allgemeinen Rangordnungsprinzipien schicksalsbefohlen untergeordnet zu haben. Er wirkte nun noch dünner und der psychischen Erbärmlichkeit ausgeliefert, der Kinder ansonsten mit ihrer sprichwörtlich positiven Gesinnung unermüdlich zu entgegnen in der Lage sind.

Das ist es, genau, das ist es, was mir vorhin das unergründbar unangenehme Gefühl aufzwang! Der kleine Kerl da, das bin ich! Nur örtlich und zeitlich versetzt, aber mit allen Empfindungen gleichsam ausgerüstet und dem gleichen körperlichen Elend behaftet, wie ich damals in der Hungerszeit nach dem Zweiten Weltkrieg. Da stehe ich vor mir!

„Wait!" schrie ich dermaßen laut, als stünde er ein Vielfaches weiter entfernt. „Wait!"

Urplötzlich verwandelte sich das traurige Gesicht in ein glücklich strahlendes, das wie ein Geschenk wirkte. Die kleinen Hände umklammerten vor Freude die Stäbe. Mit überaus schnellen Schritten lief ich auf das Hotelzimmer zu, als könnte ich dem Mitleid und den drohenden Tränen davonlaufen.

Nur große Scheine in der Geldbörse, viel zu groß für ein Durchschnittsbakschisch. Schnell an der Rezeption wechseln.

„You want to change, Sir?“ empfing mich die freundliche Stimme hinter der Theke.

„Yes, please.“ Ich war nicht bei der Sache, denn ich sah mich abermals da draußen stehen. Geduldig fragte mich die freundliche Person noch ein- oder auch zweimal - ich weiß nicht, was.

„Ach nee, let it, please excuse“, wand ich hastig ein, ohne die freundliche Person anzuschauen, und verschwand nach draußen.

Welch ein glückliches Lächeln in diesem erwartungsvollen Gesicht! Um diesen Blick recht lange zu genießen, verlangsamte ich meine Schritte und prägte mir das Kind genau ein. Es schaute mir fest ins Gesicht. Nur je ein flüchtiger Blick erfolgte nach beiden Seiten, als ob von dort mögliche Konkurrenten zu erwarten wären.

Dann kam sein größter Moment. Er traute seinen Augen nicht und verharrte stumm, als er den Geldschein in seiner Hand betrachtete. Doch er reagierte blitzschnell; der Schein verschwand in seiner Hosentasche.

„Thank you, Sir“, sagte er flüchtig. Sein Gesicht bekam teils ängstliche, teils verlegene Züge. Er beeilte sich auf einmal, mich zu verlassen. Bei der Höhe der Banknote kann er nur noch an einen Irrtum meinerseits geglaubt haben: Bloß schnell weg von hier, ehe der Tourist diesen Irrtum bemerkt.

Er schaute sich noch einmal mit ängstlichen Gesichtszügen zu mir um. Dann rannte er wie ein Dieb davon, so wie ich als Kind, wenn ich etwas Eßbares aus den Kaufmannsläden gestohlen hatte. Er rannte. Ich schaute ihm nach; in Gedanken sah ich mich dort rennen. Der Geldschein gehörte damit wiederum mir, nur mit einem gehörigen Unterschied: Ich empfand erstmals nach langer Zeit einen Wert darin, der mich glücklich machte.

In diesem Moment fiel abermals - wie es häufig als Belästigung in Sri Lanka erfolgte - der Strom aus. Doch diesmal geschah es zu meiner Freude, denn die Dudelbox hatte gerade mit dem „Still, weil's Kindlein schlafen will" begonnen, als sie mittels technischen Mißgeschickes im Elektrizitätswerk endlich selbst zum Schlafen verdammt wurde.

Jetzt fiel es mir nicht mehr schwer, meinen Weihnachtserinnerungen aus der Kindheit nachzuträumen - trotz der völlig verdrehten äußeren Bedingungen. Wenn der Gedankengang abzureißen drohte, sah ich den kleinen Zaungast vor mir. Und schon empfand ich eine vergangene Wirklichkeit, die sich gegenwärtig abzuspielen schien. Die Wirklichkeit veränderte sich: Jetzt ist es nicht mehr warm, vor mir gibt es keinen Strand, die Geräusche der Tiere sind verstummt. Ich habe mich in Trance versetzt.

Der Geruch von Lebkuchen verdrängt den Geruch der exotischen Speisen. Er scheint wohl das nahe Weihnachtsfest anzukündigen, womit in mir die Freude aufkommt, obwohl ich Lebkuchen ekelerregend finde. Das wird sich nie ändern. Aber nach wie vor toleriere ich diesen ekelhaften Geruch, weil er mit den Kindheitserinnerungen gekoppelt ist.

Eigentlich wollte ich diese Kindheitserinnerungen verdrängen, zumindest mich damit im Urlaub nicht plagen. Doch ein Kind besitzt eine besondere Gabe, die im Erwachsenenalter abblaßt. Ein Kind isoliert alles positiv Empfundene und schwächt die negativen Teile ab oder vergißt sie einfach. Welch eine angenehme Hirnleistung!

Meine Mutter gebar in genau acht Jahren - von 1940 bis 1948 - fünf Jungen und ein Mädchen. Es ist wieder Weihnachtszeit. Meine schwangere Mutter und wir drei Erstgeborenen sitzen im Keller und suchen vor dem Bombenhagel Schutz. Die vierstöckigen Reihenhäuser rechts und links neben uns krachen arg getroffen zusammen. Unsere Mutter sitzt ganz ruhig da. Sie denkt nicht: „Jetzt ist es aus.“ Sie ist auch nicht vor Angst gelähmt. Sicherlich ist sie sehr zufrieden.

Ich weiß nichts mehr von einem Weihnachtsfest in jener Zeit, auch nicht, ob die Menschen Angst hatten oder fröhlich waren. Nur das ständige Sirenengeheul höre ich jetzt auch wieder. Meine Mutter erklärt es mir gerade als die „Tute des Weihnachtsmannes“. Ich sehe vor mir den wunderschönen roten Horizont, der aber leider von brennenden Häusern der bombenden Christen verzaubert wurde.

„Schön, Weihnamann Tute. Weihnamann tommt. Bringt viele Daben, sollt dan laben. Tlin Dlöckchen tlinnelin.“

Wie wunderbar spannend alles wiederkehrt. Wie beeindruckend schön die anschließende Reise nach Norddeutschland verläuft, die bei den Erwachsenen Flucht genannt wird. Da reisen noch so viele Menschen mit uns, wie vom Reisefieber ergriffen, nicht anders als heute. Unsere Reise verläuft von Dresden über irgendwelche Orte in Thüringen. Wir verbringen die Nacht abermals in einem Keller. „Wo ist der Weihnamann?“ Meine Mutter streichelt mich: „Er wird bald kommen.“

„Da! Weihnamann Tute!“ Zeitungspapier kommt mit einem dumpfen Ton nach innen geschossen. Ihm folgen ein Krachen und ein unbekannter Geruch, ganz anders als Lebkuchen, aber auch so eklig. Ein Mann schiebt den Papierklumpen in das Loch und wiederholt den Vorgang nochmals. Das ist ein lustiges Spiel. Leider kann ich nicht mitspielen, weil das Loch viel zu hoch ist.

„Wann tommt der Weihnamann?“

„Bestimmt bald. Wir hören schon seine Tute. Er hat wohl viel Arbeit.“

Vielleicht ist es gerade ein bißchen kalt geworden; denn unsere Mutter wärmt unsere Hände. Mein älterer Bruder hat Angst. Komisch, unsere Mami ist doch bei uns.

Das Getöse hört auf. Weihnamanns Tute verstummt. Wir können jetzt schlafen gehen.

Der Morgen weckt uns. Wir wollen weiterreisen. Es riecht überall so komisch nach Qualm. „Wann tommt der Weihnamann?“

„Jetzt dauert es nicht mehr lange. Nur noch ein paar Tage. Vielleicht sind wir dann schon in Flensburg. Dann schmükken wir einen Tannenbaum. Ihr dürft dabei helfen. Und wir singen wunderschöne Weihnachtslieder.“

In Flensburg klingt aber nicht mehr Weihnamanns Tute. Auch verzaubert er nicht mehr den Himmel. Unsere Mutter tröstet uns: „Er hat auf Euch gewartet. Aber der Zug fuhr zu langsam. In einem Jahr kommt er wieder und bringt Euch seine Gaben. Er hat aber einen Brief hinterlassen und grüßt Euch ganz herzlich. Weil Ihr so liebe Kinder seid, hat er Euch einen Stollen hiergelassen. Ist das nicht ein lieber Weihnachtsmann?“

„Weihnamann lieb, dans lieb.“

Langsam verschwimmen wieder die Bilder der Zeit und die Stimmen im Nichts. Der Weihnachtsmann existiert nicht mehr. Ganz allmählich erklingen fremde Tierstimmen, Schweiß trieft von der Haut, der exotische Duft umhüllt mich angenehm. Aber ich will in meinem Traum bleiben.

Zu spät. Die Dudelbox macht meinen Träumen den Garaus. Man hatte sie mit dem betriebsabhängigen Saft versorgt. Sie begann von vorne, als ob sie die Sonne ärgern wollte: „Stille Nacht, heilige Nacht."

Ich versuchte mich zu konzentrieren. Der Kindheitstraum hatte doch erst begonnen. Was geschah zu den Weihnachtsfesten? Die Erinnerung würde von Jahr zu Jahr besser erhalten sein als im bereits wiedererlebten Fall.

„Ja, ja, gleich kommt das „Kling, Glöckchen" und danach das „Fröhliche Weihnacht überall" und danach . . . Ach, vergiß es", führte ich mein Selbstgespräch zu Ende und zog mich auf den Balkon meines Hotelzimmers zurück. Dort war es auch schattig, und ohne jegliches Gedudel.

Vor mir lag ein Teil des tiefblauen ruhigen Meeres. Das monotone Schilpen eines Streifenhörnchens erklang nicht zu laut, um störend zu wirken. Im Gegenteil, die Rhythmik kam mir gerade recht, um eine erneute Trance einzuleiten. Ein zunächst verschwommener Schatten erscheint am Bambuszaun.

Jetzt sehe ich den kleinen Jungen wieder deutlich vor mir. Er steht vor dem Zaun und lächelt. Seine Hände umklammern in freudiger Erregung die Stäbe. Ich gehe auf ihn zu, langsam, um dieses Gesicht als besonders kostbares Geschenk zu empfinden.

„Komm mit", sage ich, „es ist die Zeit der größten Freude für uns Kinder." Er versteht sogar meine Sprache.

„Wohin wollen wir gehen?" fragt er.

„Weiß ich noch nicht. Einfach rückwärts, ungefähr noch fünf Jahre. Wir sind gleich da, Du weißt schon, in Flensburg, im Haus von meinem Opi."

„Ich habe aber Hunger." Jetzt sehe ich, wie der kleine Junge noch kleiner wird und immer mickriger. Die begonnene Hungerszeit hat schon deutliche Spuren hinterlassen.

Der einstige Wonneproppen von über 4,5 kg Geburtsgewicht wirkt elend, blaß und krank.

Aber er lächelt so herzlich, weil er gerade ein Stück trokkenes Brot bekommt. Ja, ich sehe alles ganz deutlich vor mir. Der kleine Junge vor dem Zaun, der fünf Jahre zurückgegangen ist, bin ich.

In einer Wohnung in der Flensburger Mathildenstraße liegt auf dem Wohnzimmertisch ein unordentlich gewundener Kranz aus Fichtenzweigen, die vom Komposthaufen eines Gärtners stammen. Sicherlich durfte mein inzwischen heimgekehrter Vater sie holen. Oder vielleicht doch nicht? Lustig sieht der Kranz aus. Und eine Kerze steht drauf. Heute abend wollen wir sie anzünden und Lieder singen.

Draußen liegt schon etwas Schnee. Ich hauche gegen die Fensterscheibe, um die Eisblumen aufzutauen. Sonst kann man nicht nach draußen schauen. Es ist nicht so schlimm, wenn ein paar von den wunderhübsch geformten Eisblumen zerschmelzen. Es gibt ja genug davon an allen Fenstern.

Jetzt sehe ich den Neuschnee, der zum Schlittenfahren geradezu einlädt. Aber einen Schlitten haben wir nicht. Ob der Weihnachtsmann wohl einen mitbringt? Die Straße verschwimmt wieder. Aus dem Hauch entstehen neue Eisblumen. Sie sind nicht milchig-trüb, sondern wäßrig-klar. Trotzdem kann man den Schnee nicht mehr erkennen. Die Häuser gegenüber erscheinen nur als rote, weiße und gelbe Flecken. Sie schwimmen lustig auf und ab und hin und her, wenn ich nur wenig mit dem Kopf wackle.

Unsere Mutter sieht mich auf dem Stuhl stehen und schaut auf die weißblauen Hände, die auf der eiskalten Fensterbank als Stütze dienen. „Ist doch nicht kalt“, sage ich ihr. „Aber die sind doch schon ganz blau. Spürst Du das nicht?“

„Nee, nix spür ich.“ Nun muß ich mich von den wundervollen Eisblumen trennen und in die Küche gehen, dem einzigen geheizten Raum. Dort steht gegenüber dem Kochherd eine große Holzkiste, auf der wir alle sitzen können, wenn wir eng aneinanderrücken. Die Kiste ist mit Lumpen gefüllt. Die halten das Essen noch lange warm.

Vier Stockwerke unter der Wohnung hat jeder Hausbewohner ein Kellerabteil, das mit einer Holztür und einem Vorhängeschloß nach außen abgeriegelt wird. Alle haben Kohle gelagert. Wir haben uns einen Zentner Briketts geleistet und ihn mit dem Kinderwagen, der zufällig nicht gebraucht wurde, hergekarrt. Heute abend ist die Stube geheizt. Der Kachelofen hat an allen vier Fenstern die schönen Blumen abgetaut, bis auf einen Rest im unteren Fensterbereich. Schade. Aber dafür ist es fast so warm wie in der Küche.

Wie schön die Lieder alle klingen, die wir zusammen singen. Ich glaube, wir können sie schon richtig mitsingen. Welch traumhafte Bilder sie malen! Da klingen Glöckchen, ein Schneefeld glänzt, Kerzen am Weihnachtsbaum leuchten auf die vielen Gaben. Morgen soll der Weihnachtsmann kommen. Aber das stimmt nicht, weil es noch vier endlos lange Wochen dauert.

Nach vier Liedern wird die kleine weiße Kerze ausgepustet, weil sie noch dreimal gebraucht wird. In einer Schublade liegen ein paar Kerzenstummel. Sie sollen an den nächsten Sonntagen hinzukommen. Wir singen noch lange weiter. Ist das eine wunderbare Stimmung!

Ich sehe fiebernd den nächsten Adventssonntagen entgegen. Wir kennen jetzt wohl alle Weihnachtslieder auswendig - bestimmt fünf. Danach spielen wir noch unser lustiges Spiel, mein älterer Bruder, meine Eltern und ich: Mensch-ärgere-Dich-nicht. Die beiden Kleinen schlafen schon. Es ist das einzige Spiel, das wir besitzen. Entweder gewinnt mein Bruder oder ich, meine Eltern aber nie, die sind wohl zu ungeschickt, und ärgern tun sie sich jedes Mal.

Gern hätte ich noch Spielzeug, aber das gibt es nicht. Ein kleiner Ball wäre schön. „Mensch-ärgere-Dich-nicht“ ist jedoch so lustig, da vermisse ich wiederum keinen Ball. Vergebens versuche ich, meinen Eltern zu erklären, wie sie die Steine setzen und welche Zahlen sie würfeln sollen, um auch einmal zu gewinnen.

Wir hören auf zu spielen, weil unsere Mutter uns von ihren schier unzähligen Geschichten eine neue spannende erzählen will, wieder eine aus ihrem Ostpreußen, wo sie als Kind eines adligen Gutsbesitzers aufwuchs. Die sind besonders spannend:

„Als ich so klein war wie ihr, fuhren wir mit dem Schlitten, vor den vier Pferde gespannt waren, durch ganz, ganz tiefen Schnee. Es war ein Tag vor Heilig Abend, als wir die Richtung einschlugen, in der wir dem Weihnachtsmann begegnen würden.“

Jetzt folgen viele abenteuerliche Einzelheiten. Mein älterer Bruder und ich sitzen einmal mehr mit geöffneten Mündern da und können kaum die nächste spannende Situation abwarten. Alles Wahrheiten, wie unsere Mutter behauptet. Jetzt bahnt sich der Höhepunkt an:

„Wir merkten es schon länger, wir wurden verfolgt. Da sahen wir plötzlich im Dämmerlicht eine Gestalt, dann zwei und immer mehr. Was glaubt ihr wohl, was das war?“

„Diebe!“ rufe ich.

„Nein, viel schlimmer. Es waren Wölfe, ganz viele. Sie hatten lange nichts mehr gegessen. Wir besaßen keine

Gewehre. Meine Eltern sagten, wir sollten uns unter den dicken Fellen verstecken. Sie wollten mit ihren Knüppeln auf die Wölfe zielen. Die würden bestimmt auf den Betrug hereinfallen und an Gewehre glauben. Sie würden schneller verschwinden, als sie gekommen wären.

Die Wölfe aber durchschauten diesen Betrug und wurden immer mutiger, weil sie unsere Angst bemerkten. Da riet mein Vater, laßt uns ganz laut den Weihnachtsmann rufen. Der kann ja nicht mehr weit sein. ‚Weihnachtsmann, Hilfe, Weihnachtsmann', schrien wir alle in größter Verzweiflung. Und was glaubt ihr wohl, was geschah?"

„Der Weihnachtsmann kam mit der Tute."

„Ja, er brauchte aber nicht zu tuten, weil die Wölfe ihn kannten und einen gehörigen Respekt vor ihm hatten. So wurden wir alle gerettet."

Leider kann ich noch nicht rechnen. Wenn ich die Zeiten der wahren Geschichten aus der Kindheit meiner Mutter zusammenzählen könnte, müßten es wohl über 100 Jahre ergeben.

Morgen ist endlich Heiligabend, der einzige richtige Weihnachtstag für Kinder. Meinetwegen kann man die beiden Weihnachtstage vom Kalender streichen, weil es da weder Geschenke, noch etwas Besonderes zu essen gibt.

Jetzt ist es endlich soweit. Wir müssen in die Küche, weil das Schlafzimmer heute besonders kalt ist. Der Weihnachtsmann hat versprochen, den Weihnachtsbaum mitzubringen und ihn zu schmücken. Hoffentlich findet er uns auch und vergißt uns nicht. Artig waren wir immer, das kann unsere Mami bezeugen.

Ein Poltern auf der Treppe und eine tiefe, wüst brummende, unverständliche Stimme. Wir erstarren. Unsere Mutter antwortet ruhig: „Liebe, artige Kinder." Sie gehen gegenüber ins Wohnzimmer. Wenn das Schlüsselloch bloß nicht mit Papier zugestopft wäre, dann könnten wir ihn sehen.

Wer ihn beim Tannenbaumschmücken und beim Geschenkeauspacken zu Gesicht bekommt, der erhält keine Geschenke, und den Baum nimmt er auch wieder mit in den Himmel. Nein, lieber die Tür nicht einen winzigen Spalt öffnen. Ich habe zuviel Respekt vor diesem komischen Alten und seinem langen Bart. Und schließlich sind mir die Geschenke viel lieber.

Endlich sputet er sich. Die Küchentür öffnet sich. „Dürfen wir jetzt? Ist er ganz weit weg?"

Die Wohnzimmertür steht schon offen. Wir dürfen aber noch lange nicht an die Geschenke. Erst singen wir die wunderschönen Weihnachtslieder, die heute aber schaurig und langweilig klingen und überhaupt nicht mehr aufhören wollen. Der Vater hat schließlich ein Erbarmen.

Mit glänzenden Augen schauen wir auf die bunten Teller. So viel: zwei Äpfel, fünf Kekse, zwei davon Lebkuchen, ein Schokoladenplätzchen, mit bunten Zuckerkügelchen bestreut, und ein Weihnachtsmann in roter Metallfolie. Die anderen Sachen auf dem Pappteller, wie Strohsterne und Tannenzweige, sind nicht von Bedeutung. Vielleicht sollen sie schön aussehen.

Am Tannenbaum hängen noch mehr Sterne aus Stroh und auch einige aus buntem Papier. Ein paar Kerzenstummel verbreiten eine wohlige, stimmungsvolle Atmosphäre. Silberne Glaskugeln und Lametta glitzern in ihrem Licht.

Der erste Apfel ist verspeist, der zweite angepeilt. „Willst du ihn dir nicht bis morgen aufheben?" fragt meine Mutter.

Eigentlich hat sie recht. Da sind ja noch die Kekse. Die beiden Lebkuchen sind mir heute ausnahmsweise willkommen - nicht, weil sie nur am Heiligabend aus irgendwelchen Gründen keinen Ekel bereiten, sondern weil mein älterer Bruder sie gegen Kekse eintauscht: eins zu eins, versteht sich unter schachernden Kindern.

„Habt ihr überhaupt schon alles genau angeschaut?" fragt unsere Mutter. „Da hat der Weihnachtsmann etwas unter den Baum gelegt."

Tatsächlich, da liegt ein Ball, ein kleiner Gummiball! Er gehört uns allen.

Die in den Zustand der Ermüdung eingetauchte Freude wird nun jäh wieder aufgeheizt. Nach kurzer Betrachtung fangen wir an zu spielen. „Nein, der ist für draußen", mahnt unsere Mutter. „Hier drinnen geht alles kaputt."

Also ran an die Kekse, zwischendurch etwas am Schokoladenplätzchen knabbern, mal probieren, wie das schmeckt. „Mm, lecker, so etwas Feines habe ich noch nie gegessen." Das besondere Glücksgefühl währt noch eine Weile. „Schade, nun ist das auch alle."

Ich schiele zu meiner Mutter und wieder auf den verbleibenden Apfel. Heute könnte ich mich doch einmal richtig satt essen. Ich komme mir vor wie ein Dieb. Langsam schiebt sich eine Hand bis an den Apfel heran. Blitzschnell beiße ich hinein. Wenn meine Mutter jetzt was sagt, ist es zu spät. Sie merkt zum Glück nichts.

Wie köstlich dieser Glockenapfel schmeckt! „Meine Güte, du hast ja alles aufgefuttert." Meine Mutter schaut mich an. Warum sie Tränen bekommt, weiß ich nicht. Geschmeckt hat doch alles, und satt gemacht hat es außerdem.

Freiwillig melde ich mich, ins Bett gebracht zu werden, der Gewohnheit entsprechend. Es kostet etwas Überwindung, unter die klammen, eiskalten Federkissen zu kriechen, die aber irgendwann, ganz im Gegensatz zu den hübschen Weihnachtsboten am Fenster, den Eisblumen, bald wärmen. Ich verschwinde unter dem Kissen und verharre dort einige Minuten zusammengekauert wir ein Embryo im Mutterleib.

Die Kälte hält mich wach. Immer wieder erscheint der bunte Teller vor mir. Ein tolles Spielzeug haben wir noch, den Ball. Vom Ballspielen will ich träumen.

Meine Mutter kommt herein, um mir Gute Nacht zu wünschen. Im warmen Wohnzimmer hat sie mir kurz vorher das Nachthemd angezogen, das sie vom Kachelofen genommen hatte. „Wenn du schläfst, ganz spät in der Nacht, kommt der Weihnachtsmann auf dem Rückweg hier vorbei. Wir wollen ihn dann fragen, ob er nicht noch einen Keks oder einen Apfel für euch übrig hat." Ich zapple vor Freude und Aufregung. Gleich wird mich das Sandmännchen im glücklichsten Zustand aufsuchen.

Tatsächlich, heute, am ersten Weihnachtstag, liegen zwei Kekse und ein Apfel auf dem Teller. Nein, ich habe meine Meinung geändert: Die Weihnachtstage sollen doch erhalten bleiben, jedenfalls der erste Weihnachtstag. Den Apfel will ich heute abend essen und den Keks morgen.

Neben den täglichen Kartoffeln gibt es heute mittag mein Lieblingsgemüse, Porree, der mit etwas Milch anstatt nur Wasser zubereitet wurde. Leider schmecken einige Kartoffeln etwas unangenehm süß, weil sie im Keller Frost abbekommen haben. Dafür gibt es aber einen besonderen Nachtisch: „Speise".

„Speise" nennt meine Mutter den Vanillepudding. Auch er enthält zur Hälfte Milch. Das schmeckt viel besser als nur mit Wasser. Wir beiden älteren betrachten hochkonzentriert die Messerführung unseres Vaters, der die Oberfläche in möglichst gleich große Teile anritzt. Wir erkennen sofort, wo er sich vertan hat. Ein größeres Stück ist für Kinderaugen deutlich erkennbar. Das Messer ist noch nicht ganz von der Schüssel genommen, da zeigen unsere Finger blitzschnell und gleichzeitig auf das größte Stück: „Das will ich!"

„Nein, ich hab's zuerst gesagt!"

Mein Bruder ist der größere. Ist schon richtig, wenn er das größere Stück bekommt. Mm, lecker, dieser Pudding. So etwas Feines habe ich noch nie gegessen. Ich versuche, einige Teile wie Bonbons zu lutschen, um sie länger zu genießen. Leider gelingt das nicht. Schade, nun ist er alle. Der Rest gestaltet sich genauso, wie bei jedem anderen Essen üblich: Die Teller werden abgeleckt.

Von diesem Hochgenuß gefangengenommen, pirsche ich mich nun an den Weihnachtsteller heran. Es besteht nämlich die einmalige Gelegenheit, die Glücksgefühle fortzuführen. Mm, wie fein der Glockenapfel schmeckt. Noch besser würde nur noch ein Cox Orange schmecken. Der ist aber kleiner als ein Glockenapfel. Letztendlich entscheidet die Größe. Das muß der Weihnachtsmann gewußt haben.

Mm, der Keks ist auch fast so lecker wie der Apfel. „Junge, nun hast du ja wieder alles aufgegessen", bemerkt meine Mutter abermals zu spät.

„Bringt der Weihnachtsmann heute mehr?"

„Nein, eigentlich bringt er nur am Heiligabend etwas. Aber wir haben ihm gesagt, wie lieb ihr seid. Deswegen hat er ausnahmsweise noch mehr herausgerückt."

Na, wenn das so ist, dann kann der zweite Weihnachtstag wirklich vom Kalender verschwinden. Dann ist der schönste Kindheitstraum also vorbei. Der kleine Junge erscheint verschwommen am Zaun und ruft mir bestätigend zu: „Weihnachten ist wie ein wunderbarer Traum! So viele schöne Sachen!"

Seine Konturen bleiben diesmal verschwommen und verschwinden bald wieder hinter dem Flimmern über dem heißen Sand.

Der Trancezustand fand ein jähes Ende. Der Luxus allenthalben erhielt gewaltige Dimensionen gegenüber dem eben erlebten Weihnachtsfest. Doch war es schöner? Oder gleich schön? Wo bleibt das Lächeln, die überglückliche Freude, der weihnachtstypische Luxus der Kindheit?

Ich wußte es nur zu gut aus den vergangenen Jahren: In der Weinachtszeit zu Hause konnte keine rechte Vorfreude aufkommen. Sie wurde von Jahr zu Jahr eher belastender, weil die Ideen für Geschenke durch die Übersättigung der zu Beschenkenden mit einem höflichen Dankeschön oder einem Satz wie: „Das kann ich gerade gut gebrauchen" oder „Das paßt gut zu meinen . . ." abgewertet wurden.

Ich sag's offen: Der einstige Weihnachtszauber scheint unwiederbringlich erloschen zu sein. Das Fest der Liebe wurde zum Fest des Konsums beziehungsweise Überkonsums degradiert, das Schenken zum berechnenden Pflichtakt. Die Feste in der Kindheit verliefen viel spannender. Also versetzte ich mich das letzte Mal in Trance.

Das rhythmische Schilpen des Streifenhörnchens, der kleine Junge am Zaun, abklingende Geräusche, die Hitze gaben nach. Und ich schaue durch das angehauchte Fenster, durch den Strauß der wunderschönen Eisblumen auf die schneebedeckte Straße, die am Nachmittag erst eine Autospur hat. Am Abend wird eine zweite hinzukommen, die vom Omnibus.

Ich weiß jetzt nicht, welches Weihnachtsfest ich bevorzugen soll. Jedes dieser Feste verläuft mit seinen Adventswochen gleich spannend und wunderschön. Ich empfinde auf einmal mehrere zusammen.

Ich bin so alt wie der kleine Junge am Zaun, auch genauso groß beziehungsweise klein. In diesem Jahr ist der Weihnachtsteller deutlich mehr gefüllt. Als besondere Überraschung gibt es zwei Mandarinen. Mm, so etwas Feines habe ich noch nie gegessen. Die vielen Kerne bewahre ich noch in den Wangen auf, um sie zu lutschen. Immerhin geben sie einen guten Nachgeschmack, bis die Bitterstoffe die Herausgabe fordern.

„Morgen", kündigt meine Mutter an, „gibt es nochmals zwei." Nur schade ist der etwas unrühmliche Abgang des Weihnachtsmannes vor einem Jahr. Die älteren Schulkinder haben ihn verpetzt. Aber welch ein Glück. Ich brauche nicht mehr mit meinen Sandalen durch den Schnee zu gehen, weil unter dem Weihnachtsbaum ein Paar Halbschuhe für mich liegen. Irgendeinem Nachbarskind sind sie zu klein geworden. Schön sehen sie aus.

Jetzt treffen sich viele Kinder im Treppenhaus. Alle sind aufgeregt und glücklich. „Und was ich erst mal bekommen habe!" „Und guck mal, was ich!"

Ja, der hat auch ein Paar Halbschuhe, aber neue. Ich fühle mich erstmals benachteiligt. Aber diese Erkenntnis kann meine Freude nicht trüben, zumal mir seine Halbschuhe zu klein sind. Ein anderer präsentiert überstolz seine neue Hose. Zwar ist sie auch schon getragen worden, aber noch gänzlich ohne einen schändlichen Flicken. - Die Stimmung will umschlagen. Unheilbringende Gedanken schleichen sich ein. -

Jetzt fange ich mich zu schämen an, weil er demonstrativ auf die zugenähten Löcher meiner Hose schaut und die beiden Flicken. Sein überlegenes Grinsen mißfällt mir und scheint mich an den Rand der kleinen Gesellschaft zu drängen. Auch schmatzen sie alle extra laut mit Schokoladenteilchen. Sie geben richtig an und wollen sich gegenseitig übertrumpfen. Bloß weg von hier!

Weitere Weihnachtsfeste präsentieren in schneller Folge ihre Bilder und Stimmungen. Es gibt zwar von Jahr zu Jahr immer ein bißchen mehr - glaube ich jedenfalls - doch schneller überwuchert eine bittere Erkenntnis die Glücksmomente: Die Erkenntnis drückender Armut. Ein Weihnachtstraum versinkt im Elend.

Wie im Schreck verließ ich meinen Trancezustand. Ich schaute auf den verwaisten Bambuszaun und dachte dabei an unseren Sohn in 10.000 km Entfernung. Ich sah ihn vor mir, vom ersten Weihnachtsfest an, wie sein Bewußtsein und seine Freude in den Weihnachtstagen zunahmen, wie er strahlte und sich x-male bei uns bedankte, uns umklammerte und trotz des unsagbaren Überflusses an Geschenken noch nach Jahren wußte, von wem er was bekommen hatte.

Mandarinen stehen kistenweise parat; selten ißt er eine. Äpfel gibt es das ganze Jahr über, Kekse auch. Vor Lebkuchen ekelt er sich genauso wie ich. Eisblumen kennt er leider oder glücklicherweise nicht. Aus Schokolade und den anderen unzähligen verschiedenen Süßigkeiten macht er sich zum Glück nicht viel. Entbehrt hat er nie etwas; denn an jedem Weihnachtsfest betont er, mit so vielen Überraschungen nicht gerechnet zu haben.

Die glücklichste Kindheit wollte ich ihm bescheren, mit traumhaften Weihnachtsfesten, lieber im Überfluß als mit den geringsten Entbehrungen. Genauso ist es eingetreten.

Diese Gedanken erzeugten bei mir auf dem schattigen Balkon vor dem blauen, warmen Meer eine wohltuende Ausgeglichenheit. Vor dem Heiligen Abend würde ich wieder zu Hause sein - am liebsten nicht, weil mich der Überwohlstand in Form von unnötigen Gedanken drückt, gerne aber, weil unser Sohn sich wieder riesig freuen wird.

Das Weihnachtsfest gehört allein den Kindern. Zum Schluß noch meine einzige Bitte für alle zukünftigen Weihnachtsfeste: Vergeßt nicht die Kinder vor dem Zaun!

Wolfgang Erler

Von dem Vater, Hannchen und dem Enkel

****

Personen:

Der Vater (Opa)
Der Vater von Moppel
Hannchen, später Hanni
Moppel als ich, der Erzähler

Eigentlich wollte der Vater einen Sohn, und die vorhandenen Jungen einen Bruder, man muß jedoch nehmen, was man kriegt, und die Jungen dachten, daß das nutzlose Mädchen ja auch später einen Ball fangen könne, denn zum Kreiseln und Seilspringen hatten sie keine Ambitionen. Es war die Zeit um 1900, als der Vater noch bei den Thurn und Taxis als Briefträger beschäftigt war und dort eine feste Anstellung gefunden hatte. Die Kinder wuchsen auf, und nach einiger Zeit hatten auch die Brüder das Hannchen, das zuletzt geborene Kind, angenommen und einen Beschützerinstinkt entwickelt, der jedoch fallengelassen wurde, wenn die Jungen mit anderen Jungen spielten und Hannchen angehüpft kam. Hannchen war eben anders und trug ein langes Kleid und darüber eine zusammengenähte Gardine. Das war nun wirklich nichts zum Spielen. Hannchen war stolz auf die größeren Brüder, auch wenn diese nicht mit ihr spielten. Es muß die Beruhigung gewesen sein, manchmal eine etwas größere Lippe zu riskieren und dann schnell schrill schreiend wegzulaufen, wenn die Brüder in der Nähe waren. Zudem kreiselte sie auch noch mit Kindern aus der Nachbarschaft oder spielte im Hof mit einem kleinen Ball. Manchmal nahmen die Brüder sie auch in den nahen Mariannenpark mit, da konnte man so schön mit Sand spielen. Hannchen erinnert sich genau daran, war sie doch so oft den Brüdern mit deren Freundinnen im Wege, sie nahmen Hannchen jedoch immer mit heim. Viel später kam ihr das örtliche Wissen zugute, beim Heimfahren, als schon wieder Krieg war, von Hannchen nach Gohlis

- und sie hatte eigene Kinder zu beschützen -, um auf Schleichwegen den Bomben auszuweichen.

Die Mutter von Hannchen hatte viel zu waschen und kam oft mit dem wieder umfunktionierten Wäschekorb, welcher Hannchen vormals als Babybett gedient hatte, in die atriummäßige Hofanlage, an welche mehrere Häuserblocks grenzten, um die Wäsche aufzuhängen. Hannchen gab ihr die Wäsche zu, und das schönste Spielzeug waren für sie die hölzernen Klammern. Der Vater hatte Hannchen zum besseren Einschlafen eine Puppe aus alten Lappen gebastelt, und damit man das Gebilde erkennen konnte, die Arme, Beine und den Kopf mit Bindfaden abgeschnürt. So war das damals!

Das allerschönste war Weihnachten, weil es da Eßwaren und manchmal auch Spielzeug gab und es in der Küche immer gut roch. Weil das Wohnzimmer immer zwei Tage verschlossen war, vermuteten wir Kinder das Anputzen des Weihnachtsbaumes, welcher am Weihnachtsabend auch dastand, nicht so strunkig wie das Reisig im späteren Garten, sondern bunt, mit allerlei Glasvögeln und winterlich anmutenden Kugeln sowie Silberpapier und obenauf eine Spitze mit eben diesem Winterreif. Wie der Vater erzählte, war die Sache mit dem Tannenbaum erst kürzlich von der Kirche genehmigt worden. Vorher galt der Weihnachtsbaum als Unsitte und heidnischer Brauch, das wisse er von seiner Mutter. Die Brüder hatten Kriegsspielzeug aus Blech, teilweise sogar mit einem Motor zum Aufziehen, Hannchen dagegen nur graue Wollfäden. Mutter hatte Lebkuchen mit Nüssen gebacken, und das Essen war sehr reichlich, es gab immer Gans und Pudding zum Nachtisch. An diesem Tage, es konnte draußen noch so kalt sein, war es in dem Zimmer mollig warm. Diesmal bekam Hannchen einen Kaufmannsladen, ähnlich dem Laden, der unten an der Ecke war. Die Eltern und Brüder mußten tagelang bei Hannchen einkaufen, denn das war das tollste Spielzeug, was sie je hatte. Vater erklärte ihr, was Kolonialwaren bedeutet, sie hat sich aber nur gemerkt, daß wir den Krieg brauchen, damit Hannchen Bananen essen kann, und sie gab sich damit zufrieden.

Hanni, wie sie später genannt wurde, hatte die Angewohnheit, aus dem Badezimmer nackt zum Anziehen ins Schlafzimmer zu wechseln, ein ganz natürlicher und gewohnter Vorgang. Der darauffolgende Schock bei Moppel, dem Sohn von Hanni, ist diesem jahrzehntelang anhaften geblieben, denn Hanni schrie wie angestochen, fummelte mit den Armen in der Luft herum, weil Vater sie so gesehen hatte. Später bedauerte sie Moppel aus verschiedenen Gründen, und noch später, wie Hanni denn zu uns Kindern gekommen sein mag. Der Vater von Moppel mußte kurzfristig in eine Kaserne ziehen, zum ideologischen Umerziehen, oder zum zwangsweisen Ändern der politischen Gesinnung, nach dem Krieg gegen die Russen. Das dauerte etwa eine Woche, und Vater wurde gleich in eine Radiofabrik eingegliedert, im Westen von Leipzig, und später als Modellbauer beim Schwermaschinenbau, gleich bei Hannis Wohnung um die Ecke. Jedes Jahr zum Heiligabend ging Hanni mit den Kindern zur Kirche, die damals noch überfüllt war. Es gab auch viel zu beten, nicht etwa um Spielzeug, sondern um genügend Essen, und der liebe Gott möge den Lebertran verbieten! Gesungen wurde auch, hauptsächlich laut. An der Stelle, wo gesungen wurde „Es ist ein Ros entsprungen“, dachte Moppel immer an ein Pferd, was sich vom Schlitten des Weihnachtsmannes losgemacht hatte. Die beiden großen Christbäume in der Kirche waren überaus stilvoll geschmückt und hatten elektrische Kerzen. Zu Hause machten wir unsere eigene Hausmusik, weil das Radio mal wieder kaputt war. Thea, die Schwester, spielte auf dem Akkordeon, und Moppel quietschte auf einer Flöte oder Mundharmonika, doch am schönsten waren unsere Lieder ohne Begleitung. Wir hatten zu Hause zwar auch eine elektrische Beleuchtung, da waren aber im Laufe der Zeit einige Kerzen ausgefallen, trotzdem sahen wir uns die Pracht immer wieder von der gegenüberliegenden Straßenseite an. In dieser Kirche betete Hanni vormals, daß ihr Mann möglichst gesund aus dem Krieg, der 1945 beendet wurde, zurückkommen möge, sie hätte ihn auch ohne Beine genommen.

Bei Hanni machte sich eine alte Erbkrankheit bemerkbar, sie begann schlechter zu hören und befragte die Kinder immer öfter, was ihnen lieber sei, ob nun schlecht hören oder sehen, denn sie beschäftigte sich sehr damit.

Eines Tages schnappte Vater den Moppel, um mit diesem aufs Land zu fahren. Die Züge waren voller Hamsterer, und Moppel wurde irgendwo in den Zug geschubst. Der Vater fuhr auf dem Trittbrett mit. Am Ziel angekommen, holte die beiden ein Pferdewagen ab, mit einem Lenker, welcher ähnlich dem Mann aussah, wie er ihn von vielen Plakaten kannte. Moppel überdachte die Lage und schnitt im Geiste Fleischstückchen aus dem Gaul.

Es sollte zu Vaters Rittergut gehen, und der Lenker, mit dem Scheitel auf der rechten Kopfseite, war der Bruder des Vaters. So wie sich Moppel ein Rittergut vorgestellt hatte, sah das dort nicht aus, das lag bestimmt am Krieg und den Bomben. Ein Wassergraben und die Zugbrücke fehlten völlig, und Männer mit langen Messern waren auch nicht zu sehen, es war ein ganz normaler Bauernhof mit einer Schmiede, wo die Pferde auch neue Schuhe bekamen. Die Heimfahrt sollte am nächsten Tag sein, weil kein Zug mehr fuhr. Moppel ließ die Sache auf sich einwirken, die Schmiede, Schweine und Hühner. Am meisten ließ er das Essen auf sich wirken, denn es gab da grüne Blätter (Salat) mit weißer Soße (Sahne) mit weißem Zucker sowie Rühreier ohne Mehl nebst Speck. Wegen der Magenschmerzen durch Überfressen kam Moppel nicht in den Schlaf, es gab dort genauso dicke Federbetten wie bei Oma und Opa, ihm hatte es prima gefallen, und er wollte wiederkommen.

Der Zug fuhr, und alle Leute hatten Säcke und Rucksäcke mit, so auch der Vater. Diejenigen Menschen, die keinerlei Bekanntschaft oder irgendeine Tauschmöglichkeit hatten, kehrten mit leeren Säcken zurück und stürzten sich mit den Kindern von Häusern oder vor die Züge.

Im nächsten Winter war es kalt, und es gab viel Schnee. Moppel half beim Schaufeln auf der Straße mit, und immer bekleidet mit den Stricksachen, welche Hanni gefertigt hatte. Die Handschuhe waren ständig naß und lösten sich auf, so daß Moppel darauf verzichtete. Viele Kinder bauten gemeinsam einen Schneemann, welcher unglücklicherweise vor unserem Keller stand und später eine Überschwemmung verursachte, so daß die eingelagerten Kartoffeln und die Braunkohle auch eine Menge Schmelzwasser schlucken mußten.

Es war wieder Weihnachtszeit, und es bahnte sich eine Überraschung an. Der von den Eltern geschmückte Weihnachtsbaum sah ganz anders aus als bisher gewohnt. Es war viel Lametta auf dem Baum, und nur eine Sorte Kugeln. Die elektrische Beleuchtung hatte Vater repariert, das Ganze machte einen sehr feierlichen und vornehmen Eindruck. Weil Thea und ich nicht mehr an den Weihnachtsmann glaubten, hatte der Vater verzichtet, sich zu verkleiden und dafür auszugeben, im Gegensatz zu den Kriegswintern, als er zum Fronturlaub dagewesen war. Der Kirchgang war an diesem Abend gestrichen, weil es pausenlos schneite. Wir kuschelten uns um den Berliner Ofen, strahlten den Christbaum an und sangen „Leise rieselt der Schnee", und erst dann war die Bescherung.

Für die Eltern hatten wir einige Bildchen gemalt und Unmengen Topflappen gehäkelt, deren Verwendung mir rätselhaft schien, denn wir hatten nur einen Topf, und für den Transport von dem glühenden Kohlfeuer im Berliner Ofen benutzten wir eine Zange.

Hinter dem Tannenbaum stand ein ganz großes Riesenrad, wie wir das vom Jahrmarkt, unserer Messe am Cottaweg, kannten. Der Vater hatte das für Moppel gebastelt, und er versicherte, daß alles maßstabgetreu sei. Ein Elektromotor war auch dabei, für verschiedene Geschwindigkeiten, was Moppel auf die Idee brachte, das Tempo nochmals zu erhöhen - damit wurden die beliebten Schnellfahrten eingeführt - dann gab der Motor den Geist auf. Irgendwoher bekam Moppel eine Dampfmaschine, welche mit Hartspiritus angetrieben wurde und als Ersatz diente. Das Gerät war viel durchzugsfreudiger als ein E-Motor, und Moppel packte die Gondeln, worin bisher nur Puppen saßen, voller Hausrat, zudem baute er sich noch einen großen Zirkus mit vielen bunten Lichtern, worin Mäuse dressiert werden sollten und die Meerschweinchen der Schwester als Raubtiere fungierten. Moppel spielte mit seinem Riesenrad bis zum Sommer, und als der Spiritus mal ausgegangen war, benutzte er stattdessen Sprengstoff, das damit übliche Unkraut-Ex, was wir auch für Knaller und Raketen benutzten.

Das war das Ende!!!

Wolfgang Erler

Weihnachten in Australien

Personen:

Monika und Patricia
nebst der Kinder, Daphne und Claus
sowie „ich“ als Erzähler

„Step into Summer!“ ist der Werbeslogan, welchen jedermann bereits im August lesen kann, neben dem Winterschlußverkauf, worin ständig Super-Sonderangebote, sogenannte Specials, angeboten werden.

Dabei waren es 42° C, als ich von Sydney kommend in die australische Hauptstadt einschwebte. Das war etwa 1985, und von der Atlantikseite her wehte ein warmer und zugleich auffrischender Wind. Der Wind machte das Leben erträglicher, es sollte noch viel heißer werden, denn im Dezember und Januar sollten wahre Hundstage kommen.

Ich wohnte bei einer Freundin aus Deutschland, welche mit ihrem Mann nach Australien ausgewandert war. Dort gab es Streit, und die Ehe zerbrach. Monika hatte vom Staat eine Sozialwohnung bekommen, nebst allen Leistungen, ähnlich wie bei der Sozialhilfe in Deutschland.

Für Weihnachten hatten wir uns ausgedacht, das Fest mit einer Freundin und deren kleinen Kindern zu verbringen. Patricia stammte aus England, und sie trug ein ähnliches Schicksal, mit dem Unterschied, daß Patricia vom Staat ein neues und eingerichtetes Haus erhalten hatte. Vorerst stolperte ich über einen Friedhof und begann Kiefernzapfen zu sammeln, um diese als Andenken nach Hamburg mitzunehmen. Die Zapfen waren gewaltig groß, einer etwa 35 cm lang und etwa 25 cm breit, und es hingen immer zwei bis drei Stück an einem kleinen Ästchen. Beim Bükken und Suchen betrachtete ich die Inschriften der Gräber und stellte fest, daß die Gestorbenen sehr alt geworden waren, mindestens 90 Jahre, es mußte sich also um ein gesundes Klima handeln, und so alt wird doch bei uns kein Schwein mehr, dachte ich heimlich und voller Ehrfurcht. Warum ich denn diesen Müll mitbringe, knurrte mich Moni an, sie wanderten bei einer Grillparty ins Feuer. Ich konnte mir ja neue besorgen, beruhigte ich mich. Ein Einzelstück habe ich später tatsächlich mitgenommen, vom Cementery, wie dort die Friedhöfe genannt werden.

Nun machten wir mit Pat, eine Abkürzung für Patricia, vorher noch einen Wintertreff mit den Kindern aus, denn wir wollten zu einem Skigebiet in der Nähe, solange dort noch Schnee lag. Es waren etwa 100 km, und es lag noch Schnee, außerdem sollte ich bei dieser Gelegenheit die Kinder kennenlernen, die sich im Schnee köstlich amüsierten. Ich fand es auch lustig, denn der Schnee wich langsam der Sonne, die Australier jedoch fuhren in den verbliebenen drei Zentimetern so, als ob ein Meter liegen würde. Es waren halsbrecherische Fahrten über Felsen und Geröll. Da die gesamte Ausrüstung an einer Station, etwa 30 km vorher, geliehen wurde, hielt sich der Schaden für die Geröllartisten in Grenzen. Wir waren auf der Suche nach einem Weihnachtsbaum, zumindest dachte ich das. In Australien gehen die Uhren anders, zumindest was den Weihnachtsbaum betrifft. Daß sie wirklich ganz anders gehen, wollte ich ergründen, nach einer These aus Hamburg, nach welcher ein witziger Mensch herausgefunden haben soll, daß sich der Strudel beim Badewannenablauf immer linksherum dreht. Daß das falsch ist, kann ich bezeugen, denn er dreht sich links und rechts wie bei uns. Pat wollte keinen Weihnachtsbaum und Moni wollte einen. Nun gibt es derartiges nicht zu kaufen, möglicherweise im Kaufhaus ein Bündel Plastik. Wer einen echten Weihnachtsbaum möchte, fährt in den Wald und säbelt sich dort einen ab, falls vorhanden. Das war legitim. Pat wollte, getreu ihrer alten Heimat, zu Santa Claus einen Mistelzweig.

Moni hatte auch auf ihrer Arbeitsstelle, einer ausländischen Botschaft, nachgefragt, dort aber wußte man nur von Plastik. Moni und ich fuhren also in die Blauen Berge, um die Lage zu peilen. Unterwegs hielten wir an einem ihre Museum an. Die Inhaberin sprach etwas deutsch, sie stammte aus den Niederlanden, erzählte uns, daß deren Großmutter das Museum vor etwa 150 Jahren gegründet habe. In den Räumen war auch eine Menge Hausrat und Spielzeug aus dieser Zeit, als Tip über einen Weihnachtsbaum half uns das natürlich nichts. Die Inhaberin konnte uns auch keinen Rat geben, sie meinte nur, daß man in einem Versandhaus in den USA Plastik bestellen könne. An einer Tankstelle kauften wir dann erntefrische Red Delicious und fuhren in die Berge. Dort angekommen, suchten wir jeweils von Parkplätzen aus und mußten feststellen, daß es weder Tannen noch Fichten gibt, nur Kiefern. Wir entschlossen uns nun, eine Kiefer zu nehmen und in halber Höhe abzusägen. Das jedoch hatte noch vier Wochen Zeit, denn es war extrem trocken und sehr heiß.

Inzwischen hatte Pat sich um allerlei Geschenke für die Kinder gekümmert, nämlich einige Musikinstrumente für das Mädchen Daphne, fünf, und für den Jungen Claus, sechs, eine Vielzahl an Kriegsspielzeugen aus Plastik. Die Macpire griffen wieder an. Das sind Rabenvögel, welche ihre Jungen beschützen wollen und von hohen Bäumen herunterstürzen, völlig lautlos, und den Passanten in den Kopf hacken. Man sah niemanden ohne Kopfbedeckung oder eine Tasche auf dem Kopf. Die erste Weihnachtsfeier begann in einem österreichischen Club und erinnerte mich an Fasching oder ein Sommerfest. Es waren viele bunte

Lampions aufgehängt, und in dem Raum, welcher einer Kantine glich, durfte sich jeder ein Essen bestellen, natürlich gegen Cash. Es wurde getanzt und gelärmt. Viele Frauen tanzten zusammen, weil die Männer keine Kunst hatten oder denen das Biertrinken vorging. An den Seiten der „Kantine“ standen etwa 100 Spielautomaten, genannt „Pokermachines“, an denen von Männern und Frauen pausenlos gespielt wurde. Mit Weihnachten hatte das nichts zu tun, und die Sauflieder auch nicht.

Nun befaßten wir uns damit, wann der Heiligabend sei. Abgesehen von den unterschiedlichen Zeitzonen in Australien hatten wir uns bereits die Tage vom 22. Dezember bis 4. Januar notiert, doch richtig wußte das niemand. Um die Sache zu vereinfachen, peilten wir den 24. Dezember an, als Tag für den Heiligabend. Womit ich Monika erfreuen konnte, war mir noch unklar, doch mir half der Zufall. Durch die Civic laufend, entdeckten wir in einem Schaufenster ein gelbes Kleid, welches an einer Puppe wunderschön gesteckt war.

Moni probierte das Kleid an und sah darin aus wie ein bayerisches Trampeltier. Monis zerzauste Haare und die unpassenden Schuhe verstärkten den Eindruck sogar, und in einer anderen Größe des Modells sah sie wie ein schwangeres Dromedar aus. Wir verzichteten, und ich versprach, nach etwas anderem zu sehen. In Sydney, wo wir den Sohn von Monika besuchten, um schöne Weihnachten zu wünschen, fanden wir ein passendes Kleid, welches zwar etwas amourös aussah, jedoch nach dem Entfernen der Rüschen durchweg als apartes Sommerkleid durchging.

Auf dem Rückweg fuhren wir durch die Blauen Berge, um unsere Weihnachtskiefer wiederzufinden und mitzunehmen. Wir fanden die vorher ausgesuchte Kiefer nicht, dafür aber eine kleinere Ausführung, die genauso schön war. Bis zum Heiligabend waren noch drei Tage, also begannen wir mit dem Verschönern. Die langen Nadeln waren etwas hinderlich, so daß wir stattdessen viel Lametta benutzten und hinterher mit unserem Werk zufrieden waren.

Pat kam kurz zu Besuch, um zu fragen, ob ich den Santa Claus für die Kinder spielen möchte. Ich mochte nicht, sagte jedoch zu. Pat gefiel unser Weihnachtsbaum so gut, daß sie so einen auch haben wollte, das war aber aus Gründen der Beschaffung nicht möglich, und auch das Klimpern mit den Wimpern half da nicht.

Heiligabend war nun da, und ich schmuggelte mich als Ersatzweihnachtsmann ins Haus. Weil der englische Weihnachtsmann immer durch den Schornstein kommt, verzichteten wir auf dieses Detail - ich kam jedenfalls durch die Tür, nachdem mir Pat ein Kostüm mit Rauschebart angezogen hatte und in der Küche einen Höllenlärm mit Topfschlagen veranstaltete.

Der lachende Hans, das Haustier, ein bunter, beoähnlicher Rabenvogel, schwirrte aufgeregt durch die Räume, und nun kam mein Auftritt. Zuerst fuchtelte ich mit der Rute herum und schimpfte darüber, daß die Kinder nicht mehr mit Schlammschuhen ins Haus kommen sollten, denn das Sofa sei schon für den Sperrmüll reif. Erst als sie versprochen hatten, sich künftig ordentlich zu benehmen, gab es die Geschenke. Wie Pat später erzählte, hatte das Versprechen zwei Tage angehalten, und sie hatte gedroht, daß der Weihnachtsmann die Geschenke wieder abholt. Der Mistelzweig hatte Pat kein Glück gebracht, der ist auch am nächsten Tag ein Opfer des komischen Fluggeiers geworden, und Pat schwärmt noch heute von der wunderschönen Kiefer aus den Blauen Bergen.

Mein Trip war zu Ende, und am Flughafen war ein Massenandrang der Verwandtschaften, die ihre Lieben vom Kontinent für längere Zeit verabschiedeten. Vor dem Flughafen frevelte ich noch an einem Lorbeerbusch, um davon meiner Mutter einen Ast voller Blätter mitzunehmen, welche die Blätter nur aus der Tüte kannte. Es war ein gelungener Ausflug, meine Weihnachten in Australien.

Lassen sie mich am Ende noch einen Gesamteindruck über den Kontinent der roten Erde abgeben. Die Landschaft ist gigantisch und interessant. Die Menschen sind gemütlich, es fehlt jedweder Streß, es ist gemütlich, was sich auch auf die Tiere übertragen haben muß, denn diese sind überwiegend zahm, von natürlicher Scheu abgesehen. Die Flora ist nahezu umwerfend, denn gleich in Ihrer Nähe, wo Sie auch sein mögen, blüht und grünt es zu jeder Jahreszeit.

Pat fragte mich einmal, ob ich für immer in Australien bleiben möchte. Am einfachsten gehe das über eine formlose Verlobung, wonach ich einen weiteren Aufenthalt für sechs Monate bewilligt bekomme, ansonsten müßte ich ein Grundvermögen von 100.000 Dollar nachweisen. Mit der Verlobung war ich seelisch überfordert, und im Falle des Dableibens hätte ich mir die Tür für meine spätere Weltreise und andere Abenteuer für immer zugemauert.

Edgar Bergmann

1947 –
am Fest der Liebe

****

Bedächtig schmückte Walter Erikson das kleine Tannenbäumchen, als ihn wieder einmal unbändiges Heimweh überfiel. Mechanisch nur hängte er silberfarbene Kugeln oder glänzende Lamettafäden an die Zweige und vergaß dabei völlig, daß er doch eigentlich Grund zu großer Freude haben müßte. Er saß hier in Konstanz am Bodensee in der winzig kleinen, fast puppenhaften Wohnung seiner Freundin Gertrud - zwei Tage vor dem Heiligen Abend - wohlversorgt mit allem, was zu einem bescheidenen Weihnachtsfest gehörte. Die beiden konnten im Augenblick wirklich nicht klagen. Walter arbeitete als Koch bei der französischen Besatzungsmacht in einem Offizierskasino, und vom dortigen Überfluß fiel so viel ab, daß sie mehr als satt wurden. Und das wollte etwas heißen im Jahre 1947, als die deutschen Normalbürger von Magermilch und Steckrüben lebten.

Walter Erikson hing jedoch anderen Gedanken nach. Es war für ihn zum Verzweifeln. Mit allen Fasern seines Herzens sehnte er sich nach seiner Heimat, vor allem nach dem kleinen Badeörtchen Sellin auf der Insel Rügen. Dort gehörte er hin, nicht hierher. Denn diese seine Heimat liebte er über alles. Er liebte im Sommer den hübschen Strand mit den weiten Sanddünen und dem bescheidenen Badebetrieb, genauso wie die unter Naturschutz stehende Landschaft weiter nördlich, wo salzzerfressene Klippen und romantische Kreidefelsen steil aus dem Meer aufragten. Aber auch der Winter hatte es ihm angetan. Wenn die scharfen Winde wütend die Wellen hochpeitschten, er sich gegen Sturm und Kälte durchkämpfen mußte, dann jauchzte er und strotzte vor Lebenslust, wähnte sich jedesmal als Sieger im Kampf mit den Elementen.

Und von dieser mächtigen Sehnsucht nach der Heimat wurde er auch heute wieder einmal gepackt. Seine Hände krampften sich zusammen, wollten mit Gewalt den Schmerz verdrängen. Es gelang nicht. Und zu alledem begann jetzt auch noch das verräterische Beißen in den Augen. Nein, das durfte nicht sein! Gertrud rumorte nebenan in der Küche.

Wenn sie plötzlich hereinkäme, durfte sie ihn nicht so, nicht mit feuchten Augen, überraschen. Er machte sich ja lächerlich. Er, ein vierzigjähriger, gereifter Mann, ein bewährter Maat der Marine mit sechs Jahren in englischer Gefangenschaft hinter sich, durfte doch nicht weinen wie ein Kind. Aber vergebens. Je mehr er sich gegen das Heimweh zu wehren versuchte, desto stärker wurde das Brennen in den Augen, die allem Widerstand zum Trotz feucht wurden, um die Schärfe zu lindern. Verschämt zückte er sein Taschentuch und wischte einige Tränen hinweg, die auf den Esel in der Weihnachtskrippe getropft waren.

Walter sah in Gedanken Bilder aus seiner glücklichen Jugendzeit. Wunderschöne Bilder! Wie er als Kind mit seinen Klassenkameraden Räuber und Gendarm gespielt hatte und wie er mit dem Vater zum Fischfang hinausgerudert war in die offene Ostsee. Und dann: Wie er Heike zum ersten Mal küßte, die ihm bald darauf seinen Sven gebar. Und wie er glücklich mit seiner kleinen Familie lebte, bis - ja, bis das Schicksal ihn für sein Glück bestrafte. Heike verstarb zu früh an einer heimtückischen Krankheit.

Ein mickriges Bäumlein war es geworden, fand er. Aber es strahlte Wärme aus. Wenn er da an den pompösen Riesen im französischen Kasino dachte, vom Boden bis zur Decke vollbehangen mit goldenem und silbernem Glitzerzeug. Allerdings fehlte dort die Krippe. Die Franzosen feierten Weihnachten lieber mit Alkohol, rauschenden Ballnächten und ausschweifenden Gelagen. Und wie feierten es wohl die Russen auf der Insel Rügen, fragte er sich? Man sagte ja, sie seien gemütvolle Menschen. Aber dem traute er nicht ganz. Die Russen hatten seine Heimat besetzt, Grund genug, sie nicht als Seelenverwandte zu sehen.

Und in diesem Augenblick dachte er halt wieder mit Wehmut an seinen Sven, und neue Erregung überfiel ihn. Sven! Mein Sven! Ein prächtiger Junge war er gewesen. Er sah die Situation noch deutlich vor sich, wie er selbst damals bei den großen Aufmärschen in Bergen mit protziger SA-Uniform seiner Schar vorausmarschierte und wie dann der kleine Stöpsel jedesmal stolz wie ein Pfau und mit riesengroßen Schritten neben ihm herstapfte. Niemand störte sich damals an diesem lustig zivilen Bild. Im Gegenteil, die Zuschauer lachten nur und freuten sich köstlich über diesen Vater und diesen Sohn . . .

Ja, die eigentliche Ursache seiner übergroßen Sehnsucht nach Sellin war Sven. Sie hatten sich immer prächtig verstanden, er und sein Sohn. Als er gleich zu Beginn des Krieges im Jahre 1939 eingezogen wurde, mußte er den zehnjährigen Jungen in die Obhut der betagten Großeltern geben. Und seither hatte er nichts mehr von ihm gehört. Acht lange Jahre war das nun schon her. Das Schicksal wollte es so. Pech oder Glück? Man konnte das nie so genau sagen in jenen Zeiten. Schon gleich Anfang 1940 wurde das U-Boot - auf dem er mit seinen Kameraden die ganze englische Handelsflotte versenken wollte, wie ihr Kommandant großspurig herumposaunte - von den Engländern aufgebracht. Und diese schifften ihn als Gefangenen hinüber auf ihre Insel. Und da er wegen einer neuen Waffe auf seinem Boot zu den Geheimträgern gehörte, steckte man ihn in ein isoliertes Camp. Da riß jeder Kontakt zur Heimat ab, konnte aber auch später aus unerfindlichen

Gründen nicht wieder hergestellt werden. Walter holte seine Brieftasche aus der Jacke und fand das Bild seines Sohnes. Und während er unaufhörlich auf das liebe Kindergesichtlein eines zehnjährigen Pimpfs starrte, brach er erneut in Tränen aus, und diesmal hielt er sie nicht zurück.

Gertrud buk derweil in der Küche Weihnachtsplätzchen. Ihr Walter hatte im Kasino die Zutaten dazu mitnehmen dürfen, und so konnte sie zum ersten Mal seit Jahren wieder ihre Backrezepte ausprobieren. Das würde ein schönes Fest geben! Überhaupt war Gertrud glücklich, durch und durch glücklich. Wie halt eine Frau glücklich ist, die ihr Herz verschenkt hat. Leise summte sie ihr Lieblingslied vor sich hin: „Maria durch ein Dornwald ging". Sie dachte daran, wie die Gottesmutter in Bethlehem nirgendwo Herberge fand und im Gegensatz zu ihr so Schlimmes erdulden mußte. Oh ja, das Schicksal hatte es schließlich doch noch gut mir ihr gemeint. Nie hätte sie geglaubt, daß ihr noch so viel Glück widerfahren würde nach jenem Unfall. Sie war damals als zwölfjähriges Kind von einer Leiter gestürzt und hatte sich dabei bös verletzt. Eine häßliche Narbe war im Gesicht zurückgeblieben, und mit dem Gehen wollte es auch nicht mehr so recht klappen. Sie hinkte seither. So nahm es sie nicht wunder, daß die jungen Burschen in Konstanz wenig Interesse an Gertrud Sandner zeigten. Sie wagte nicht zu träumen von einem Ehemann und Familienglück. Bis zu jenem Tag im Dezember 1939, als sie sich bereits mit ihrem Jungferndasein abgefunden hatte. Mit einem kleinen Stadtwägelchen fuhr sie damals ihre Kohlenration nach Hause. Und da passierte es. Der Sack rutschte herunter, und die kostbaren Eierbriketts kullerten in den Schnee. Und während sie sich noch unbeholfen mühte, alles wieder einzusammeln, hörte sie hinter sich eine männliche Stimme: „Laß dat, Maidche! Ik helf Dir schon!“

So begann ihre Liebe. Walter Erikson war damals einige Wochen in der Klosterkaserne stationiert. Man wollte den rauhen Seeleuten in einem milderen Klima eine Verschnaufpause gönnen. Und auf diese kuriose Weise kamen Nord und Süd zusammen, konnten zwei einsame Seelen miteinander die Kriegsweihnacht 1939 feiern. Walter hatte es ihr gestanden. Er fand ihre Augen und den unzerstörten Rest ihres Gesichts äußerst hübsch, auch das verkrüppelte Bein störte ihn nicht. Nein, Walter verliebte sich in die Reinheit ihrer Seele, in ihr sonniges Gemüt, in ihr unkompliziertes Wesen. Jeden Abend besuchte er sie. Und in den Nächten lauschte sie dann in seinen Armen den herben Geschichten von einem fernen Ort auf der Insel Rügen. Erst wenn der Morgen anbrach, schlich Walter wieder in die Kaserne zurück. Er hatte als Koch seiner Einheit manche Vergünstigung.

Sorgfältig stach Gertrud aus dem gewalzten Teig die Formen heraus: Sterne, Vögel, Rosetten und Kleeblätter. Ja, sie liebte diesen wortkargen Mann von ganzem Herzen. Alles an ihm. Sie liebte seine sehnige Gestalt, sein wetterzerfurchtes Gesicht, seine knochigen, starken Hände, den grauen Haaransatz unter einer stets zerzausten Frisur, auch seine Sprache, die - so sehr er sich ihr zuliebe ums Hochdeutsche bemühte - das Platt nie ganz verleugnen konnte.

Eine harte Probe mußte sie damals bestehen für ihre Liebe. Als Walter im neuen Jahr überraschend zum Einsatz abkommandiert wurde, kam schon bald keine Nachricht mehr. Gertrud schrieb an seine Einheit und erfuhr von dort vertraulich von einem Kameraden, daß sein Boot versenkt worden sei, daß man zwar offiziell den sicheren Tod der Besatzung annehme, daß er selber jedoch Walter in Gefangenschaft vermute. Oh wie sie litt in jener Zeit! Doch sie verzagte nicht, hielt sich tapfer an diesem dünnen Strohhalm fest und freute sich riesig, als tatsächlich nach Kriegsende eine erste Nachricht von ihm eintraf. Und dann stand er im Januar 1947 plötzlich wieder leibhaftig vor ihr. Er hatte sich hierher nach Konstanz entlassen lassen, denn inzwischen verwehrte ihm ein „Eiserner Vorhang“ die Rückkehr in seine Heimat.

Gertrud Sandner schob das mit Plätzchen belegte Blech in den Backofen, schleckte mit den Fingern die Schüssel sauber und stellte das schmutzige Geschirr in die kleine Schütte. Ach was, der Abwasch hatte Zeit! Wie sie sich auf morgen freute! Nach Jahren wieder einmal ein Heiliger Abend mit Walter, nicht allein sein mit bohrenden Gedanken und schmerzenden Erinnerungen. Beschwingt erhob sie sich, um nach ihrem Schatz zu sehen.

Sie erfaßte sofort, was hier geschehen war. Neben einem allerliebst geschmückten Bäumchen saß dieser große, stattliche Mann - bald schon ihr Mann - wie ein Häufchen Elend auf seinem Stuhl, rieb sich verschämt die Augen und entschuldigte sich, daß ihm ein Glassplitter hineingefallen sei. Doch Gertrud wußte es besser: „Aber doch nicht in beide Augen gleichzeitig, beide sind rot unterlaufen. - Walter, Walter! Es ist bestimmt wieder wegen Sven“, meinte sie vorwurfsvoll. Da gab er es zu: „Glaub mir, ik halt dat nicht mehr lang aus. Mir fehlt mein Sohn; ik liebe ihn, ik brauche ihn. Da sieh!“

Er öffnete seine rechte Faust, in der das total zerknüllte Bildchen seines Sohnes sichtbar wurde. „Aber mich liebst Du doch auch!“ reagierte sie verständnislos. „Und wir haben es doch so schön beieinander. Denk mal an die Millionen Menschen, die in diesem Krieg ihre Toten beweinen mußten. Denk an die schrecklichen Leiden der Juden, der

Flüchtlinge, der Ausgebombten. Unser Leid, Walter - Dein Leid - ist ein Nasenwasser gegen all dieses Elend." - „Ja, ja, ja! Ik weiß dat alles. Les et all Dag in der Zeitung", sagte er nur und schwieg wieder. Worauf sie weiterbohrte: „Was wir brauchen, ist ein bißchen Geduld. Meine Chefin auf dem Rathaus sagte es kürzlich auch: Die Amerikaner ziehen im Augenblick starke Truppen zusammen an der Zonengrenze. Walter, glaub mir, man hat die bolschewistische Gefahr erkannt! Du wirst sehen, bald schon werden die Westmächte gegen die Russen vorgehen." - „Wat babbelt ihr Frauen doch für dummes Züg!" brummte er nur unwillig. „Nichts wird passiern. Ik spür dat, Gertrud, ik werd mine Heimet und min Sven nimmer sehn - nimmer sehn."

Er war wieder dem Heulen nah. „Ich will Dir jetzt was sagen, mein Schatz!" beendete Gertrud die unfruchtbare Diskussion. „Amerikaner hin oder her. Ewig kann dieser Kalte Krieg nicht dauern. Irgendwann in der nächsten Zeit werden wir umsiedeln können auf die Insel Rügen zu Deinem Sven. Ganz sicher! Und ich werde mir Dir ziehen. Das weißt Du!"

Und dann fügte sie noch schmeichelnd hinzu: „Bitte, bitte! Verdirb mir nicht diese paar Urlaubstage. Ich habe mich doch so auf Weihnachten gefreut."

Jetzt erst löste sich bei Walter die Spannung. Seine Selbstsicherheit kehrte zurück. Er erhob sich ruckartig. „Verzeih mir, Gertrud! Du hest jo recht."

Er warf das zerknüllte Bildchen seines Sohnes in den Abfalleimer, holte seine Soldatenmütze und den Mantel vom Haken und meinte versöhnlich: „Ik geh ein büschen raus an die frische Luft. Ik muß uf anere Gedanken kommen."

Gertrud freute sich. „Das wird höchste Zeit." Sie huschte schnell in die Küche zurück und sah nach den Plätzchen.

Walter Erikson aber strebte dem Wasser zu. Durch neu gefrierenden Schnee stapfte er über die Rheinbrücke, dann die Seestraße entlang, Richtung Hörnle. Ein unlustiges Wetter war das. Man konnte kaum zehn Meter weit sehen, denn dicke Nebelschwaden nahmen die Sicht. Dazu hatte vor etwa einer Stunde eine beißende Kälte eingesetzt, und der Nebel begann sich an Pfählen und Büschen bereits in Reif zu verdichten. Klar, bei so einem Wetter blieben die Menschen zu Hause in ihren warmen Stuben, da lief niemand spazieren. Nur Walter war einer, der bei frostiger Kälte auflebte. Die erinnerte ihn an die Ostsee. Zügig schritt er voran. Doch wenn er geglaubt hatte, auf andere Gedanken zu kommen, sah er sich getäuscht. Diese kreisten weiterhin ungewollt um Sven, um Gertrud, um seine Sehnsucht nach der Heimat und seine aussichtslose Lage. Aussichtslos? Hier in der eisigen Luft erwachte Walter Eriksons Widerstandswille. Er machte eine klare Bestandsaufnahme, und sie sah so aus:

Weshalb bin ich hier in Konstanz? Wegen der Gertrud natürlich, sie ist ein feines Mädchen. Ich brauche ihre Gegenwart, ihre Unbekümmertheit und ihren Frohsinn. Aber ist das Liebe? Wahrscheinlich schon. Allerdings, wenn ich ehrlich bin, nicht so wie bei Sven. Mit Sven zusammen würde ich sofort nach Amerika auswandern, auf Sellin verzichten - niemals aber mit Gertrud allein, ohne Sven. Das gibt mir zu denken. Oder andersrum gesagt: Wenn Gertrud sich nicht sofort angeboten hätte, mit mir nach Rügen zu ziehen - ich weiß nicht, wie dann alles gekommen wäre!

Er gab sich einen Ruck. Laß dich nicht unterkriegen, Walter! Du hast schon vielen Stürmen getrotzt, du wirst auch dieses Problem lösen. Nun ja, die Zonengrenze ist dicht.

Aber da gibt es doch sicher Möglichkeiten, trotzdem hinüberzukommen.

Zum Beispiel könnten Gertrud und ich es über Schleichwege versuchen. Das ist allerdings gefährlich. Die Grenze wird gehütet von Stacheldraht, Selbstschußanlagen, scharfen Hunden und verbohrten Wächtern. Und so ein Abenteuer wagen mit einem gehbehinderten Maidle? Unmöglich! Und wenn ich es allein versuche? Das könnte vielleicht gelingen, aber das darf ich der Gertrud nicht antun. Selbst wenn ich ihr hoch und heilig verspreche, sie bald nachkommen zu lassen, wird sie nie einwilligen. Sie wird alles in Bewegung setzen, das zu verhindern. Denn was heißt schon ‚bald'? Es kann Jahre dauern, bis ich von den Behörden in der Sowjetzone die Erlaubnis zur Heirat bekomme. Welcher Staat ist schon scharf auf behinderte Zuwanderer, für die er vielleicht in allernächster Zeit Rente bezahlen muß! Also doch aussichtslos? Aber da gäbe es ja noch die Möglichkeit, heimlich zu verschwinden. Wie ein Messerstich traf ihn diese Erkenntnis. Nein, das kam auf gar keinen Fall in Frage! Das wäre zusätzlich noch ein schnöder Vertrauensbruch an Gertrud.

Ärgerlich über sich selber beendete Walter Erikson die Grübelei nach einem Ausweg aus seinem Dilemma. Bei der Villa Scholz kehrte er um, denn inzwischen fror es ihn erbärmlich an die Ohren, trotz der Klappen an seiner Mütze. „Vielleicht kommt es doch so, daß die Amerikaner meine Heimat befreien", tröstete er sich, als er - daheim angekommen - in seinen Taschen nach dem Schlüssel für die Haustüre kramte. In diesem Augenblick wurde er von hinten angesprochen: „Schön, daß ich Sie so günstig treffe, Herr Erikson. Ich habe einen Einschreibebrief für Sie. Würden Sie mir bitte unterzeichnen!" Walter glaubte sich verhört zu haben, aber kein Zweifel, der Postbote lächelte ihm freundlich zu. Und als er wegen der Aufregung mit zittriger Hand den Empfang bestätigt hatte, meinte der Postler noch: „Sieht aus wie eine gute Nachricht. Ich wünsche sie Ihnen. Auch Fräulein Sandner ein frohes Fest!“

Walter stand wie vom Schlag gerührt. Er drehte den Brief um, sah nach dem Absender. „Sven Erikson, Ulbrichthaus, Bergen auf Rügen“ las er stockend. Endlich, endlich! Schon einige Male hatte er seit seiner Entlassung aus der Gefangenschaft geschrieben und immer sehnlichst auf Antwort gewartet. Nun aber spürte er: Dies war die Entscheidung, und zwar eine angenehme. Sein Sven hatte Nachricht gegeben, das konnte nur Gutes bedeuten. Walter steckte den Brief freudetrunken in die linke Manteltasche und beschloß, Gertrud morgen, am Heiligen Abend, mit einer frohen Botschaft zu überraschen.

Wie von Geisterhand weggewischt, zeigte sich der neue Tag ohne Nebel und Kälte. „Walter, steh auf! Wir haben ein prächtiges Weihnachtswetter“, rief Gertrud gutgelaunt aus der Küche, wo sie echten Bohnenkaffee aufbrühte, ein Geschenk vom französischen Kasino. Und spontan ließ sich der Gerufene von diesen Düften aus den Federn locken. Auch er war sofort frohgestimmt. Verheißungsvoll schielte er zum Garderobenschrank, wo sein Mantel hing, warf auch vor der Morgentoilette noch einen Blick aus dem Fenster. Was für ein gutes Omen zum heutigen Tag! Vom Himmel strahlte die warme Morgensonne auf eine schnee- und rauhreifbedeckte Winterlandschaft. Weihnachten 1947! Und dankbar dachte er wieder an den Brief in seiner Tasche. Ja, seine Odyssee schien sich dem Ende zu nähern. Während des Frühstücks beschlossen die beiden glücklichen Menschen, zu Beginn des Tages die notwendigen Besorgungen zu erledigen, am Nachmittag aber wieder einmal gemütlich durch die Stadt zu bummeln. „Ik muß noch am Kasino vorbei. De Patron will einiges mit mir besprechen“, gab Walter zu bedenken. Er wollte seine Abwesenheit im voraus begründen. In Wirklichkeit aber eilte er schnurstracks ins Café Caiser, suchte sich dort eine versteckte Nische, bestellte Pfefferminztee und auf Brotmarken einen Wecken und bat um ein ungestörtes Stündlein, um private Dinge zu erledigen, was man ihm gerne bewilligte. Dann zog er andächtig den Brief seines Sohnes aus der Manteltasche, besah ihn nochmals von allen Seiten und öffnete ihn mit dem Brotmesser. Dabei zitterten seine Hände. Vor ihm lagen handschriftlich gefaßte Zeilen.

Bergen auf Rügen, am 16. Dezember 1947

Mein über alles geliebter Vater!

Ich muß Dir gestehen, ich fiel fast aus allen Wolken, als nach acht Jahren Schweigen überraschend ein erstes Lebenszeichen von Dir eintraf. Von der Marine erhielten wir nämlich Anfang 1940 die offizielle Nachricht, daß euer U-Boot von den Engländern im Atlantik versenkt worden und daß die Besatzung dabei mit Sicherheit ertrunken sei. Vielleicht kannst Du Dir denken, wie ich mich nun freue. Trotzdem bin ich etwas irritiert. Ich verstehe nicht ganz, weshalb Du Dich am Ende des Krieges nicht nach hier, sondern nach Konstanz entlassen ließt. Und ich verstehe auch nicht, weshalb Deine Briefe verlorengingen. Die Poststelle in Sellin wußte nichts von früheren Schreiben.

Nun laß mich der Reihe nach erzählen. Mir geht es recht ordentlich. Wie Du Dir selber ausrechnen kannst, bin ich inzwischen beinahe 18 Jahre alt. Opa ist leider schon im Jahre 1943 verstorben, und auch die Oma hat die Aufregungen zum Ende des Krieges nicht überstanden. Schade, daß die beiden nun nicht mehr erfahren, daß Du noch lebst.

Dein Haus in Sellin - oder sagen wir besser Dein Häuschen - wurde von der Regierung beschlagnahmt. Es wird heute von einer russischen Dienststelle benutzt. Mir wurde aber zugesagt, daß es uns selbstverständlich sofort rückübereignet würde, falls Du je wieder auftauchen solltest. Und damit bin ich bereits bei meinem Hauptanliegen.

Nach der Schule begann ich damals zuerst eine Lehre als Ofensetzer. Als aber die Russen in unser Haus einzogen, fand ich in einem hohen Offizier einen verständnisvollen Förderer. Der schickte mich zwecks Spezialausbildung auf eine Verwaltungsschule, wo ich sogar die russische Sprache erlernen durfte. Und nun bin ich seit etwa vier Monaten in der Bezirksverwaltung der Insel tätig und in Bergen stationiert. Na, wie findest Du das?

Wie ich aus Deinem Brief entnehme, möchtest Du bald hierher zurückkommen. Das trifft sich ausgezeichnet. Ich kenne durch meine Arbeit viele einflußreiche Leute - auch Bürger der Sowjetunion - die uns weiterhelfen können. Ein Beispiel: Bis die Sache mit dem Haus geregelt wäre, bekämst Du sofort eine kleine Wohnung und auch Arbeit. In einem Erholungsheim für Werktätige in Sellin wird dringend ein Koch gesucht. Oder wenn Du in meiner Nähe wohnen willst, gäbe es auch in Bergen attraktive Möglichkeiten. Und bedenke, alles wäre verbunden mit mancherlei Privilegien. Und damit Du nicht glaubst, ich fasle, lege ich diesem Brief einen auf Deinen Namen ausgestellten Passierschein bei, der Dich berechtigt, am 26. Dezember 1947 in Lauenburg an der Elbe in die sowjetische Besatzungszone einzureisen. Leider ließ sich kein anderes Datum ermöglichen, das ist der einzige Haken bei der Sache. Ich schicke Dir dieses Schreiben per Eilpost zu und hoffe, daß es Dich rechtzeitig erreicht. Trotzdem müßtest Du Dich natürlich immer noch rasch entscheiden.

Mein lieber Vater! Darf ich zum Schluß noch einige ganz persönliche Gedanken anfügen? Auch ich sehne mich nach einem intensiven Zusammensein mit Dir, rate Dir deshalb - ja bitte Dich - diese Chance zu nutzen. Du wirst Dir denken können, ich bin seit dem Umsturz von der Idee des Sozialismus überzeugt. Wir bauen hier im Osten ein Deutschland auf, in dem nicht Faschisten und Kapitalisten das Volk weiterhin ausbeuten, sondern in dem die Bauern und die Arbeiter ihr Schicksal selber in die Hand nehmen. Wir gründen einen Staat der Werktätigen. Entschuldige, wenn ich ins Schwärmen komme, aber ich bin sicher, auch Du wirst diese Ideen lieben lernen, wenn Du erst mal hier bist. Du bist ein fleißiger Arbeiter. Du gehörst zu uns, nicht in die dekadente westliche Welt.

Ich entnehme Deinem Brief, daß Du in Konstanz mit einer Frau zusammenlebst, die Du gerne mitbringen möchtest. Auch dies wird möglich sein, ist aber im Augenblick nicht die entscheidende Frage. Der Materialismus lehrt uns, daß zuerst die Existenz wichtig ist, weiterer Firlefanz wie Religion, Liebe, Moral und dergleichen wachsen auf dieser Grundlage, stehen - wenn überhaupt notwendig - an zweiter Stelle. Mit anderen Worten: Eine Frau findest Du genausogut hier bei uns. Wenn's jedoch unbedingt sein muß, werden wir auch für diese Gertrud eine Lösung finden.

In diesem Sinne grüße ich Dich. Ich hoffe, daß Du mich nicht enttäuschst. Ich werde auf alle Fälle an der Grenzübergangsstelle in Lauenburg auf Dich warten, um alle weiteren Wege zu ebnen.

Dein Sohn Sven

Walter Erikson lehnte sich aufatmend zurück. Ja, nun war es soweit. Endlich konnte er in seine Heimat zurückkehren, die Tür stand offen. Aber seltsam - so nah am Ziel angelangt, wollte sich trotzdem die reine Freude nicht einstellen. Ihn störten in diesem Brief die abfälligen Bemerkungen über Gertrud und über die Liebe allgemein. Nun ja, dachte er zärtlich, sein Sven war 18 Jahre alt, was verstand ein Junge in diesem Alter schon von Liebe und Partnerschaft? Er traute sich ohne weiteres zu, seinen Sohn später davon zu überzeugen, daß Liebe mehr war als Firlefanz. Aber Gertrud? Sie mußte tief verletzt sein, wenn sie diesen Brief zu lesen bekam. Sie würde in Sven den Feind ihrer Liebesbeziehung sehen. Die Formulierung ‚für diese Gertrud eine Lösung finden' ließ manches erahnen, aber nicht unbedingt die Übersiedlung in die Ostzone. Und siedendheiß begriff er jetzt auch die Konsequenz dieser Erkenntnis: Wenn er Gertrud nicht einweihen konnte in seine Schritte, dann mußte er sich ja heimlich von ihr trennen, genau das, was er nicht übers Herz brachte. Seine Lage war so schwierig wie eh und je.

Den ganzen Tag über wurde er hin- und hergerissen. Manchmal lockte ihn überzeugend das Angebot seines Sohnes, ohne Schwierigkeiten in die Heimat einzureisen, gleich darauf aber erschrak er, wenn er daran dachte, damit seiner Gertrud sehr weh tun zu müssen. Auch am Nachmittag beim Bummel durch die Stadt beherrschte dieser Zwiespalt sein Denken. Überall hatten die Geschäfte ihre Schaufenster weihnachtlich geschmückt. Nicht mit Waren, oh nein. Es gab im Jahre 1947 nur wertloses Zeug zu kaufen: aus Papier hergestellte Krippen, Bilder von Hobbymalern, Schuhe aus Pappdeckel oder Schmuck von Holzperlen. Die materielle Welt war damals noch nicht heil, sah nur heil aus. Aber wenigstens hübsch dekoriert hatte man die Auslagenfenster, an denen Walter nun gedankenversunken, Gertrud aber wie immer selig vorbeischlenderte.

Erst am Abend kam der Gequälte zu einem Entschluß. Da ging es ihm nicht mehr um Argumente, sondern nur noch um die Frage: Wer übt die stärkere Macht aus, der Passierschein in seiner Tasche aus Papier oder Gertrud, ein lieber Mensch aus Fleisch und Blut? Und siehe da, es siegte Gertrud. Walter wurde ruhiger und ruhiger, sein seelisches Gleichgewicht kehrte zurück. Er würde ganz einfach seinem Sohn Sven vorschlagen, zu einem späteren Zeitpunkt für sie beide, für ihn und für Gertrud, eine Einreiseerlaubnis zu besorgen.

So wurde es ein sehr harmonischer Heiliger Abend. Sie besuchten zusammen die Christmette und verzehrten anschließend ihr Weihnachtsmenü. Es gab Schnitzel mit Pommes frites und als Nachspeise Vanillepudding, alles Speisen, die sie sich nur leisten konnten, weil Walter vom Kasino mit zusätzlichen Rationen versorgt wurde. Nach dem Essen aber zündeten sie die Kerzen am Bäumchen an, standen engumschlungen davor und hörten im Rundfunk die herrlichen deutschen Weihnachtslieder. Anschließend begann die Bescherung. Walter öffnete das einzige Päckchen, das unter dem Baum lag. Er fand ein Buch über mecklenburgische Sagen und ein paar pelzgefütterte Ohrenschützer. „Danke Gertrud, hät ik vorher brauchen können“, lachte er.

In Wirklichkeit aber plagte ihn das schlechte Gewissen, weil er ahnte, daß diese Kostbarkeit nur im Tausch auf dem Schwarzen Markt erworben sein konnte. Und schnell fügte er deshalb noch hinzu: „Aber ik muß Dir wat gestehn. Ik hab nüscht für dich.“ Dabei zog er ein derart schuldbewußtes Gesicht, daß Gertrud sofort zu lachen begann: „Aber Walter! Das macht doch nichts! Mein größtes Geschenk bist Du selber.“ - „Weiß ik doch!“ meinte der Schlaumeier darauf grinsend, griff in seine Hosentasche und zog ein winzig kleines Schächtelchen heraus. Gertrud sperrte Mund und Ohren auf, denn da drinnen befanden sich zwei echte goldene Ringe. Aus echtem Gold! Mein Gott, wo hatte er die wohl aufgetrieben? Walter nahm einen davon heraus und steckte ihn seiner Gertrud an den Finger. „Maidche, jetzt feiern wir Verlobung!“ sagte er nur schlicht dazu.

Nun war die Reihe zu weinen an Gertrud, sanfte Tränen der Freude natürlich. Denn was für ein Glück. Dieser Ringtausch ließ darauf schließen, daß bald eine Heirat folgen würde, und zwar nicht erst in ferner Zeit in Sellin, sondern bald schon hier in Konstanz zusammen mit ihren Freunden und Bekannten. Damit erfüllten sich all ihre Träume. Endlich, nach acht Jahren! Walter aber schlang seine Arme um sie und sagte lieb: „Komm, Maidche. Nicht weinen! Feiern tun mer!“ und küßte ihr die Tränen von den Augen.

Herrlich! Es wurde Gertruds schönstes Weihnachtsfest ihres Lebens. Da fehlte wahrlich nichts zum vollkommenen Glück: Sie saßen auf der gemütlichen Couch, tranken Beaujolais, knabberten an den Plätzchen, küßten sich immer wieder, lauschten den wundersamen Weihnachtsgeschichten im Rundfunk und spielten Domino miteinander. Kurz vor dem Zubettgehen erinnerte sich Gertrud daran, daß sie ja noch ein weiteres kleines Geschenk aufbewahrte. Und da sie annahm, daß Walter sein Heimweh endlich besiegt hatte, eilte sie zum Schrank und holte dort ein Bild in Postkartengröße heraus. „Schau, Schatz! Du hast vorhin Deinen Sven zerknüllt. Wie gut, daß ich vor einigen Tagen eine Vergrößerung anfertigen ließ!“

Walter starrte bestürzt auf das Bild. Um Gottes Willen, das war das Falscheste, was Gertrud hatte tun können. Denn wie ein Keulenhieb traf ihn erneut die Sehnsucht nach der Heimat, ein Weh, das viel, viel tiefer saß als alle Liebe und alle Freude. „Hoffentlich merkt sie nichts!“ flehte er inständig im stillen, während er sich artig bedankte. Und so nahm das Schicksal seinen verhängnisvollen Lauf.

Früh um sechs Uhr am Morgen des ersten Weihnachtstages klagte Walter über entsetzliche Kopfschmerzen. „Im Arzneimittelschränkle liegen Pyramidon. Hol Dir welche!“ forderte Gertrud ihn schlaftrunken auf. Walter erhob sich, kam aber bald wieder ans Bett zurück und meinte: „Es sind keine drin. Ik geh schnell rüber in die Apotheke. Die hat heut Sonntagsdienst. Schlaf ruhig weiter, ik bin gleich wieder da.“ Da schlief Gertrud todmüde wieder ein.

Gegen acht Uhr erwachte sie und erschrak furchtbar. Mein Gott, wo war denn Walter? Der wollte doch nur Tabletten holen. Da muß etwas passiert sein! Voller Angst schnellte sie hoch, kleidete sich an und stürmte zur Apotheke am Kreuzlinger Zoll. „Nein, wir hatten den ganzen Morgen über noch keinen Kunden“, gab der Apotheker erstaunt Auskunft. Wieder zu Hause überlegte Gertrud fieberhaft weiter. Wo könnte er nur sein? Sie bat ihre Nachbarin, Frau Gscheidle, ob sie telefonieren dürfe, denn sie stellte sich vor, Walter sei auf dem Weg zur Apotheke etwas zugestoßen, und das Rote Kreuz oder sonst jemand habe ihn in ein Krankenhaus eingeliefert. Aber nirgendwo wurde ein solcher Eingang bestätigt. „Ach wissen Sie, Fräulein Sandner, die Männer sind heute alle gleich“, meinte die Gscheidle verletzend und lachte hinterhältig, „wahrscheinlich ist der Herr Erikson seines Lieblings überdrüssig geworden und sucht sich jetzt einen anderen. Vergessen Sie ihn am besten!“ Pfui Teufel, wie konnte diese boshafte Person jetzt auch noch spaßen, während sie sich sorgte? Oder hatte die Gscheidle es gar ernst gemeint? Gertruds Mißtrauen war geweckt. Könnte es vielleicht so sein? Und wenige Minuten später traf sie dann beinahe der Schlag. Alles Blut wich aus ihrem Gesicht. Sie fand im Medikamentenschränkchen eine halbe Schachtel Pyramidon.

Da wußte sie es: ihr Walter hatte sie angelogen - hatte sie wahrscheinlich sogar verlassen. Aber das war doch unmöglich! Sie dachte an den gestrigen Abend, an die Ringe, an seine Zärtlichkeiten. Ein Mensch kann sich doch nicht verloben und wenige Stunden später in die Arme einer anderen flüchten. Nein, das natürlich nicht. Das traute sie ihm nie und nimmer zu. Die Insel Rügen hatte ihn gelockt, nicht eine andere Frau. Soviel stand für Gertrud bald mit Sicherheit fest.

Trotzdem blieb es eine furchtbare Enttäuschung. Erschüttert bis ins Mark starrte sie vor sich hin, unfähig, klare Gedanken zu fassen. Und dann kam bald darauf die nächste schreckliche Erkenntnis: Sie war jetzt allein. Da gab es ja ab sofort niemand mehr, der sie tröstete, aufrichtete, mit ihr lachte. Niemand, der sie in die Arme nahm, sie zärtlich berührte. Eine ungeheure Verlassenheit überfiel sie, und da brachen auch schon die Tränen mit Macht ihre Bahn, begannen unaufhaltsam zu fließen. Während in der Ferne die Weihnachtsglocken zum Gottesdienst riefen, saß Gertrud, der Welt entrückt, in ihrer kleinen Küche und weinte fürchterlich. Stundenlang dauerte dieses Beben, ging erst gegen Abend in ein klägliches Wimmern über. Und dazwischen flehte sie immer wieder: „Lieber Gott, mach, daß es nicht wahr ist! Mach, daß er jetzt zur Tür hereinkommt!"

Aber es kam niemand. Jedesmal, wenn sie aus ihrem Dämmer aufschreckte, erkannte sie die bittere Realität. Sie verspürte keinen Hunger, keinen Durst, keinerlei Verlangen, erschöpfte sich in bloßem Dahinvegetieren. Und in dieser seelischen Not brach wieder einmal ihre alte Unsitte aus, mit sich selbst Monologe zu führen.

„Ich wußte, Du wurdest von unsäglichem Heimweh geplagt, Walter. Ich sah Dich gestern heulend am Tisch sitzen, das war deutlich. Aber warum hast Du mir nicht klipp und klar gesagt ‚Gertrud, jetzt gehe ich, jetzt halte ich es keine Stunde mehr aus?‘ Sag, warum bist Du heimlich verschwunden? Das habe ich nicht verdient!“ - Doch beschämt gab sie sich bald schon die ehrliche Antwort dazu: „Und dann, wenn er es direkt gesagt hätte? Dann hätte ich ihm eine unwürdige Szene hingelegt, hätte ihn mit allen Mitteln zurückzuhalten versucht. Was bin ich doch für ein Egoist! Ich wollte seinen Schmerz einfach nicht zur Kenntnis nehmen, habe sein Heimweh immer nur verdrängt.“ - „Aber Du konntest mich mitnehmen!“ folgte erbittert ein neuer Vorwurf. „Du weißt, darauf wäre ich sofort eingegangen. Es stand für uns beide schon längst fest, daß wir in Sellin eine neue Existenz aufbauen wollten.“ Doch wieder - tief in ihrem Herzen - wußte sie die Entschuldigung: „Man sagt das so leicht hin. Aber wahrscheinlich hätte ich die Strapazen nicht durchgehalten.“

An dieser Stelle wurde ihr bewußt, daß ihr Schatz sich auf einen gefährlichen Weg begeben hatte, illegal zu den nicht berechenbaren Russen, über die nach Kriegsende so Schreckliches erzählt wurde. Da betete sie zur Jungfrau Maria, ihn zu beschützen. Das beruhigte. Doch bald kamen aber wieder die zweifelnden Gedanken. Fuhr Walter vielleicht doch nicht nach der Insel Rügen? Flüchtete er doch von mir weg zu einer anderen Frau, wie die Gscheidle so schadenfroh giftete? Oder liebte er mich vielleicht gar nicht, hat mich nie geliebt? Es ist wahr, er sagte nie ‚Schatz‘ oder ‚Liebling‘ zu mir, sondern immer nur ‚Gertrud‘ oder ‚Maidche‘. Also nein, das glaube ich nicht. Sie sah auf ihren Verlobungsring. Das wäre dann schon der Gipfel der Geschmacklosigkeit gewesen. - Trotzdem blieb ein Stachel Unruhe zurück. Sie nahm sich vor, morgen genauer zu forschen. Und als sie am Abend endlich ins Bett sank, fiel sie sofort wieder in jenes Wechselbad zwischen Tränen und Entrücktsein. Schlaf fand sie kaum.

Am Morgen des Stephanstages versuchte sie systematisch vorzugehen. Unausgeschlafen und mit verweinten Augen durchforschte sie zuerst ihre Wohnung. Walter hatte in einer Tragetasche einen zweiten Anzug, etwas Wäsche und etwas Verpflegung mitgenommen. Das Sparschwein blieb unberührt. Selbstverständlich fehlten auch alle persönlichen Dinge von ihm. Sie besaß nur noch das Bild auf der Nachttischkonsole, das sie in einem Anfall von wilder Verzweiflung immer wieder küßte. Dann eilte sie zum Rathaus. Sie besaß als Angestellte einen Schlüssel und schaute in den Akten der Meldestelle nach. Tatsächlich! Am Samstag früh hatte sich ein Walter Erikson abgemeldet nach Sellin auf der Insel Rügen. Im Flur traf sie den Hausmeister. „Aber Fräulein Sandner, Sie sehen schlimm aus. Sind Sie krank geworden?“ erkundigte er sich teilnahmsvoll. „Danke, es geht schon“, wehrte sie verlegen ab und hastete zum französischen Kasino. Ja, Walter habe am Samstag angedeutet, daß er vielleicht nicht mehr antreten könne zu seiner Arbeit, er habe vorläufigen Urlaub genommen, teilte man ihr mit. Und am Bahnhof wurden der Suchenden dann die letzten Zweifel genommen. „Gestern früh löste ein Herr eine Fahrkarte nach der Insel Rügen. Ich dachte mir noch, wenn das mal gut geht! Weiß der nicht, daß da eine scharf bewachte Grenze dazwischenliegt?“ verriet ihr der Bahnbeamte. - So, nun wußte sie endgültig Bescheid. Ihr Walter war in seine Heimat zurückgekehrt.

Doch seltsam, bei allem Weh, das immer wieder durchbrach, beruhigte sich Gertrud jetzt zusehends. Daß sie nicht schon lange darauf gekommen war in ihrem Schmerz! Aber natürlich, er würde in den nächsten Tagen schreiben und sie später dann holen auf diese von ihm so geliebte Insel Rügen. Sie mußte jetzt einfach nur auf diese Nachricht warten. Die Übersiedlung dauerte vielleicht ein Jahr, vielleicht auch länger, aber ihr Walter würde Mittel und Wege finden. Ein Mann, der in diesen Notzeiten goldene Ringe auftreibt, ist auch fähig, seine Frau in die Ostzone zu schleusen. Jetzt hieß es nur wie vor acht Jahren nochmal tapfer sein gegen die eigene Ungeduld und gegen die schadenfreudige Umwelt. Aber eines Tages würde als Lohn die endgültige Vereinigung mit ihrem Manne stehen. Und mit diesen tröstenden Gedanken kehrte Gertrud in einen tristen Alltag zurück, konnte nach den Urlaubstagen auch wieder ihre gewohnte Arbeit auf dem Rathaus aufnehmen. Trotzdem jedoch gab es noch viele, viele Stunden, in denen sie ihren Schatz vermißte, nach ihm rief, sich nach seiner Nähe sehnte. Auch weinte sie oft in jenen Wochen, in denen sie hoffnungsvoll auf einen Brief aus Sellin wartete.

Doch Gertruds Leidensweg sollte noch nicht zu Ende sein. Es vergingen Wochen, es kam keine Nachricht. Jeden Tag sah sie aufgeregt im Briefkasten nach. Nichts! Da schrieb sie selber einen langen traurigen Brief. Jedoch auch der blieb unbeantwortet. Nein, das konnte nicht sein! Sie wußte es doch sicher, ihr Walter liebte sie. Ungeduldig wartete sie weiter, schrieb immer wieder neue Briefe. Aber weder aus Sellin noch sonstwoher kam ein Echo. Und als sie so ein weiteres Vierteljahr ohne Lebenszeichen geblieben war, da wurde aus dem einst lebenslustigen Mädchen ein verhärmter, grauhaariger Mensch, der erkannt hatte, daß ihr Schatz sie schamlos verraten, sie nur als eine günstige Zwischenstation auf dem Weg in seine Heimat benutzt hatte. Nein, weinen konnte sie jetzt nicht mehr, nur noch hassen, bitter hassen. Wenn sie sich allein wähnte, schrie sie ihre Wut in die stille und leere Wohnung hinein. Sein Bild zerschnipselte sie, warf es in den Papierkorb und gab diesem einen wütenden Stoß. Doch Gott hörte sie nicht mehr, ihr Walter verleugnete sich. Während jedes Menschenkind normalerweise von der Liebe in seinem Leben zehrt, verfluchte Gertrud diese ihre schönste Zeit.

Und doch fand auch sie wieder zurück ins Leben, in eine bescheidene Zufriedenheit. Der Haß auf Walter legte sich, machte einer caritativen Einstellung für die Menschen Platz. Gertrud wurde eine fleißige Mitarbeiterin im Roten Kreuz und in anderen Hilfsorganisationen.

In den Vorweihnachtstagen des Jahres 1990 - Gertrud war inzwischen 75 Jahre alt geworden - erhielt sie überraschend einen amtlichen Brief.

Staatsanwaltschaft, Rügensteg 35
18439 Stralsund, den 15. 12. 1990
Frau Gertrud Sandner
Neugasse 9, 78462 Konstanz

Betreff: Ermittlungsverfahren gegen Sven Erikson, geb. am 13. 1. 1929 in Sellin/Rügen

Sehr geehrte Frau Sandner,

nach einer Mitteilung der Gauck-Behörde ließ sich der obengenannte, in Haft befindliche Sven Erikson (ehem. Oberst der Staatssicherheit in der DDR) Straftaten zuschulden kommen, die zur Zeit Untersuchungsgegenstand der Ermittlungsbehörden (Staatsanwaltschaft Stralsund) sind. In diesem Zusammenhang wurde auch ein Fall aus dem Jahre 1947 bekannt, als Erikson noch beim russischen

Geheimdienst tätig war. Aus verschiedenen Unterlagen geht hervor, daß der Genannte seinen Vater Walter Erikson (geb. am 7. 7. 1909) mit vorgetäuschten Versprechungen in die Ostzone gelockt und ihn dann den russischen Kontrollratsbehörden ausgeliefert hat (siehe beiliegende Kopie aus den STASI-Akten). Walter Erikson verstarb nach seiner Verurteilung durch ein Gericht der UdSSR wegen Spionage am 30. 12. 1962 im Lager Tscheljabinsk/Rußland.

Wie ebenfalls aus den Unterlagen hervorgeht, wohnte Walter Erikson vor seiner Verhaftung bei Ihnen in Konstanz, Neugasse 9. Die Staatsanwaltschaft geht nun davon aus, daß Sie eventuell Angaben machen können zur Person des Walter E., seiner Tätigkeit sowie vielleicht auch zu den Gründen seiner Übersiedlung in die Ostzone. Wir bitten Sie, sich mit der Polizeidienststelle Konstanz in Verbindung zu setzen zwecks Beantwortung eines dort vorliegenden Fragenkataloges.

Mit Dank und freundlichen Grüßen

Staatsanwaltschaft Stralsund
gez. (Name unleserlich)

Kopie aus einer Akte der Gauck-Behörde

Bericht des Majors der Staatssicherheit Uwe Dorsten vom 30. 1. 1950

Ich, Major der Staatssicherheit Uwe Dorsten, erhielt - zwecks Aufnahme des Sven Erikson (geb. 13.01.1929 zu Sellin/Insel Rügen) in den Staatssicherheitsdienst der Deutschen Demokratischen Republik - den Auftrag, seine politische Zuverlässigkeit zu überprüfen. Sven Erikson wurde im Jahre 1945 von dem uns befreundeten russischen Geheimdienst (NKGB) ausgebildet und war bis jetzt auch dort (mit Standort Bergen/Insel Rügen) tätig. Wie ich aus den Personalakten entnehmen konnte, gilt Erikson als absolut zuverlässig im Sinne unserer sozialistischen Aufbaupläne. Mir wurde erlaubt, Einblick in alle zur Verfügung stehenden Unterlagen (auch russische Gerichtsprotokolle) zu nehmen, und überall bestätigte sich die Integrität des Antragstellers. Als symptomatisch für seine Charakterstärke möchte ich hier von einem Vorgang aus dem Jahre 1947 berichten:

Der NKGB konnte damals den Vater des Antragstellers, Walter Erikson (geb. am 7. 7. 1909 in Sellin/Insel Rügen) als gefährlichen Staatsfeind ausmachen. Walter Erikson war Parteigenosse seit 1930 und Scharführer bei der SA-Standarte Bergen seit 1933. Als solcher war er maßgeblich beteiligt an der Verhetzung der deutschen Menschen gegen die Bürger der UdSSR. Allein schon dies stellte nach den russischen Zusatzparagraphen zu den Kontrollratsgesetzen vom Jahre 1945 ein schweres Vergehen dar. Dazu kamen aber noch Verdachtsmomente, die eine geplante Spionagetätigkeit des Walter Erikson vermuten ließen. Z.B.:

a) Während des Krieges befand sich Erikson in englischer Gefangenschaft, gab jedoch nie ein Lebenszeichen von sich. Das weist nach den dortigen Gepflogenheiten darauf hin, daß der Genannte als Agent ausgebildet wurde.

b) Nach dem Kriege ließ sich Walter Erikson nicht in seine Heimat auf der Insel Rügen entlassen, sondern nach Konstanz, wo er seltsamerweise für die französische Besatzungsarmee tätig war (dem Scheine nach in der Küche). Hier wurde vermutet, daß der Genannte letzte Instruktionen für seine geplante Spionagetätigkeit erhielt.

c) Wie aus dem beschlagnahmten Briefwechsel des Erikson hervorging, strebte er ab 1946/47 verstärkt die Rückkehr in die Besatzungszone der UdSSR an, wobei er auch illegale Grenzübertritte in Erwägung zog.

Dies nahm nunmehr der NKGB zum Anlaß, des Verdächtigen habhaft zu werden. Dabei stand ihm dessen Sohn Sven Erikson hilfreich zur Seite. Sven erkannte die Gefährlichkeit seines Vaters und erbot sich, denselben mit finanziellen Versprechungen in die Ostzone zu locken. Der Handstreich gelang, und Walter Erikson konnte am 26. 12. 1947 am Grenzübergang Lauenburg verhaftet werden. Ein russisches Gericht fand im Januar 1948 die Verdachtsmomente alle bestätigt. Das Hauptbeweisstück war ein von westlichen Geheimdiensten ausgestellter gefälschter Passierschein in die sowjetische Besatzungszone - von dem der Angeklagte die ungeheuerliche Behauptung aufstellte, daß ihm derselbe von seinem Sohn zugesandt worden sei. Walter Erikson wurde wegen seiner nationalsozialistischen Vorkriegstätigkeit und wegen Spionage zu 25 Jahren Zwangsarbeit verurteilt und in das Staatsgebiet der UdSSR überführt.

Der Antragsteller Sven Erikson aber hat meiner Ansicht nach durch diese Hilfe bewiesen, daß er selbst die Blutsverbundenheit zu seinem Vater hintenanstellt, wenn es darum geht, die hohen Ideale des Sozialismus zu bewahren. Durch diese heroische Tat erwies er sich als echter Patriot, und ich kann der Aufnahmekommission des Staatssicherheitsdienstes empfehlen, dem Antrag des Sven Erikson stattzugeben. Er kann uns wertvolle Dienste leisten.

Stralsund, den 13. 3. 1950

Uwe Dorsten, Major
ad acta Sven Erikson / 23. 3. 1950

Am 23. 12. 1990 sandte das Polizeipräsidium Konstanz an die Staatsanwaltschaft Stralsund ein Schreiben folgenden Inhalts:

Polizeipräsidium
Untere Laube 44
78462 Konstanz, den 23. 12. 1990
An Staatsanwaltschaft
Rügensteg 35
18439 Stralsund

Betreff: Fragebogen zum Ermittlungsverfahren gegen Sven Erikson

Bezug: Ihr Schreiben vom 15. 12. 1990

Die in Ihrem Schreiben genannte Gertrud Sandner konnte von der hiesigen Dienststelle nicht mehr einvernommen werden, da sie am 17. 12. 1990 an einem Herzschlag verstorben ist.

Polizeipräsidium Konstanz

gez. (unleserlich)

Ursula Schmidt

Weihnachten einmal ganz anders

****

Bevor ich meine Weihnachtserlebnisse des Jahres 1995 niederschreibe, möchte ich etwas über die Geschichte des Festes berichten.

Ich habe mich in der Staatsbibliothek von Berlin umgesehen und folgendes entdeckt:

Die Wiege des Epiphanienfestes (Gotteserscheinungsfest) liegt in Ägypten. Vorbild war ein „Isis-Osiris-Fest" in Alexandria. Der ägyptische Kirchenlehrer Epiphanias vermittelt uns einen Einblick in die Riten, die in der Nacht vom 5. zum 6. Januar stattgefunden haben. Dazu versetzt er uns in das sogenannte „Karion". Das ist ein großer Tempel, das Heiligtum der „Kore" (Gottesmutter Isis). Dort durchwandern die Priester die ganze Nacht unter Gesängen und Flötenspiel, die sie den Götterbildern darbringen. Mit dem Hahnenschrei gehen sie mit Fackeln hinab in ein unterirdisches Heiligtum und bringen ein hölzernes Schutzbild herauf, das nackt auf einer Tragbahre sitzt. Diese Holzfigur tragen sie umher in siebenmaliger Umkreisung des mittleren Tempelraumes unter dem Klang von Flöten, Handrasseln und Hymnen. Nach dem Umzug tragen sie das Schutzbild wieder hinab in den unterirdischen Raum. Fragt man sie, was für eine geheimnisvolle Handlung das sei, so geben sie zur Antwort: „Zu dieser Stunde hat heute Kore, d.h. die Jungfrau, den Aion (Horos) geboren."

„Aion" galt in Ägypten als Gott des Lebens in Zeit und Ewigkeit. In jugendlicher Gestalt ist er auch unter dem Namen „Horos" bekannt.

Das geschilderte Fest zu Ehren Isis, Osiris und ihres neugeborenen Sohns Horos (Aion) fand am Ende der Überschwemmungszeit des Niles kurz nach der neuen Aussaat statt. Es war verbunden mit feierlichem Wasserschöpfen.

Diese Schilderung des ägyptischen „Serapis" soll die Parallele zum christlichen „Epiphanienfest" am 6. Januar vor

Augen führen. Die jungfräuliche Geburt des Horos aus der Isis erinnert an die jungfräuliche Geburt Jesu aus Maria, die Bindung des Osiris an das Nilwasser an die Taufe Jesu im Jordan.

Bis zum 4. Jahrhundert wurde das Fest der Erscheinung Christi als Gottessohn (Epiphanie) und seiner Geburt mit der Jordantaufe am 6. Januar gefeiert. Erst danach wurde der 24. Dezember zum Geburtstag von Jesus. Allerdings ist der Termin für das Weihnachtsfest in den Ländern Europas unterschiedlich. Auch das Verteilen der Geschenke für die Kinder ist, sowohl vom Zeitpunkt als auch der Person ganz verschieden. So kann beispielsweise der Weihnachtsmann, Knecht Ruprecht, Väterchen Frost oder das Christkind sie bringen. Auch die Weihnachtsbräuche variieren stark. In Südamerika ist das Weihnachtsbrauchtum durch spanische und portugiesische Traditionen geprägt worden. Seit dem Zweiten Weltkrieg sind Weihnachtsbaum und Weihnachtsmann auch in tropischen Breiten im Vormarsch. Dabei dienen Pinien, Kakteen, Pappmaché und Kunststoffbäume als Kerzenhalter.

Ich möchte die Gepflogenheiten in Spanien etwas näher beschreiben, da der Einfluß auf Ecuador sicher sehr stark war.

Spanien ist ein katholisches Land, ein Land der Heiligen. Viele „fiestas“ werden für die verschiedensten Heiligen gefeiert. Die Geburt Christi ist jedoch kein Anlaß für eine „fiesta“. Es ist wichtig, daß sich die Familie trifft. Viele Verwandte reisen von außerhalb an, um zum Weihnachtsfest im Heimatdorf zu sein. Vor allem den 25. Dezember, aber auch den 24. Dezember, die „Noche Buena“ (Gute Nacht), verbringt man, so weit möglich, zusammen und ißt gemeinsam Abendbrot. Um 24 Uhr geht man zur „La Misa del Gallo“ (Messe vor dem Krähen des Hahnes). In jeder Kirche steht eine Krippe, und am Ende der Messe geht man vorbei und küßt das Jesuskind, eine Puppe. Auch in verschiedenen Häusern wird alljährlich eine Krippe aufgebaut. Früher zogen Kinder und Jugendliche mit Tambourinen (Panderetas) und Rummelpötten (Zambombas) singend durch die Straßen. Heute kommt das nur noch vereinzelt vor. Das Festessen besteht aus Mandelsuppe, getrüffeltem Truthahn mit Kastanien und Nougatspeisen. In ganz Spanien ist „turron", eine Süßigkeit aus Mandeln und Honig, verbreitet.

In vielen Orten ziehen am 4. Januar die Botschafter durch die Straßen und kündigen die „Heiligen Drei Könige" an. Diese kommen dann am nächsten Tag auf richtigen Kamelen angeritten. Sie haben ein Gefolge aller Rassen, Stände, Trachten und Musikanten bei sich. Pagen „els negres de ecala" verteilen die Geschenke in den Häusern. Mit riesigen Leitern steigen sie auf die Balkone hinauf. Die Kinder stecken vorher Stroh in ihre Schuhe und stellen sie auf den Balkon, damit die müden Kamele der „Heiligen Drei Könige" sich stärken können und dafür ein Geschenk dalassen.

Auf dem Rathausplatz warten bereits Maria und Joseph mit dem Kind, einem richtigen Baby. Es schreit vor Kälte und Angst und muß trotzdem aushalten und die Anbetung der „Heiligen 3 Könige" entgegennehmen.

Einige Parallelen konnte ich auf meiner Reise durch Ecuador feststellen.

Ecuador liegt im Nordwesten des südamerikanischen Subkontinents und ist nach seiner Lage am Äquator benannt. Das Land liegt beidseitig des Äquators etwa zwischen dem 2. Grad nördlicher und dem 5. Grad südlicher Breite. Westöstlich erstreckt sich Ecuador über 600 km vom Pazifik bis in das Amazonastiefland hinein. Die Anden durchziehen das Land von Norden nach Süden und nehmen ein Viertel der Landesfläche ein. Sie teilen sich in zwei parallellaufende Hauptketten, die West- und die Ostkordilleren, die durch ein zentrales Längstal getrennt sind. Letzteres liegt zwischen 2000 und 3000 m Höhe. Der höchste aktive Vulkan der Erde, der „Cotopaxi" mit 5897 m, liegt in Ecuador.

Sonnabend, 24. 12. 95

Ich stand um 6 Uhr auf und machte den Spaziergang vom vergangenen Nachmittag nochmals. Aber ich nahm Film und Kamera mit. Ich mußte unbedingt die herrlichen Kakteen und Agaven aufnehmen. Vielleicht klappt noch ein Bild vom „Cotopaxi".

Die Kühe wurden wieder auf die Weide getrieben. Völlig ungewöhnlich war für mich, daß der Treiber mit dem Fahrrad fährt. An diesem Morgen schliefen die Hunde noch, und ich kam ungehindert an dem Gehöft vorbei bis zu den Kakteen. Die Aufnahmen wurden gut. Auf dem ganzen Weg begleitete mich Vogelgezwitscher. Die prächtige Eukalyptusallee wurde auch noch auf den Film gebannt, und 8 Uhr fuhren wir los. Es beginnt schon wieder zu nieseln. Die Wolken hängen tief und die Landschaft wirkt gleich trostlos. Bald kommt die Sonne hervor. Wir durchfahren „Machachi". Hier befindet sich die Mineralwasserfabrik Ecuadors. 8000 Einwohner hat der Ort. Die Gegend wird lieblich-hüglig. In der Ferne Berge, Wiesen, Kühe, und es wird Landwirtschaft betrieben. Auch eine Pferderennbahn ist zu sehen. Wir fahren durch eine Schlucht. Zu beiden Seiten der Straße erheben sich ca. 5 m hoch die Sandsteinberge. Der Himmel ist wieder blau, mit weißen Wölkchen bedeckt. Quito liegt links hinter uns. Wir fahren in Richtung Cayambe. Die Straße windet sich auf und ab. Plötzlich liegt auf der linken Straßenseite das Cockpit eines Flugzeuges. Es wird als Wohnung verwendet. Wir machen einen Abstecher nach Juguki. Dort wohnt eine Mitarbeiterin des Reisebüros von Quito, und Irmgard zahlt ihre 1000 Dollar für die Galapagosverlängerung. Die Fahrt geht weiter. Auf der rechten Straßenseite sind Höhlen im Berg zu erkennen. Da wurde ehemals Kalk gewonnen. Auf der anderen Straßenseite stehen buntblühende Sträucher. Ihre Blätter erinnern an Pfefferminze. Ich habe sie schon in Marokko gesehen. Es wird wärmer. Agaven blühen am Straßenrand. Immer weiter fahren wir durch die abwechslungsreiche Sandsteinlandschaft. In Quinche halten wir nochmals für den Picknickeinkauf an. Hier steht auch eine sehr schöne Kirche mit blauen Kuppeln, zu der Tausende Pilger kommen. Sie ist der Jungfrau Ecuadors gewidmet. Die Kirche steht am Rande eines großen Platzes, auf dem Markt abgehalten wird. Wir gehen in die Kirche hinein. Ein goldener Altar befindet sich am Ende des Mittelschiffes. Zu beiden Seiten wölben sich sechs große Bögen hintereinander. Die Fenster sind bunt verglast. Schöne Gemälde hängen an den Wänden. Links steht noch ein kleiner Altar und rechts eine Krippe. In der Mitte der Kirche ist eine große Kuppel. Wir verlassen die kühle Kirche wieder und bummeln noch etwas über den Markt. Ich suche eine günstige Stelle zum Fotografieren der Kirche, sehe noch kurz in den Friedhof hinein und kaufe mir Bananen.

Nach etwa einer Stunde halten wir nochmals kurz an. Katja, unsere Reiseleiterin, verteilt den Rest der Kekse und Bonbons an die Kinder, wobei sie fast erdrückt wird und schnell in den Bus flüchtet. Es gibt einen hübschen Weihnachtsbrauch in Ecuador. Die Autofahrer werfen für die am Straßenrand stehenden Kinder kurz vor Weihnachten

Bonbons und Kekse hinaus. Oft werden sie durch Straßensperren, meist Leinen, die über die Straße gespannt werden, daran erinnert. Am Vortag hatten wir einige große Tüten entleert. Es machte uns großen Spaß und die Kinder glücklich. Wir fahren die landschaftlich sehr schöne Straße weiter entlang. Zu unserer Linken die Kette der Westkordilleren und rechts ein weiter Blick ins Land. Plötzlich eine Vollbremsung von Roberto, unserem Busfahrer. Kurz vor einem Esel hält der Bus an. Da hatte das Eselchen nochmals Glück gehabt. Rechts der Fahrbahn taucht das Massiv des „Cayambe“ (5758 m) auf, des höchsten Vulkans, über den der Äquator führt. Am Straßenrand stehen überall Kinder mit aufgehaltenen Händen und hoffen auf Kekse und Bonbons von den vorüberfahrenden Autos. Man müßte zentnerweise die Bonbons mitnehmen, um allen etwas schenken zu können. In Serpentinen windet sich die Straße durch die Berge. Malerische Quertäler sind immer wieder zu sehen. Sie erinnern mich an die Wanderwoche auf Mallorca. Rosa und gelb blühende Akazien stehen am Straßenrand.

Um 11.30 Uhr erreichen wir den Äquator. Ein großer Betonglobus markiert die Stelle. Wir steigen aus, fotografieren und umrunden das Denkmal. Richtig kindisch führen wir uns auf, laufen mit einem Bein auf der nördlichen und mit dem anderen Bein auf der südlichen Halbkugel unserer Erde entlang. Der schneebedeckte Fuß des erloschenen Vulkans „Cayambe“ ist von hier aus durch die Bäume zu erkennen. Wir setzen unsere Fahrt nach Norden fort. In der Stadt „Cayambe“ halten wir kurz an, um Käse aus geronnener Milch zu kaufen. Im Bus koste ich ihn dann. Je mehr ich davon esse, um so besser schmeckt er mir. In der Nähe „Cayambes“ dominiert die Viehwirtschaft und somit die Milch-, Käse- und Fleischproduktion. Nach einer Stunde Fahrt ist „Otavalo“ erreicht. Wir halten am Hotel „Bienvenidas“ an. Hier bleibt der Rucksack mit all den Sachen zurück, die wir am Meer nicht benötigen. Auch schmutzige Wäsche kann inzwischen hier zur Reinigung verbleiben. Dann fahren wir weiter. Wir befinden uns jetzt in der Provinz „Imbabura“. Sie erstreckt sich von 300 bis 5000 m Höhe und besitzt die meisten Seen. Es werden Getreide, Gemüse und Kartoffeln hier angebaut. Die „Panamericana“ steigt leicht an, bis die Grenze zwischen den Provinzen „Pinchchincha“ und „Imbabura“ passiert ist. Das Landschaftsbild wird nun bestimmt durch die beiden Vulkane „Cotacachi“ im Westen und „Imbabura“ im Osten. Am Fuße des letzteren wird schließlich die „Laguna San Pablo“ sichtbar. Der See ist bis zu 80 m tief. Wir fahren an seinem Ufer entlang. Mit dem See ist eine Sage verknüpft: Vor langer Zeit lebten in diesem Gebiet ein junges Mädchen und ein junger Mann, die sich zärtlich liebten. Es herrschte damals eine monatelange Trockenheit, und das Leben für Mensch und Tier wurde unerträglich. Um den Regengott, der auf dem Berg „Imbabura“ herrschte, zu besänftigen, beschlossen die Ältesten des Stammes, das junge Mädchen zu opfern. Als ihr Geliebter davon erfuhr, entführte er sie. Die Verfolger kamen näher und näher. Da verwandelte der Jüngling seine Geliebte in einen See und sich in einen Baum an dessen Ufer. Seine Wurzeln ragten in den See hinein, und so blieben beide auf ewig vereint.

Die Fahrt geht weiter zur Stadt „Ibarra“. 25 km sind noch zurückzulegen. „Ibarra“ ist die Hauptstadt der Provinz „Imbabura“ und hat 55000 Einwohner. Sie liegt in 2200 m Höhe, umgeben von Bergen am kleinen Fluß „Rio Tuagando“. 1606 wurde die Stadt gegründet und 1868 durch ein Erdbeben schwer beschädigt. Viele kleine weiß getünchte Häuser sind erhalten geblieben. Wir fahren nicht bis zur Stadt hinab, sondern bleiben in der „Hosteria Chorlawi“ über Nacht. Es ist eine wunderschöne Anlage mit vielen bungalowähnlichen Gebäuden, Springbrunnen, zwei Brücken, die über einen etwa fünf Meter tiefen Bach führen, Blumen und schönen Bäumen, einem Gänseteich und Goldfischen.

Diesen Nachmittag möchte ich zum Wandern und Erkunden der Umgebung nutzen. Irmgard und Uschi schließen sich an. Gegen 14 Uhr machen wir uns auf den Weg, der Beschreibung von „Aida“, unserer ecuadorianischen Reiseleiterin, folgend. Der nach links führende Weg war aber kein Wanderweg, er führte auf zwei Privatgrundstücke. Der Besitzer des rechten Grundstückes kam gerade mit seinem Auto und lud uns zur Besichtigung seiner Tiere ein. Wir folgten ihm. Er hatte zwölf Hunde der verschiedensten Rassen und Größen, vier Affen unterschiedlicher Gattungen, einen Ara, einen grünen Papagei, verschiedene Sittiche, zwei Katzen, die in Käfigen sitzen, und Hühner. Mit einem Äffchen freundete ich mich gleich an. Es saß auf meiner Schulter und spazierte so mit durch den Garten. Der etwas beleibte Ecuadorianer, dessen Namen ich nicht einmal kannte, zeigte uns die verschiedenen Bäume, Früchte und Blumen, sogar noch seine Wohnküche. Er bewirtete uns mit Rum und Cola, ziemlich stark, aber wohlschmekkend. Dann mußten wir unbedingt eine kolumbianische Weihnachtsspezialität aus Früchten, Zucker, Nüssen, Vanille und anderen Gewürzen probieren. Die breiartige Masse wird auf frisches Weißbrot gestrichen und schmeckt köstlich. Die Herstellung dauert vier Tage. Leider konnte ich nicht alle Erklärungen verstehen, um mir das Rezept zu merken. Er sprach englisch und Irmgard auch. Sie übersetzte für uns. Er erklärte uns die Zubereitung des Weihnachtsessens, das aus vier verschiedenen Fleischarten besteht, die in einer speziellen Sauce eingelegt werden. Das Fleisch wird in Bananenblätter eingewickelt und auf offenem Feuer vor dem Haus gegart. Diese Arbeit verrichtet der Sohn des Hauses, und er war schon sehr fleißig gewesen, bevor wir erschienen. Das Lösen des Fleisches von den Knochen und die Bereitung der Sauce übernahm der Haushaltsvorstand selbst. Der Knoblauch wird in einem Mörser zerrieben, der aus einem 100 Jahre alten Labor stammen könnte. Als die Sauce fertig war, durften wir kosten. Sie schmeckte hervorragend. Das Fleisch wurde später zu Klößen gegessen. Der Teig aus Maismehl stand schon auf dem Tisch, auch der Gemüsesalat mit Pfeffer und Mayonnaise.

Die Küche war nicht nur durch den Hausherrn, uns, seine zwei erwachsenen Kinder und seinen französischen Schwiegersohn bevölkert, sondern auch durch diverse Hunde, die auf einen Brocken vom Festmahl warteten, den sprechenden grünen Papagei, der uns vorgeführt wurde, und einige Sittiche in Käfigen auf dem Kühlschrank. Später gesellte sich die Hausfrau, die aus Brüssel stammt, hinzu und die Enkelkinder. Es war ein unbeschreibliches Durcheinander von Lauten, Tieren und Menschen - aber doch sehr gemütlich. Als die ersten Nachbarn mit Weihnachtskarte und Geschenk eintrafen, um gemeinsam Weihnachten zu feiern, verabschiedeten wir uns mit Umarmungen und Küssen wie alte Freunde. Obwohl wir uns sprachlich kaum verständigen konnten, unterhielten wir uns doch durch Gesten und Blicke.

Wir hatten noch erfahren, daß in Ecuador am Heiligen Abend die Mitternachtsmesse besucht wird und man danach bis in die Morgenstunden feiert. Das herrliche Essen, dessen Zubereitung wir teilweise miterlebten, wird am Abend eingenommen. Einen zweiten Feiertag gibt es nicht.

Wir gingen nun den Weg beim Nachbargrundstück weiter. Es war ein Feldweg. Die Sicht und die Wildblumen waren sehr schön. Der Feldweg war plötzlich zu Ende, und so liefen wir über Wiesen und Ackerland, an einem Maisfeld entlang, vorsichtig an einem Bullen vorbei, über eine Brücke bis in einen kleinen Ort. Wir schlenderten hindurch und gelangten zur Hauptstraße, der „Panamericana".

Uschi trennte sich von uns, und ich ging mit Irmgard weiter nach „San Antonio", dem kleinen Serradorf mit den vielen Holzschnitzereien. Die Straße führte steil hinauf. Wir bogen rechts ab und kamen zu einem Fußballplatz. Linker Hand stand eine Kirche, die geschlossen war. Viele Geschäfte der Holzschnitzer waren zu finden. Ich kaufte mir ein Lama für 10000 Sucre. Dann erreichten wir den Hauptplatz mit einem Denkmal, Palmen und Hibiskusbäumen. Kleine grüne Kolibris schwirrten umher. Ich bekam sie leider nicht vor die Linse, sie waren zu flink. Bemerkenswert waren die Telefonleitungen, die über und über mit Schmarotzerpflanzen bedeckt waren. Das hatte ich noch nie gesehen.

Nachdem wir uns die Galerie des bekanntesten ecuadorianischen Holzschnitzers angesehen hatten, kehrten wir um und fuhren mit dem Linienbus zurück. So war noch genügend Zeit, um uns zum Abendessen schön zu machen. Um 19 Uhr trafen wir uns im Speiseraum des Hotels. Heute war ich großzügig zu mir und bestellte das Weihnachtsmenü für 22400 Sucre. Es gab eine Pflaumensuppe, Truthahn und Krapfen zum Nachtisch. Gegen 22 Uhr legte ich mich schlafen. Ich hatte keine Lust, zur Mitternachtsmesse zu gehen, zumal ich als Freidenker aus Unkenntnis sicher etwas falsch gemacht hätte. Das war der ungewöhnlichste Heiligabend meines Lebens, aber reizvoll und sehr schön.

Montag, 25. 12. 95

Um 6 Uhr stand ich auf, machte meine Gymnastik und dann einen Spaziergang durch die Hosteria. Nun sah ich auch den Swimming-pool, den Whirl-pool, den Tennis-, Volleyball- und Spielplatz, den wunderbar in die Gesamtanlage integrierten Gemüsegarten, die beiden Brücken, zwei Hängebrücken, blühende Büsche und auch hier Schmarotzerpflanzen an den Telefon- und Lichtleitungen. Es war schönes Wetter. Wir fuhren zum Bahnhof von Ibarra. Eine Zugfahrt nach San Lorenzo war geplant. Würde der Zug auch wirklich fahren, heute am ersten Weihnachtsfeiertag? Wir sahen uns erst einmal in der Bahnhofshalle um.

Verschiedene Triebwagen standen darin. Es sind umgebaute Schulbusse, die durch einen Dieselmotor angetrieben und auf einer Schmalspur bewegt werden. Alles wurde fotografiert und gefilmt, und dann kam die Zugbesatzung. Sie bestand aus fünf Personen. Später wurde mir klar, warum so viel Personal für den einen Wagen erforderlich war. Die Fahrt dauert normalerweise sieben Stunden, d. h. die 200 km werden mit 30 km/h Geschwindigkeit zurückgelegt.

Aus der Serra heraus fährt man aus einer Höhe von 2200 m auf Meeresniveau hinunter. Aber erst einmal mußte unser Vehikel in Gang kommen. Es mußte angeschoben werden, und dann tuckerte der Motor. Es ging tatsächlich auf die abenteuerliche und reizvolle Fahrt. Wir hatten alle einen Sitzplatz, denn Katja hatte den Zug für unsere Gruppe bestellt. Später wurde es jedoch voller! Der Zug ratterte gemächlich mitten durch die Stadt. Wir fragten, wieso der Zug ein Lenkrad besitzt. Es ist die Bremse. Sie mußte recht schnell in Aktion treten. Es saß ein Schläfer auf den Schienen, der mit Wasser geweckt und verjagt wurde. Weiter ratterten wir durch die Berglandschaft, auf fast zugewachsenen Gleisen. Wir hielten wieder an, weil ein Faß auf den Schienen stand. Wer hatte das wohl vergessen? Dann mußte auf die Schweine geachtet werden, die sehr nahe an die Spur herankamen. Mit lautem Tuten kündigte der Zug die Überquerung der Straße an. Später mußte ein Radfahrer gewarnt werden. Beim Ertönen der Hupe sprang er vom Rad und rettete sich seitwärts in die Wiese. Der Gleisbereich ist recht schmal, und ich mußte mich beim Filmen vorsehen, daß ich nicht an die Felsen stieß. Der erste Tunnel lag vor uns. Wir sollten noch 30 weitere durchfahren. Wir überquerten den „Rio Ambi", passierten kleine Siedlungen und Bahnhöfe, sahen tief unten den Fluß, einen Wasserfall und ein Wasserkraftwerk. Bananenstauden, blühende Kakteen, Geranien, blühende Agaven und den Feigenkaktus kontte ich bewundern. Schafe und Kühe weiden auf den Wiesen, Flechten hängen an den Bäumen. Es wird wärmer. Zum Rattern des Zuges, dem Schnattern der Zugbesatzung kommt die laute Musik einer Kassette. Es ist ein Heidenlärm, der mich tüchtig nervt.

Zum ersten Mal halten wir planmäßig im Zuckerrohrort „Salinas". Wir befinden uns jetzt auf einer Höhe von 1615 m. Die Berge sind im Hintergrund wunderbar zu sehen. Kurz nach der Weiterfahrt laufen Pferde auf die Gleise. Durch lautes Hupen werden sie endlich vertrieben. Dann tut sich ein herrliches Bergpanorama vor uns auf. Wir kommen dem Fluß immer näher, sehen eine neue Straße, kreuzen sie und fahren über eine Brücke zur anderen Seite. Dann wird kurz gehalten. Auf dem Dach des Triebwagens machen es sich einige Reisende bequem, wenn man davon sprechen kann. Es wird Sand für die Bremsen eingeladen, und wir vertreten uns etwas die Füße. Schön ist es im Tal des „Rio Mira". Eine Hängebrücke befindet sich in unmittelbarer Nähe. Die Fahrt durch das malerische Tal geht weiter. Nach ungefähr 20 km halten wir in „Carchi", wo die Nachkommen der afrikanischen Sklaven der Kolonialzeit leben und Getreide anbauen. Wir befinden uns jetzt auf 1239 m Höhe. Die Kinder sind ausgesprochen hübsch und stehen auf dem Bahnhof herum. Der tägliche Zug ist eine willkommene Abwechslung in ihrem Alltag, denn sie leben hier wie in einem Ghetto. In den großen Städten werden die Neger schlecht behandelt, so leben sie lieber hier.

Inzwischen ist es 10.20 Uhr, und die Fahrt geht weiter. Über eine Brücke fahren wir zur linken Flußseite hinüber. Bald müssen wir anhalten, weil Steine und Erde auf den Gleisen liegen. Die Begleitmannschaft entfernt den kleinen Erdrutsch. Doch kurz danach folgt ein zweiter. Mit Schaufeln und den Händen werden die Hindernisse entfernt. Ich beobachte inzwischen kleine rostrote Vögel, die umher segeln. Wegen eines Schweines auf den Schienen kommen wir nur schleichend voran. Es läßt sich auch durch hupen nicht aus der Ruhe bringen.

Links schießt ein Wildbach unter einer Hängebrücke hindurch und ergießt sich in den „Rio Mira". Die Bergwände rücken immer näher an die Gleise heran, und schon halten wir wieder an. Große Steine liegen auf den Schienen. Sie müssen erst weggeräumt werden. Dann geht es weiter. Nun spazieren einige Fußgänger vor uns. Sie lassen uns vorüber, aber schon stehen wir wieder. Der letzte Regen hat einen riesigen Felsbrocken von der steilaufragenden Bergwand abgelöst. Er blockiert die Strecke. Es wird ein schwieriges und langwieriges Unterfangen, diesen Brocken aus dem Weg zu räumen. Mit drei Brechstangen, zwei wurden vom nächsten Bahnhof „Majope" geholt, und sechs Männern konnte der Stein ein Stück angehoben, aber nicht weggerollt werden. Dazu mußte erst eine Kuhle gegraben werden. Dann war das Hindernis mit vereinten Kräften beseitigt. Es dauerte ca. 30 Minuten. Reichte der Platz für die Durchfahrt?

Hurra! Zwei cm noch Luft. Die Fahrt konnte weitergehen. Auf dem nächsten Bahnhof müssen wir wenden. Dazu fährt der Zug auf eine Schiene, die drehbar angeordnet ist. Vier Männer schieben den Zug, und er dreht sich um 180 Grad. Wir befinden uns jetzt schon auf 716 m. Die Fahrt geht rückwärts bis zum großen Erdrutsch. Es ist ein komisches Gefühl so rückwärts zu fahren. Zwischen Fluß und Berghang ist nicht viel Platz. Die Zweige schlagen gegen den Triebwagen und ragen zum Fenster herein. Ich muß aufpassen, daß sie mich nicht treffen. An meinem Platz fehlt nämlich die Scheibe. Dann ist Endstation für unseren Zug. Hinter dem Erdrutsch stehen zwei andere Triebwagen, aber sie haben kein Benzin und wollen nicht fahren. Nur nicht den Mut verlieren, erst einmal umsteigen. Jetzt war ich froh, meinen Stock bei mir zu haben. Über Äste, Gestrüpp und Schlamm mußten wir uns kämpfen. Ich trat neben einen Ast und versank im Modder. Allein kam ich nicht mehr heraus, man mußte mich herausziehen. Der Balanceakt ging weiter von Stamm zu Stamm. Ich hatte es geschafft. Dann filmte und fotografierte ich den Rest der Gruppe. Wir sahen alle aus wie die Modderschweine, als wir in den Zug stiegen. In einem Eimer wurde Benzin vom ersten Zug geholt und mit einem Gummischlauch in den Tank gefüllt. Das Ansaugen mit dem Mund war sicher nicht angenehm. Das Spiel wurde noch drei Mal wiederholt. Inzwischen war es 14.15 Uhr.

Wir fuhren rückwärts. Es sollte 30 Minuten bis zur Weiche dauern. Daraus wurden aber 90. Unser Fahrer wechselte während der Fahrt seine Strümpfe, die am Erdrutsch naß geworden waren. Ein Zugbegleiter mußte die Schienen beobachten, da der Fahrer nichts sehen konnte bei dieser Rückwärtsfahrt. Wir waren inzwischen fast auf Flußhöhe angelangt. Die Vegetation und das Klima sind mittlerweile tropisch. Papajabäume, Bananenstauden und Palmen bestimmen das Bild. Es ist trübe und schwül. Endlich, 16 Uhr ist die Weiche erreicht. Wir haben einen kurzen Aufenthalt zum Rangieren. Am Fluß waschen wir erst einmal unsere Schuhe. Eine halbe Stunde später fahren wir weiter, jetzt aber vorwärts. Ich setze mich wieder hin, denn die ganze Zeit hatte ich in Fahrtrichtung gestanden. Die Wolken hängen jetzt tief. Nach einer knappen halben Stunde ist das Dorf „Lita“ erreicht. Ein großer Teil der Gruppe geht zum verspäteten Mittagessen. Ich vertrete mir lieber die Beine, fotografiere, filme, esse Papaja und Brötchen.

Eine Stunde später setzen wir die Reise fort. Im Schneckentempo kommen wir voran. Der Fluß rauscht rechts neben uns. Es ist schon düster im tropischen Regenwald. Bald beginnt es zu nieseln. Ich ziehe meine Regenjacke an. Durch das offene Fenster werde ich trotzdem naß. Inzwischen ist es dunkel. Die Einheimischen warten schon lange auf den Zug. Jeder möchte an diesem Feiertag noch mitgenommen werden. Sie drängen wie ein Schwarm herein. Ein kleiner Negerjunge setzt sich neben mich. Die beiden Rucksäcke lassen ihm gerade noch etwas Platz. Er legt seine Hand vertrauensvoll auf mein Knie und ich halte ihn fest, damit er nicht von der Bank rutscht. Er schläft halb stehend ein. Die Fahrt ist längst kein Vergnügen mehr, zumal der Regen von der Jacke auf die Beine tropft und auch den Nacken hinabläuft. Mir wird kalt, ich bin müde und muß auf unsere Rucksäcke achten, damit nichts verschwindet.

Endlich um 22.30 Uhr ist „San Lorenzo“ erreicht. Nach 14 Stunden sind wir am Ziel. Es gießt, und wir laufen durch Pfützen und Dreck ins Hotel. Ich bin klatschnaß und ziehe mich um. Eine Cola und Pommes wecken die Lebensgeister wieder. Dann lege ich mich, nach diesem aufregenden ersten Weihnachtsfeiertag, ins Bett.

Dienstag, 26. 12. 95

Um 6 Uhr wurde ich durch ein Morgenkonzert besonderer Art geweckt. Autos hupten, Hunde bellten und Hähne krähten. Eine halbe Stunde später trafen wir uns zum Frühstück, und 7.15 Uhr machten wir uns auf den Weg zum Hafen. Es war drückend schwülwarm. „San Lorenzo“ erschien mir als ein schmutziges kleines Kaff, das man so schnell wie möglich wieder verläßt. Doch der kleine Hafen lag malerisch vor uns, verschönt durch einen Regenbogen. Wir benutzten das Linienschiff „La Tola“. Es war eine Art Barke mit Dach und Motor. An beiden Längsseiten befanden sich schmale Bänke, sehr hart und unbequem. Mit dem Rucksack im Rücken ließ es sich aushalten. Das Boot war auch nicht ganz dicht, denn während der Fahrt mußte es immer wieder ausgeschöpft werden, um den Wasserspiegel unter den Bodenbrettern zu halten. Die Fahrt selbst entlang der Mangrovensümpfe war eindrucksvoll und schön. Die Mangroven sind salzwasserresistent. Durch Ebbe und Flut kommen sie sowohl mit Fluß- als auch mit Meerwasser in Berührung. Die Mangroven haben sich ideal an ihren Standort angepaßt. Sie besitzen Stelz- und Atemwurzeln. Durch ihre Stelzwurzeln können sie weit gegen das Meer vordringen. Ihre Samen wachsen auf der Mutterpflanze aus. Die spitzkegelförmigen Jungpflanzen werden bis 30 cm lang und bohren sich beim Abfallen in den schlickigen Boden ein. Die Arten mit Atemwurzeln, die an Ausläuferwurzeln unter der Schlickoberfläche entspringen und dichtgedrängt bei Ebbe wie Spargel aus dem Boden ragen, bilden meist ein undurchdringliches Dickicht. Ich bedauerte sehr, aus Platzgründen das Fernglas in „Otavalo“ zurückgelassen zu haben, denn wir fuhren anfangs etwas weit entfernt an den herrlichen Bäumen vorbei. Fregattvögel wachsen hier auf. Ihr Lebensraum wird jedoch durch die 130.000 ha Garnelenaufzuchtstation eingeschränkt und das Ökosystem enorm belastet. Dadurch verschwinden wiederum die Garnelen.

Die Sonne kommt hervor, und wir können die große Anzahl Pelikane beim Fischen beobachten. Es ist ein faszinierendes Bild, wenn sie im Sturzflug in das Wasser eintauchen und sich dann auf den Wellen schaukeln. Ich kann mich immer von neuem daran begeistern. Leider sind sie zu weit entfernt für ein Foto. Auf den Mangroven sitzen Unmengen von Pelikanen, Fregattvögeln und Reihern. Sie sehen fast wie Blätter aus, so viele sind es. Die Bäume und Wolken spiegeln sich im Wasser. Immer ein neues interessantes Bild bietet sich uns. Wir fahren aber auch dicht an das Ufer heran und können die Stelz- und Atemwurzeln gut sehen. Auch diese Landschaft hat ihren Reiz. Nach einer reichlichen Stunde halten wir in „Limones“, einem kleinen Küstendorf an der Trichtermündung der Flüsse „Rio Cayapus“ und „Rio Santiago“, an.

Passagiere steigen ein und aus, und dann setzen wir die Fahrt fort. Mir gegenüber sitzt eine junge Frau mit fünf Kindern. Das älteste ist etwa sieben Jahre, das jüngste vielleicht neun Monate. Sie legt es noch ab und zu an die Brust. Es ist unwahrscheinlich, wie artig die Kinder während der ganzen Fahrt sind. Nach etwa zweieinhalb Stunden ist unser Ziel „La Tola“ erreicht. Nun geht es mit dem Linienbus weiter. Das ist ein tolles Vehikel. Es ähnelt einem Lkw mit offenen Längsseiten. Fünf Reihen schmaler Bänke stehen darauf. Jede Bank für sieben Personen gedacht. Das mußten schon Suppenkasper sein, wenn sie hineinpassen sollten. Auf dem Dach gab es weitere Plätze. Ich zog es vor, unten im Schatten zu sitzen, denn die Sonne brannte bereits, es war heiß, und uns stand eine zehnstündige Fahrt bevor. Mit lautem Geknatter setzte sich der Bus in Bewegung. Die Mutter mit ihren fünf Kindern saß zwei Reihen vor mir. Mit fünf Personen in einer Reihe saß man einigermaßen bequem, wenn man davon auf der harten schmalen Bank und bei fürchterlichem Geholpere und Geschaukele des Busses überhaupt reden kann. Langsam bewegt sich das Gefährt durch das Dorf und erreicht eine holprige, staubige Piste, die zwischen den Lagunen hindurchführt. Ein schmaler Streifen Land, zu beiden Seiten Wasser. Wieder ein völlig anderes Landschaftsbild tut sich vor uns auf.

Schilf und Rohrpompen säumen das Ufer. Riesige Bäume stehen vereinzelt auf den Wiesen, graue Rinder grasen, kleine schwarze Vögel erinnern an Raben, Palmen tauchen hin und wieder auf. Der Bus wird immer voller, meine Reihe bleibt bisher verschont, und ich kann gut filmen. Kleine Jungen turnen wie Affen am und auf dem Bus herum und bieten lautstark die verschiedensten Eßwaren wie Limonen, Käse und Gebäck an. Ich habe bei der Hitze keinen Appetit. Die Musik übertönt den Motorlärm, denn auch die darf hier nicht fehlen. Es war eine interessante, abwechslungsreiche und abenteuerliche Reise, bei der man viel von Land und Leuten kennenlernt. Gewiß war es keine Erholung. Piste und Straße wechselten einander ab, wobei die holprige Piste überwog. Beim nächsten Halt quetschte sich eine dicke Negerin, aus der man bequem zwei hätte machen können, in unsere Reihe. Jetzt konnten wir uns nicht mehr rühren. An Filmen war nicht mehr zu denken. In

„Polikume“ war eine kurze Pause, und Hertis brachte mir Wasser mit. Mein Vorrat war inzwischen alle geworden. Palmenhaine sahen wir bei der Weiterfahrt, und Sandfelsen ragten aus dem Meer. Es wurde hügelig. Rechts waren Berge zu sehen und dann eine große Stadt. Wir erreichten eine Brücke, die das Mündungsdelta des „Rio Esmeraldas“ überspannte. Das Wasser war grün, trotzdem wurde darin gebadet und Wäsche gewaschen.

Wir fuhren durch „San Mateo“ und erreichten kurz nach 14 Uhr „Esmeraldas“. Katja hatte mit dem Busfahrer ausgehandelt, daß er uns bis zum Camp weiterfuhr. So mußten wir nicht nochmals umsteigen und konnten uns breit machen. Wir hatten noch ungefähr eine Stunde bis „Atacames“ zu fahren. Das Städtchen besteht aus zwei Teilen, der Altstadt selbst und dem Strand mit seinen Hotels, Restaurants, Bars, Wochenendhäusern und Discotheken, schon völlig auf Tourismus eingestellt.

Wir wohnen in „Villas Arco Iris“ am Ende der Strandpromenade. Der Komplex gehört einer Deutschen und ihrem ecuadorianischen Mann. Es ist eine schöne Anlage mit hübschen Bungalows. Hängematten und Lehnstühle stehen auf der Terrasse. Auch ein Dachgarten gehört dazu. Vor den drei Stufen, die zur Terrasse führen, befindet sich ein kleines Becken zum Abspülen der Füße. So trägt man nicht so viel Sand ins Zimmer. Ein kleiner Waschraum mit Dusche, Toilette und Waschbecken gehört zu jedem Raum dazu. Palmen und hübsche Pflanzen stehen zwischen den Bungalows. Swimming-Pool, Kinderspielplatz, das Wohnhaus der Besitzer mit Terrasse, wo man Frühstück und Nachmittagskaffee einnehmen kann, gehören zum Hotelbereich. Gleich bei unserer Ankunft machten wir Bekanntschaft mit einem der zum Camp gehörenden Hunde. Er hatte gerade sieben Junge bekommen. Sie waren ca. 30

cm groß und sehr niedlich. Drei weitere große Hunde und einige Katzen gab es noch. Ich schloß mit allen gleich Freundschaft.

Nach einer erfrischenden Dusche machten wie uns gegen 15.30 Uhr auf den Weg zum verspäteten Mittagessen. In der Nähe des Strandes setzten wir uns in ein an zwei Seiten offenes Fischrestaurant. Ich aß einen vorzüglichen Krabbensalat. Dann unternahm ich mit Irmgard eine Strandwanderung in Richtung „Sua“. Wir beobachteten die umherrennenden kleinen Krabben und sammelten Muscheln, die ich vorher noch nirgends gesehen hatte. Wir setzten uns eine Weile an den Strand und schauten auf das Meer. Wir entschlossen uns doch noch zu einem Bad im „Stillen Ozean“. Die Wellen hatten eine ungeheure Kraft und warfen mich immer wieder um. Es machte riesigen Spaß. Ich wusch mir noch die Haare, und um 19 Uhr trafen wir uns zum Begrüßungscocktail. Eine Stunde später gingen wir zum Abendessen an den Strand. Ich aß Shrimps mit Reis und Bohnen. Danach machte ich mich auf den Heimweg, während die Gruppe noch eine Bar am Strand aufsuchte.

Ein ungewöhnliches Weihnachtsfest ging zu Ende. Ich hatte es zum ersten Mal in meinem Leben nicht im Kreise der Familie verbracht. Etwas wehmütig war mir schon ums Herz gewesen, so allein und so weit entfernt von zu Hause.

Aber im nächsten Jahr werde ich wieder mit meinen beiden Söhnen und meiner Mutter zusammen den Gänsebraten mit Klößen und die Stolle essen.

Maria Mehl

Eine Weihnachtsgeschichte

****

Weihnachten war von Kind auf mein liebster und schönster Feiertag und ist es auch heute noch.

Ich erinnere mich an Weihnachten, als ich fünf Jahre alt war. Bei uns an der Wolga, wo ich geboren bin, in Katharinenstadt - später Marxstadt - war solch ein Gebrauch: In der Adventszeit wurden abends an den Fenstern Spielsachen gezeigt, bei den Familien, die Kinder hatten.

So war es auch bei uns. Wir waren drei Schwestern und ein Bruder. Ich war das dritte Kind in unserer Familie. Eines Abends meinte Mutter: „Ich glaube, Kinder, heute abend kommt das Christkindlein ans Fenster, doch wohl wird es Spielsachen reinzeigen." Dann fügte sie hinzu: „Aber das Christkindlein kommt nur zu den Kindern, die gehorsam und fleißig sind."

Wir fingen sofort an, unser Zimmer aufzuräumen, dabei schauten wir immer zum Fenster, ob es draußen bald dunkel würde, denn es wurde gesagt: „Das Christkindlein kommt vom Himmel geflogen nur im Dunkeln."

Wir aßen alle vier und warteten mit Sehnsucht, waren gespannt, die Augen waren nur zum Fenster gerichtet, und wirklich, auf einmal öffneten sich die Läden (sie hatten zwei Flügel, nicht so wie jetzt Rolläden), und es zeigte sich irgend etwas. Da aber die Fenster beinahe zugefroren waren, konnte man nicht erkennen, was es war. Auf einmal sahen wir ein Pferdchen, wir klatschten in die Händchen und schrien: „Hurra! Hurra!" Das Pferdchen wird bestimmt unser Bruder Fritzchen bekommen, war unsere Meinung.

Wir Mädchen warteten weiter und dachten: „Für uns muß sich doch auch etwas zeigen?" Und wirklich, es kam eine Puppe vor das Fenster, dann noch eine. Jetzt waren wir gespannt, für wen die Puppen sein mochten, da wir ja drei Mädchen waren. Wir konnten es fast nicht erwarten, bis der Heiligabend kam. Es wurde jeden Abend davon geredet unter uns Geschwistern, dann wurden Fragen an Mutter und Vater gestellt: „Wann kommt denn endlich das Christkindlein?“ Wir lernten Weihnachtslieder und Gedichtchen.

Unsere Mutter fing schon immer Anfang Dezember an, Plätzchen zu backen. Der Teig wurde vorbereitet, dann rausgelegt in den Frost, er mußte frieren, denn an der Wolga war's zu Weihnachten manchmal minus 20 bis 25 Grad.

Mein jüngstes Schwesterchen Liesjen und ich waren beim Backen immer dabei. Wenn wir auch oft unsere Mutter in der Küche behinderten, aber wir waren nicht wegzubringen. Alles was unsere Mutter backte, das machten wir nach, nicht nur Plätzchen wurden da gebacken, auch Streuselkuchen, Apfelkuchen (von getrocknetem Obst), Biskuitkuchen usw. Meine Mutter war eine gute Bäckerin, wie ich auch von ihr kochen und backen lernte, was ich auch heute noch gerne mache.

Christabend oder Heiligabend, wie man hier in Deutschland sagt, war für uns Kinder der größte Feiertag. Der Christbaum wurde von uns Kindern geschmückt. Als am Abend alles vorbereitet war von den Eltern, kleideten wir uns festlich und sangen mit unserem Vater einige Weihnachtslieder. Aber wir konnten es kaum erwarten, immer wieder wurde die Frage gestellt, bald beim Vater, bald bei der Mutter: „Wann kommt denn endlich das Christkindlein?“

Da meinte die Mutter: „Ich muß doch mal hinausschauen, vielleicht hat auch schon das Christkindlein Geschenke draußen hingelegt? Es hat bestimmt keine Zeit, bei jeder Familie hineinzugehen!“

Sie ging hinaus und nach einigen Minuten kam sie herein, hatte alle Geschenke in einem Korb. Wir fingen an, in die

Händchen zu klatschen, dann sagte die Mutter: „Erst muß ein jeder sein Gedichtchen vorsagen", was wir auch der Größe nach taten. Erst Katja, die älteste Schwester, sie bekam einen Schulranzen. Mein Bruder Fritzchen bekam das Pferdchen. Meine jüngste Schwester und ich jede eine Puppe, dazu bekamen wir noch Süßigkeiten. Wir sangen noch Weihnachtslieder: „Oh du fröhliche, o du selige . . .", „Alle Jahre wieder kommt das Christuskind", „O Tannenbaum, o Tannenbaum", „Stille Nacht, heilige Nacht" und noch viele, viele mehr. Unser Vater konnte sehr gut singen. Er sang im Kirchenchor. Wir alle, Kinder und die Mutter, sangen mit.

Am ersten Weihnachtstag gingen wir Kinder zum Großvater und zur Großmutter und wünschten ihnen frohe Weihnachten. Von den Großeltern bekamen wir auch Geschenke. Dann ging es weiter zu den Verwandten - Onkels und Tanten. Es war eine große Verwandtschaft, mein Vater hatte sechs Brüder und eine Schwester, meine Mutter hatte vier Brüder und drei Schwestern. Alle wohnten in einer Stadt, jede Familie hatte vier bis fünf Kinder (1941 waren wir 57 Cousins und Cousinen).

Am Nachmittag gingen dann unsere Eltern zum Großvater und zur Großmutter, da kamen alle Erwachsenen zusammen und feierten den heiligen Feiertag.

Am 27. Dezember hatte mein Vater Geburtstag. Es kamen alle Verwandten, väterlicher- wie auch mütterlicherseits, zu uns. Das war unser größter Feiertag im Jahr, da ging es bis in die späte Nacht, es wurde gegessen, getrunken, gesungen und getanzt.

Auch wir Kinder haben unsere „Kunst" gezeigt. Ich war zu allem begabt, aber am liebsten sang ich Lieder. Meine jüngste Schwester tanzte lieber, was sie auch gut konnte, denn im Kindergarten hatte sie tanzen gelernt. Großvater liebte uns beiden Kleinen und war stolz, daß wir so begabt waren. Meine älteste Schwester Katja und mein Bruder Fritzchen, sie waren hinterzogen und beim Auftreten nicht „aktiv".

1933 war ich sechs Jahre alt, aber ich kann mich noch gut erinnern. Es war an der Wolga eine große Hungersnot. Tausende von Menschen verhungerten, viele wanderten aus, um ihr Leben zu retten. Manche Familien zogen nach Astrachan und nach dem Kaukasus, wobei aber viele unterwegs verhungert sind, hauptsächlich betroffen waren Kinder und alte Menschen. Unsere Familie hatte Glück, wir blieben in der Heimat und keiner von uns hungerte, da unser Vater in einer Mühle arbeitete. Da gab es immer noch Leute, die einen Vorrat Weizen hatten und ihn auf die Mühle brachten, um zu mahlen, und das war unsere Rettung.

Das Jahr 1934. Alle Kirchen in der ganzen Sowjetunion, so auch in unserer Wolgarepublik, wurden geschlossen, vernichtet, abgerissen oder zu Kinotheatern und Clubs umgebaut. Keiner durfte mehr an Gott glauben. Alle Geistlichen wurden verfolgt und verhaftet, nach Sibirien verbannt. Manche wurden zu Tode gequält, noch in ihrer Heimat erschossen. Weihnachten durfte nicht mehr gefeiert werden. Gebetet haben wir nur heimlich zu Hause mit unseren Eltern, es wurde immer gesagt: „Paßt auf, Kinder, erzählt den Nachbarn nicht, daß wir beten."

Im Jahr 1935 ging ich das erste Jahr zur Schule, in die erste Klasse. Uns wurde gesagt: „Gott gibt es nicht." Wir lernten die ‚Internationale' singen, da stehen die Worte: „Kein Gott, kein Kaiser . . ." Meine Mutter sagte oft: „Lieber Gott, wie sollen wir nur unsere Kinder erziehen." Zu

Hause wurde gesagt, es gibt einen Gott, in der Schule lehrte man uns das Gegenteil.

Die Hungersjahre waren vorbei, den Menschen ging es wieder besser, und es wurde wieder zu Weihnachten gebacken. Die Kuchen wurden heimlich gegessen, Tannenbäume wurden keine mehr gestellt, Weihnachtsgeschenke gab es auch keine mehr. Erst am 27. Dezember, an Vaters Geburtstag, konnten wir aufrichtig Kuchen essen.

Es kam das Jahr 1941, am 22. Juni fing der Krieg an, die deutschen Truppen marschierten in die Sowjetunion ein, das war eine schreckliche Nachricht, hauptsächlich für uns Deutsche, die wir in der Sowjetunion lebten, Ukrainer-Deutsche, Kaukasus-Deutsche und wir Wolga-Deutsche. Alle Rußland-Deutschen wurden aus ihrer Heimat verschickt, nach Sibirien oder Nordkasachstan. Alles mußten wir verlassen, Häuser, Vieh und die Heimat. Alle Rußland-Deutschen wurden Spione und Diversanten genannt. Deutsch sprechen wurde verboten, nur heimlich, zu Hause, mit den Eltern sprachen wir deutsch.

Ich konnte etwas russisch sprechen, da ich in der Schule russisch als Fremdspreche lernte. Aber fast alle Wolga-Deutschen konnten kein Wort russisch, weil in der Wolgarepublik nur deutsch gesprochen wurde. Am schwersten waren ältere Menschen betroffen, wir Kinder lernten schnell die russische Sprache. Als wir ausgesiedelt wurden, am 7. September 1941, kamen wir nach Sibirien. Am 19. September kamen wir an, es war eine schwere Fahrt, in Viehwaggons, bis zu 50 oder 60 Menschen in einem Waggon. In Sibirien stand der Winter vor der Tür.

Man brachte uns nach einem kleinen sibirischen Dörflein, wir wurden bei einer Russenfamilie untergebracht. Die Frau hatte sechs kleine Kinder, das älteste war 13 Jahre, das jüngste zwei Jahre. Diese Frau hatte ein Haus mit Wohnzimmer und Küche. Wir waren sechs Personen und konnten uns im Wohnzimmer einrichten. Die Hauswirtin mit ihren sechs Kindern hatte die Küche. Da stand ein großer Backofen, auf dem vier Kinder schliefen. Die zwei Kleinsten schliefen mit ihrer Mutter im Bett, das auch in der Küche stand. Ihr Mann war im Krieg und schon 1941 gefallen im Kampf gegen Hitler.

Das erste Weihnachten in Sibirien nahte. Unsere Eltern, wie auch wir Kinder, erinnerten uns oft an zu Hause, wie es einstmals so schön gewesen war. Oft weinten unsere Eltern, wir Kinder weinten dann auch. Aber unsere Familie war noch zusammen, und das befriedigte uns.

Unsere Mutter hatte noch etwas weißes Mehl für Weihnachten zurückbehalten, aus dem dann auch Kuchen gebacken wurde. Zucker gab es keinen, der Teig wurde mit Zuckerrübensaft gemacht. Die Kuchen waren gut. Die Leute in Sibirien hatten nur dunkles Mehl, und sie wunderten sich, wo wir so schönes weißes Mehl her hatten. Unsere Wirtin machte Maultaschen mit Fleisch gefüllt, man nannte sie Pelmeni. Diese wurden gemacht und dann in den Frost hinausgetragen, und als sie gefroren waren, wurden sie in einem Kasten oder Korb aufbewahrt. Wenn ein Fest kam, dann kochte man die Pelmeni auf. Die Russen hatten Weihnachten am 7. Januar (nach neuer Zeit), wir feierten den Heiligabend am 24. Dezember. Am ersten Weihnachtstag machte meine Mutter Kaffee und Kuchen, wir aßen alle zusammen an einem Tisch mit unserer Wirtin und ihren Kindern. Von Weihnachtsgeschenken konnte keine Rede sein.

Als meine Mutter Kaffee einschenkte, frage die Wirtin, was das sei. Kaffee kannte man in Sibirien nicht, obwohl man grüne Bohnen im Geschäft kaufen konnte. Als die Einwohner sahen, daß wir Kaffeebohnen kauften, wurden wir gefragt, wie man die Bohnen vorbereite. Meine Mutter erklärte es ihnen, so gut es ging, auf russisch (sie konnte nur ganz wenig Russisch sprechen). Da schüttelten die Sibirier ihre Köpfe. So etwas kannten sie nicht. Sie dachten, man müsse die Bohnen kochen. Dann brachte die Wirtin von den Pelmeni auf den Tisch, der Teig war so schwarz, niemand von unserer Familie konnte etwas essen. Das rohe Fleisch, das in den Teig gewickelt war, sollte in fünf Minuten gar gekocht sein? Wir kannten die Speise nicht, denn bei uns Wolga-Deutschen wurde so etwas nicht gekocht.

Am 22. Januar 1942 wurde unser Vater in die Arbeitsarmee eingezogen, Tausende Kilometer von uns entfernt. Schwere Arbeit mußten die Männer im Wald leisten. Wir - meine Geschwister und Mutter - waren inzwischen umgezogen, 40 km weiter nach der Station Toptschicha, Gebiet Altai. Meine ältere Schwester und mein Bruder fanden dort Arbeit in einer Gießerei. Meine Mutter nähte in einer Näherei Kleidung für die Soldaten. Ich und meine jüngste Schwester waren zu Hause, zur Schule gehen konnten wir nicht, da wir keine warme Kleidung hatten. Um auf Arbeit zu gehen, waren wir noch zu klein.

Hier in Toptschicha wohnten wir mit einer alten Frau in einem kleinen Häuschen zusammen. Am 7. Dezember 1942 wurde mein Bruder in die Arbeitsarmee mobilisiert und kam nach dem Gebiet Remerowo in die Kohlengrube. Er war 16 Jahre alt.

Alles war noch zu ertragen, wenn auch Hunger und Kälte uns plagten, aber wir hatten noch unsere Mutter, die für uns sorgte.

Weihnachten 1942 waren die schrecklichsten, die ich erlebt habe und die ich bis heute nicht vergessen kann. Jetzt waren die Frauen an der Reihe. Am 22. Dezember 1942 wurden alle Frauen einberufen, die Kinder älter als drei Jahre hatten und deutscher Nationalität waren. Meine Mutter und Katja waren auch dabei. Ihnen wurde befohlen, am 24. Dezember um 10 Uhr morgens mit Sack und Pack am Bahnhof zu sein.

Sie bekamen für fünf Tage 500 Gramm Brot, meine Mutter kochte noch Kartoffeln für den Weg. Am 24. Dezember um 9 Uhr morgens gingen wir alle vier von zu Hause weg. Es war eine Hundskälte, minus 38 Grad und dabei noch windig. Den ganzen Weg redete niemand, alle weinten, nur Mama hatte Liesjen an der Hand, bald wärmte sie ihr das eine Händchen, bald das andere. Als wir am Bahnhof ankamen, standen schon die Viehwaggons dort. Tausende Frauen standen schon und warteten auf das Kommando, um einzusteigen. Es war ein Geschrei, alle weinten, fielen sich um die Hälse, Kinder schrien geradeheraus. Wir waren ja nicht die einzigen, die ihre Mutter begleiteten.

Auf einmal kam der Kommissar, er schrie wie verrückt: „Einsteigen in die Waggons!“ Die Frauen waren auf einer Liste aufgeschrieben und wurden zu 50 Personen verteilt in jeden Waggon. In den Waggons stand ein kleiner Ofen, der geheizt wurde mit Kohlen. Alle Frauen stiegen ein, wir verabschiedeten uns von Mutter und unserer Schwester Katja, sie stiegen hinauf. Wir beide standen da, hielten unsere Mutter noch fest, Liesjen schrie laut: „Mamachen, laß uns nicht im Stich, wir bekommen dich nie wieder zu sehen.“ Mama wollte sie trösten, aber sie schrie noch lauter.

Dann wendete sie sich zu mir und sagte: „Mariechen, du stehst jetzt für Liesjen an Mutter- und Vaterstelle.“ Diese Worte nahm ich mir zu Herzen, für immer.

Inzwischen kam der Kommissar herbei und schrie: „Ist das Kommando nicht auch für Euch gewesen?“ Er stieß uns beide Kinder beiseite und schrie noch einmal: „Einsteigen!“ Unsere Mutter stieg als letzte in den Waggon ein. Sie stand in der Tür und sagte: „Der liebe Gott soll euch behüten und beschützen, in Gottes Namen.“ Dann wurde die Tür von einem Soldaten zugemacht, und der Zug fuhr los.

Wir beide hielten uns umarmt, schauten dem Zug nach, bis wir ihn nicht mehr sahen. Wir waren schon steif gefroren, wir drehten uns um und weinten den ganzen Weg.

Noch lange weinten wir um unsere Mutter. Erst nach langen vier Jahren und acht Monaten gab's ein Wiedersehen. Vater lebte nicht mehr. Er starb am 29. August 1945. Mein Bruder wurde aus dem Gefängnis entlassen, am 9. September 1945, zehn Tage nach Vaters Tod. 1946 auf Weihnachten waren wir vier Kinder wieder mit unserer Mutter zusammen.

Jedes Jahr zu Weihnachten stand mir dieses Bild vor Augen - Weihnachten 1942. Gerade zu den schönen Feiertagen hatte es sich zutragen müssen, daß wir solch ein Elend erlebten, welches jetzt kaum zu glauben war.

Später, als ich heiratete (am 23. Juli 1950) und wir unsere Kinder bekamen, sorgten wir uns auch immer zu Weihnachten, um den Kindern doch eine Freude zu machen, obwohl in der Sowjetunion auch damals noch Weihnachten zu feiern verboten war. Aber in unserer Familie wurde doch immer der Heiligabend gefeiert, wenn auch heimlich. Unseren drei Töchtern, Lilli, Elena und Nina, wurden, als sie noch klein waren, Weinachtsgebete beigebracht, und am Heiligabend bekamen sie Geschenke.

1958 zogen wir von Sibirien nach Süd-Kasachstan, da wir schon von der Kommandantur befreit waren. (Alle Rußland-Deutschen standen unter Kommandanturaufsicht von 1941 bis 1956, sie durften nicht weiter als einen Kilometer von dem Ort, an den sie umgesiedelt bzw. verschleppt worden waren, weggehen.) Dort zogen wir in eine Weinsowchose, 140 km von Taschkent.

Da wir nicht nach der Heimat ziehen durften, nach unserer schönen Wolgarepublik, suchten wir eine dritte Heimat bei den Kasachen. Dort lebten viele Nationen zusammen, und ein jedes Volk sprach seine Muttersprache, so daß auch wir Deutschen unsere Muttersprache aufrichtiger sprechen konnten.

Das war unser Glück, so daß auch unsere Kinder die deutsche Sprache nicht vergaßen. Auch in der Schule wurde Deutsch als Fremdsprache gelehrt. Auch war es bei den Kasachen nicht so streng mit dem Glauben. Die Deutschen feierten ihre Feiertage, Weihnachten und Ostern, nach neuer Zeit, die Russen und Weißrussen feierten die Christlichen Feiertage nach alter Zeit. Kasachen, Usbeken, Tadschiken, Karatschaer sind Moslems, die ganz andere Sitten und Bräuche haben, wie auch ihr Glaube anders ist als bei den Christen.

In dieser Sowchose lebten so 50 bis 60 Prozent Deutsche, und wir konnten wieder Weihnachten feiern. Unsere Kinder waren damals fünf, drei und ein Jahr alt, als wir wieder einmal ein Christkindlein reinlassen durften. Das war unsere Nachbarin, Frau Ihe oder Tante Bertha nannten wir sie. Sie zog ein weißes Kleid an, über das Gesicht hing sie einen Schleier. Ich hatte für jedes Kind ein Geschenk vorbereitet. Alles war so wie in meiner Kindheit. Als das Christkind reinkam und fragte, ob die Kinder auch beten könnten, da sagte ich: „Ja, ja Christkindchen, unsere Kinder können beten.“ Sie fingen nach der Größe an zu beten, jedes sein Gebet. Als sie ihre Geschenke hatten, ging das Christkindlein weiter zu den Nachbarn, die auch Kinder hatten.

Und so war es, bis die Kinder größer wurden. Später wurden nur noch Geschenke vorbereitet und den Kindern überreicht, auch die Erwachsenen bekamen immer etwas, das war am 24. Dezember jedes Jahr. Kirchen gab es keine in Rußland.

1988 kamen ich und mein Mann nach Deutschland auf Besuch zu unseren Freunden, der Familie Schäfer, nach Frankfurt. Nach 54 Jahren konnte ich wieder eine katholische Kirche besuchen, wo ich nicht ohne Tränen die Heilige Messe anhörte.

1990 kamen wir für immer nach Deutschland, aber nur mein Mann und ich. In Goldscheuer im Hotel „Anker" feierten wir mit der Wirtin, der Familie Heikam, und noch Deutschen aus Polen und Rumänien Weihnachten. 1991 kam unsere älteste Tochter Lilli mit ihrem Mann und ihren zwei Kindern aus Kasachstan. Wir feierten mit ihnen im Hotel „Schwarzwaldblick", zusammen mit der Familie Strauss und noch mehr als 30 Personen, alles Aussiedler, Weihnachten. Frau Strauss hatte für jede Familie Geschenke vorbereitet, ein schöner Tannenbaum stand dort für jung und alt. Es wurden Weihnachtslieder gesungen, für die Kleinen war ein Weihnachtsmann gekommen. Was waren die Kinder so froh!

1992 endlich waren alle unsere Kinder und Enkelkinder bei uns, und wir feierten bei der Familie Ruf den Heiligabend. Mein Mann und ich hatten bei Familie Ruf die Wohnung gemietet. Unsere Kinder mit ihren Familien wohnten noch im Hotel in einer Notwohnung. Frau Ruf hatte für alle unsere sechs Enkelkinder Weihnachtsgeschenke vorbereitet, für die Erwachsenen gab's Kaffee und Kuchen. Zusammen mit der Familie Ruf und unserer Verwandtschaft waren wir 14 Personen. War das eine Freude, Freudentränen standen mir in den Augen. Nach zwei Jahren der Trennung konnten wir wieder zusammen Weihnachten feiern. Es wurden Weihnachtslieder gesungen. Die kleinsten Enkelkinder sagten Gedichte auf und bekamen Geschenke.

So ist es jetzt in Deutschland in unserer neuen Heimat, wo wir schon seit sechs Jahren leben. Jedes Jahr wird bei uns Eltern und Großeltern zusammen mit allen unseren Kindern, Enkeln, und jetzt auch schon einem Urenkelchen, Weihnachten gefeiert.

So war es, und so wird es auch bleiben, solange wir noch da sind auf dieser schönen Welt.

Yvonne und Swetlana Schultz

Geschichten, die am Weihnachtsabend erzählt wurden

****

Der nächtliche Gast

Als die Kerzen am Weihnachtsbaum verlöscht waren und die Familie sich in ihre Zimmer zurückzog, wehte der Wind durch das offene Fenster. Er wirbelte an dem Weihnachtsbaum vorbei und setzte sich dann bequem in den Sessel.

„Oh, ist das kalt!“ klingelten die Weihnachtsfiguren. Der Weihnachtsbaum deckte sie sorgsam mit seinen Zweigen zu.

„Seht mal, wer bei uns zu Gast ist. Eine kleine Schneeflocke“, flüsterte die bunte Laterne und funkelte grell.

„Wo? Wo ist sie? Zeigt sie mir“, bat das weiße Häschen.

„Sieh, dort, bei Väterchen Frost“, antwortete der rauchende Samowar.

„Oh, wie schön sie ist!“ rief der Goldfisch.

„Ja, sehr schön“, sagte das gutmütige Bärchen.

Und wirklich. Die Schneeflocke war besonders hübsch. Das weiße Kleidchen betonte ihre Zartheit, in den hellen Haaren des nächtlichen Gastes schimmerte eine Krone aus hellblauen Steinen, am Hals glänzte eine Kette, und die kleinen Schuhe flackerten in allen Regenbogenfarben.

„Guten Abend“, sagte das Schneeflöckchen.

„Guten Abend, guten Abend, kleine Schneeflocke“, antworteten die Weihnachtsfiguren im Chor.

„Wo kommst Du her, kleine Schneeflocke?“ fragte die blaue Weihnachtskugel, die über dem Kopf des nächtlichen Gastes hing.

„Meine Familie wohnt sehr weit von hier. Im Norden. Jedes Jahr zu Weihnachten kommen wir in eure Stadt. Wir spazieren durch die Straßen, schauen durch die Fensterscheiben und hören uns die Geschichten an, die sich die Menschen gegenseitig erzählen. Mein jüngerer Bruder, der Wind, sah das geöffnete Fenster und begleitete mich zu euch."

„Herzlich willkommen. Mach es dir bequem und wärme dich an meinem warmen Pelz", bot das Eichhörnchen an.

„Danke für den Pelz, aber bei Wärme schmelze ich", antwortete das Schneeflöckchen.

„Ich mach das Fenster ganz weit auf", der bunte Clown sprang geschickt über die Weihnachtsbaumzweige, öffnete das Fenster und fragte dann: „Ist es kühl genug?"

„Ja. Herzlichen Dank", antwortete der kleine Gast und machte es sich zwischen den Zweigen gemütlich.

„Laßt uns der kleinen Schneeflocke unsere Geschichten erzählen", schlug das fröhliche Kätzchen vor, das neben dem großen Hündchen am Baum hing.

„Jedes Jahr werden meine Zweige neu geschmückt", flüsterte die Tanne, „und die Figuren erzählen mir ihre Geschichten. Das ist sehr interessant. Hör den Geschichten meiner Freunde zu. Die Nacht ist lang, und wenn wir zuhören, vergeht sie wie im Flug."

„Mit Vergnügen höre ich zu", die Schneeflocke lächelte und setzte sich bequemer hin.

Die Geschichte des Clowns

Die Weihnachtsfiguren sahen den Clown erwartungsvoll an.

„Na gut", sagte der Clown und begann seine Geschichte.

Vor langer, langer Zeit, damals, als es noch keinen einzigen Zirkus gab, waren schon die Clowns da. Nur nannte man sie Narren. Die Narren mußten den König und sein Gefolge unterhalten. Ein schweres Leben hatten die Narren, ob man wollte oder nicht, man mußte lustig sein, wenn nicht, war der Kopf verloren.

Es gab auch andere Clowns. Wenn die Leute einen von ihnen entdeckten, jubelten sie: „Skaramuz ist wieder da!"

Diese Clowns waren auf Jahrmärkten zu sehen und belustigten die Zuschauer. Alle liebten sie.

Erst viel später gab es den Zirkus. An Feiertagen traten Akrobaten, Seiltänzer, Zauberer, Kunstreiter, Jongleure, Dompteure und natürlich auch Clowns auf.

Ein Zirkus, der von Platz zu Platz, von Stadt zu Stadt zieht, wird immer noch „Chapiteau" genannt. Die Manege, in der die Zirkuskünstler auftreten, ist immer rund.

Wißt ihr warum?

Vor langer Zeit wurde ein großer Teil des Zirkusprogramms von Reitkunststücken beherrscht. Und wenn ein Reiter von Stadt zu Stadt zog, brauchte er seine vierbeinigen Freunde nicht von neuem zu dressieren.

Meine Vorfahren waren Zirkuskomiker. Auch ich trat in der Manege auf. Dort bin ich immer lustig, ungelenk und tolpatschig. Meine Kleidung ist mir zu groß und baumelt an mir herum. Mein Gesicht ist geschminkt: Eine Seite lacht, die andere weint.

Und wenn ich den Artisten in der Manege helfe, falle ich oft hin, bleibe mit dem Fuß am Seil hängen, verfange mich im Vorhang, setze mich verkehrt herum aufs Pferd und spiele falsch auf Musikinstrumenten.

Aber es ist sehr, sehr schwer, gut zu fallen, ein Kunststück zu wiederholen und eine Melodie auf der Geige zu spielen. Jeder Clown ist auch ein ausgezeichneter Akrobat, Reiter, Jongleur und Musiker. Der Clown beherrscht seinen Körper perfekt und tritt bei vielen Zirkusnummern auf. Beim Auftritt des Clowns lacht das Publikum, und dieses Lachen hilft den Menschen, schwierige Situationen zu meistern.

Für niemanden ist es ein Geheimnis, daß Erwachsene und Kinder den Zirkus lieben und uns, die Clowns.

Der Clown schaute alle seine Freunde aufmerksam an und beendete seine Erzählung:

„Das war meine Geschichte."

„Danke für deine sehr interessante Geschichte", klingelten und bimmelten die Weihnachtsfiguren, das Schneeflöckchen aber klatschte begeistert in seine Hände.

Die Geschichte des gutmütigen Bären

„Hört euch meine Geschichte an", brummte der Bär.

Alle Weihnachtsfiguren lachten, denn sie wußten, daß der Bär sehr gutmütig war.

„Meine Eltern sind Braunbären", schüchtern begann der Bär seine Erzählung. „Sie lebten in einem dichten Wald, neben einer tiefen Quelle. Vater und Mutter waren vorzügliche Jäger, sie bezwangen jeden Graben. Aber am liebsten auf der Welt suchten sie nach Waldbeeren, schmackhaften Wurzeln und Früchten. Oft gruben sie aus der Erde Käfer und Larven aus. Im Wasser fingen sie Frösche und Fische.

Aber am allerliebsten aßen sie Honig, und sie lehrten uns, diese Kostbarkeit zu genießen. Wie viele Male wurden mein Bruder und ich von den Bienen gestochen! Trotzdem, wenn wir einen Bienenstock entdeckten, liefen wir sofort hin.

Im Herbst mußten unsere Eltern eine gesicherte Zuflucht für den Winter finden. Wir nannten sie Höhle. Dort konnte man ruhig und ohne Aufregungen bis zum Frühling durchschlafen.

Wißt ihr warum?

Weil es für uns im Winter schwer ist, Nahrung zu finden. Und noch schwerer ist es, durch den tiefen Schnee zu kommen.

Im Herbst aßen wir sehr viel. Wir setzten Winterspeck an und legten uns dann in der Höhle schlafen. Wir taten den Menschen nie etwas Böses. Die Menschen hatten keine Angst vor uns. Sie fürchteten sich vor den Bären, die auch im Winter wach blieben und durch den Wald wanderten, um Nahrung zu finden. Auch wir in unserer Höhle hatten einen leichten Schlaf.

Zum Frühling hin begann sich die Haut an unseren Tatzen zu erneuern. Und im Halbschlaf leckten wir uns die Reste der Haut ab, weil es sehr juckte.

Im Februar brachte unsere Mutter, die Bärin, zwei Bärenkinder zur Welt. Wir halfen unserer Mutter, mit den Kleinen zurechtzukommen. Es war schwer, sehr schwer, die Jungen bis zum Frühling durchzufüttern. Als aber der Frühling begann und als wir aus unserer Höhle krochen, fing für uns ein sorgloses Leben an. Wir lernten das Waldleben kennen. Wir lernten bei unserer Mutter, wie man Fische jagt, nach saftigen Wurzeln gräbt, wie man Beeren findet.

Wir wuchsen sehr schnell, wurden stark und gewandt, obwohl man uns für ungeschickt hält.

Das ist meine Geschichte", sagte der gutmütige Bär und sah das Schneeflöckchen fragend an.

„Danke", die Weihnachtsfiguren klatschten in ihre Hände, und das Schneeflöckchen ergänzte: „Ich habe viel Interessantes erfahren. Danke, liebes Bärchen!"

Die Geschichte der Goldamsel

In den buschigen Zweigen der Tanne zeigte sich das kleine zierliche Köpfchen eines Vogels im bunten, feurigen Federkleid.

„Ich bin die Goldamsel", sagte der Vogel und von Ast zu Ast hüpfend, setzte er sich neben das Schneeflöckchen.

„Ich habe dich gar nicht bemerkt, obwohl du so ein schönes Gefieder trägst", sagte sie.

„Das wundert mich nicht. Wegen unseren auffälligen Federn nisten wir im dichten Laub, um uns zu verstecken. Gewöhnlich leben wir in trockenen Birken- oder Eichenwäldern. Und unsere Nester bauen wir auf Astgabeln. Sie werden innen mit Moos ausgekleidet und außen, damit sie nicht auffallen, bedecken wir sie mit Birkenrinde. Die Rinde muß dieselbe Farbe haben wie der Baum, auf dem wir bauen. Wie alle Vögel ziehen wir im Winter gen Süden. Im Frühling kehren wir in die heimatlichen Wälder zurück.

Wir können singen und schreien. Unser Singen klingt wie Flötenspiel. Manchmal können wir auch schreien, wie Katzen, wenn man ihnen auf den Schwanz tritt. Alle erschrecken sich dann und laufen fort. Im Wald leben haarige und giftige Raupen. Kein einziger Vogel traut sich, diese Waldschädlinge anzurühren. Wir vertilgen sie.

Man nennt uns Waldflöten und Waldkatzen. Das ist alles."

Die Goldamsel verstummte und senkte ihren Kopf. Plötzlich erscholl ein gräßlicher Schrei im Zimmer. Die Weihnachtsfiguren erstarrten vor Schreck und hielten sich dann die Ohren zu. Nach einiger Zeit aber begann die Goldamsel eine so herrliche Melodie zu singen, daß alle ehrfürchtig schwiegen. Als der schöne Vogel geendet hatte, war es noch lange Zeit ganz still.

Schließlich bedankten sich alle bei der Goldamsel.

Die Geschichte des Delphins

„Jetzt bin ich an der Reihe", sagte der silberne Delphin, „ihr wißt alle, daß sich um uns viele verschiedene und interessante Legenden ranken. Ich werde nicht vom griechischen Delphin berichten, der lange Zeit mit einem Jungen befreundet war. Ich werde euch nicht mit der Geschichte des Delphins aus Neuseeland aufhalten, der die Schiffe durch die Bucht führte. Ich erzähle euch das, was mit mir geschah.

Alle wissen, daß wir im Wasser leben, aber Luft atmen. Wir haben eine eigene Sprache - Pfeifen und Knacken. Wir helfen einander - und natürlich den Menschen. Oft begleiten wir die Schiffe. Unsere Familie lebte im Schwarzen Meer. Ich war noch klein. Eines Tages, als meine Mama mir und meinen Geschwistern beibrachte, an den Strand zu schwimmen, blieb ich unversehens hinter ihnen zurück. Ich bemerkte nicht, wie ein Motorboot mit voller Geschwindigkeit über mich hinwegflog und mit der Schiffsschraube meinen Kopf verletzte. Ein scharfer Schmerz durchzog meinen Körper. Ich wurde bewußtlos. Als ich zu mir kam, schlugen mich die Wellen gegen scharfe Klippen. Meine Leiden waren so groß, daß ich weinte und flüsterte: „Mama, warum war ich so leichtsinnig?“

Irgendwo, sehr weit weg im Meer, hörte ich die Rufe meiner Lieben. Aber ich konnte nichts tun. Ich war nicht in der Lage, vom Strand wegzuschwimmen und mich aus dem Zugriff der Klippen zu befreien. Ich wußte nicht, wie lange ich so lag.

Plötzlich fühlte ich, wie zarte Hände mich vorsichtig hochhoben. Ich verstand alles, was das junge Mädchen zu mir sagte, aber ich konnte nicht antworten. Ich spürte, wie meine Wunde gesäubert und verbunden wurde, wie man mich an einen Platz trug, wo ich ruhig liegen konnte. Ich bekam kleine Fische zu essen. Dann sah ich, daß das Mädchen von einem Jungen abgelöst wurde. Aus ihren Gesprächen wurde klar: Sie waren Bruder und Schwester. Von Zeit zu Zeit hörte ich die beruhigenden Stimmen meiner Verwandten.

So vergingen einige Tage. Das Mädchen und der Junge ließen mich keine Minute allein. Endlich fühlte ich mich wohl und konnte wieder selbständig im Meer schwimmen. Aber die beiden baten mich, nicht zu weit zu schwimmen. So blieb ich in der Nähe des Strandes. Die jungen Leute behandelten meine heilende Wunde. Wir wurden Freunde. Und dann kam der Tag, da ich mich von meinen Freunden verabschieden mußte.

Ich wußte, daß ihre Ferien zu Ende gingen. So beschloß ich, schnell ins Meer zu schwimmen, um den Abschied leichter zu machen. Noch lange sah ich die beiden, die am

Strand standen und mir zuwinkten. Ich sprang aus dem Wasser, schaute noch einmal zu meinen Freunden zurück und schwamm zu meinen Verwandten.

Ich bin sehr glücklich, daß ich unter den Menschen so gute Freunde gefunden habe."

Nach kurzem Schweigen sagte der Delphin: „Das war meine Geschichte."

Der Weihnachtsbaum schüttelte seine Zweige und sagte: „Wir sind auch deine Freunde, silberner Delphin."

„Was für eine schöne Geschichte", rief das Schneeflöckchen und lachte fröhlich.

Die Geschichte des Barons Münchhausen

Der untere Ast des Tannenbaumes bewegte sich. Die Figuren, die dort hingen, klingelten leise. Plötzlich erschien zwischen den Zweigen der Kopf des Barons mit einer gepuderten Perücke und einem komisch abstehenden Zopf. Dann zeigte sich der ganze Münchhausen in seiner extravaganten Kleidung. In seinen Händen hielt er einen Strauß frischer Rosen.

„Gestatten Sie mir, mich vorzustellen, reizendes Schneeflöckchen. Ich bin Baron Münchhausen", und der Baron überreichte dem Schneeflöckchen den Rosenstrauß.

„Ich danke Ihnen, Herr Baron, für die wunderbaren Rosen", antwortete das Schneeflöckchen bescheiden und steckte sich die Rosen ans Kleid.

„Wunderbares Schneeflöckchen, fuhr der Baron fort, „erlauben Sie mir, Ihnen meine Begeisterung für Ihre Jugend und Schönheit mitzuteilen." Der Baron verneigte sich vor dem Schneeflöckchen und küßte seine Hand.

„Erzählen Sie, Baron. Wir alle warten ungeduldig auf Ihre Geschichte“, lachten die Figuren und bereiteten sich vor zuzuhören.

„Sehr geehrte Damen und Herren! Ich wurde vor vielen Jahren in Deutschland geboren. Ich war immer ein gastfreundlicher Hausherr, und viele Bekannte und Nachbarn kamen zu meiner Kaminstunde. Am Anfang meines Lebens war ich in der Armee. Natürlich reiste ich viel. Sie können sich nicht vorstellen, welche Abenteuer ich in meiner Jugend erlebt habe.

Wie jeder junge Mensch meiner Zeit liebte ich es zu jagen. Eines Tages ging ich auf die Jagd, aber leider hatte ich die Munition für mein Gewehr zu Hause vergessen. Glücklicherweise fand ich in meiner Tasche einen Kirschkern, den ich als Gewehrkugel benutzen konnte. Ich schoß. Aber leider lief der Hirsch fort, und ich vergaß ihn. Stellen Sie sich mein Erstaunen vor, als ich ein Jahr später denselben Hirsch wiedersah. Auf seiner Stirn wuchs ein wunderbarer Kirschbaum, die Kirschen waren schon reif. Diesmal labte ich mich an reifen Kirschen und einem saftigen Hirschbraten.

Eines Tages, liebe Freunde, krempelte ich einen lebendigen Wolf um. Ich flog auf einer Kanonenkugel und kletterte auf einer Bohnenstange zum Mond.

Und es gab noch eine Begebenheit, als . . .“

Der Baron konnte nicht fortfahren, weil alle Figuren im Chor riefen: „. . . als ich mich selbst an den Haaren aus dem Sumpf zog!“

Und der lachende Weihnachtsbaum ergänzte: „Von den wundersamen Abenteuern des Barons Münchhausen wissen alle. Über seine unglaublichen Geschichten schrieb der deutsche Schriftsteller Gottfried August Bürger.“

„Sehr geehrter Baron, können Sie uns nicht Ihr letztes Abenteuer erzählen?“ bat das Schneeflöckchen.

„Mit dem allergrößten Vergnügen“, antwortete der Baron stolz.

„Es geschah vor ein paar Jahren, in einem deutschen Städtchen. Es herrschte ein Winter mit viel Schnee. Ich wanderte durch die Straßen des Städtchens und sah in die beleuchteten Fenster der Häuser. Unweit der Hauptstraße bemerkte ich ein kleines Feuer. Ich ging hin, stellte mich vor und grüßte. Am Feuer saßen zwei Kinder. Ich fragte sie, warum sie nicht nach Hause gingen. Es war schon spät, auf den Straßen war niemand mehr. Es ist gefährlich für kleine Kinder, zu dieser Uhrzeit auf der Straße zu sein.

Die Kinder erzählten mir, daß sie von zu Hause weggelaufen seien, weil Vater und Mutter ihre Arbeit verloren hatten und den ganzen Tag weinten. Ich schlug den Kindern vor, sie nach Hause zu bringen. Die Kinder waren einverstanden, weil sie froren und weil sie Hunger hatten. Als wir an der Tür klingelten, öffnete der Vater. Er konnte sich nicht vorstellen, daß ich, Baron Münchhausen, seine Kinder nach Hause brachte.

Dann wurde er sehr unruhig, bat mich ins Zimmer, machte Tee, und beim Tee erzählten Vater und Mutter von ihren Schwierigkeiten. Ich erzählte, daß auch ich ein schweres Leben hatte, aber dennoch nie den Mut verlor. In meiner Börse hatte ich noch ein paar Goldstücke. Ich schenkte sie der Familie. Die Familie war gut, sie hatte nur für einige Zeit den Mut verloren.

Ab und zu besuchte ich meine neuen Bekannten. Wir sprachen über das Leben, über meine Abenteuer. Bald erfuhr ich, daß der Vater und die Mutter wieder Arbeit gefunden hatten, die Kinder lernten in der Schule. Und bald wollte die Familie mir meine Goldstücke zurückgeben. Aber glauben Sie mir, meine Damen und Herren, ich nahm das Gold nicht an. Und wissen Sie, was ich der Familie sagte?"

„Nein", riefen die Weihnachtsfiguren.

„Ich bot ihnen an, die Goldstücke an Familien weiterzugeben, die Not leiden. Und immer so weiter."

„Aber gab die Familie die Goldstücke weiter?" fragte der kochende Samowar.

„Ja!" antwortete Baron Münchhausen stolz, verneigte sich dann und ergänzte: „Vielen Dank für Ihre Aufmerksamkeit."

Lange rauschten die Weihnachtsfiguren. Aber dann entschieden alle, daß die Tat von Baron Münchhausen richtig und gut war. Der Baron verneigte sich nochmals und verschwand hinter den Tannenzweigen.

Die Geschichte des Entleins Krak

„Nach einer so wunderbaren Geschichte, die Baron Münchhausen erzählt hat, wird die meine nicht so interessant sein", sagte das Entlein Krak, und sein Schnabel wie auch seine Füße wurden noch mehr rot.

„Jede Geschichte ist interessant", beruhigte die Tanne.

„Dann fange ich an. Es war einmal eine Ente und ein Enterich. Und natürlich hatten sie einen ungezogenen Sohn. Das war ich, Krak. Unsere Familie lebte immer gut. In der warmen Jahreszeit verbrachten wir unsere Zeit in einem schönen großen Teich, der von allen Seiten mit Trauerweiden umgeben war. In der Familie herrschte Ordnung.

Wenn jemand von uns in der Nähe des Ufers etwas besonders Schmackhaftes fand, so rief er gleich „krak - krak".

Mama kam dann schnell angeschwommen, richtete ihr Schwänzchen in die Höhe, nahm die Köstlichkeit in ihren breiten Schnabel und eilte zum Ufer. Dort angekommen rief sie die ganze Familie zusammen, damit alle davon probieren konnten.

Wenn der Winter kam und der Teich mit einer dicken Eisschicht bedeckt war, ernährte sich unsere Familie von verschiedenen Abfällen, die Menschen uns gaben. Man brachte uns gekochte Kartoffelschalen, Brotkrumen und Körner.

Meine Mama war sehr stolz auf mich. Schon in den ersten Tagen meines Lebens lernte ich sehr schnell, geschickt zu tauchen, ausgezeichnet zu schwimmen und am Ufer schnell zu laufen. Im Frühling fing ich Insekten. Im Sommer suchte ich im Wasser Muscheln. Außerdem liebte ich es, wie alle in unserer Familie, der unschlagbaren Sängerin Nachtigall zuzuhören.

Die Nachtigallfamilie baute sich in der Nähe unseres Teiches ein Nest aus Zweigen, Wurzeln, Fell und Wolle. Bald darauf lebten dort kleine Nachtigallen. Und eines Tages, als die Nachtigallfamilie ausflog, um Insekten zu jagen, fiel ein Junges aus dem Nest in den Teich. Die Eltern kamen zurück und begannen jämmerlich zu schreien. Sie konnten das Junge nicht aus dem Wasser ziehen. Ich aber nahm das Kleine vorsichtig in meinen Schnabel und trug es zu den Sträuchern, wo die hilflosen Eltern warteten. Meine Tat gefiel allen Teichbewohnern, und die Nachtigall schrieb ein Lied für mich. Leider kann ich nicht sehr schön singen, aber ich bemühe mich für euch."

Und Krak sang. Im Lied ging es um die mutige Tat von Krak. Und obwohl dort sehr oft „krak-krak" wiederholt wurde, hörten alle Weihnachtsfiguren das Lied aufmerksam an und sangen leise mit.

„Prachtkerl“, sagte das Schneeflöckchen und umarmte Krak.

Draußen wurde es hell.

„Es wird Zeit“, sagte das Schneeflöckchen. „Die Nacht ist vorüber. Mein Bruder, der Wind, und ich müssen uns beeilen. Vielen Dank für die interessanten Geschichten. Leider war die Zeit zu kurz. Aber ich verspreche euch, im nächsten Jahr wiederzukommen. Und dann bringe ich meine Freundinnen mit. Danke. Auf Wiedersehen!“

„Auf Wiedersehen!“ antworteten die Weihnachtsfiguren im Chor.

Der Wind, der sich nur ungern aus dem Sessel erhob, wirbelte das Schneeflöckchen umher und flog durch das offene Fenster.

„Was für eine wunderbare Weihnachtsnacht! Schade, daß sie schon vorbei ist“, flüsterte leise der Weihnachtsbaum.

Plötzlich kam ein Mädchen ins Zimmer. Es schloß das Fenster und blieb vor dem Weihnachtsbaum stehen.

„Noch nie habe ich so einen glücklichen Tannenbaum gesehen“, wunderte sich das Mädchen und sah auf den Weihnachtsbaum, der in allen Regenbogenfarben funkelte.

Lisa Leopold

Inselweihnacht

****

In Venezuela gab es einen großen See. Er lag idyllisch zwischen den Bergketten der Andenausläufer. Er wurde vom Wasser der vielen Flüsse, die aus den Urwaldbergen kamen, gefüllt. Aber zum Teil leider verlandete der See, weil es lange nicht geregnet hatte. Zu meiner Zeit hatte er noch 15 Inseln und Inselchen, die mit jedem Jahr ein Stück mehr aus dem Wasser wuchsen durch die Verlandung. Alle Inseln waren unbewohnt, bis auf eine etwas größere Insel. Auf dieses Eiland hatte man ein Jugendgefängnis gebaut. An jedem Sonntag fuhr ein größeres Motorboot über den See und brachte die Versorgung und die Besucher zu den Jugendlichen. Das war der einzige Schiffsverkehr auf dem See.

Wir waren naturliebende Auswanderer mit viel Unternehmungsgeist. Darum hatten wir uns ein Boot mit einem Außenbordmotor gekauft und besuchten eine Insel nach der anderen, mit dem Gedanken, eine besondere Entdekkung dabei zu machen. Einmal fand ich einen Haufen ausgebleichter Knochen, ein andermal bunte Federn von seltenen Tropenvögeln oder abgestreifte Schlangenhäute oder von Ameisen sauber ausgefressene kleine und große Schildkrötenpanzer. Viele Fischgräten, Knochen von verendeten Babas (kleine Krokodile), bunte Muscheln und Schnekkengehäuse hatten die Wellen in einer langen Linie an den Strand gespült. Mein besonderes Augenmerk richtete sich auf die Bilharzia-Wirts-Schnecke. Vor ihr und der Bilharziose hatten wie alle großen Respekt. Seltsam geformte, große und kleine Samen von Bäumen und kakteenähnlichen Strauchgewächsen lagen im Sand. Alle Inseln waren dicht bewachsen, und lange Schlingpflanzen hingen von den Bäumen herunter.

Wir suchten uns eine Insel als Standort aus, denn wir hatten die Wahl. Es gab niemand, der sie uns streitig machen konnte. Ein paar einheimische Indios wohnten am Seeufer und fuhren ab und zu mit kleinen Booten zum Angeln auf den See, oder sie kamen, um Leguane auf den Inseln zu fangen. Flink schlitzten sie den weiblichen Tieren die untere Bauchseite auf und holten die gelben, weichen, runden Eier heraus. Das Muttertier warfen sie danach im hohen Bogen in den Busch. Anscheinend können die Leguane diesen „Kaiserschnitt" gut verkraften. Der Bauch heilt schnell zu, und die nächsten Eier können bald wieder „geerntet" werden. Für die Indios sind sie eine Delikatesse.

Wir hatten uns eine Insel mit einem kleinen Sandstrand und einem großen Felsbrocken, der davor halb im Wasser lag, ausgesucht. Von dem Felsenstein hatten wir eine gute Übersicht auf den See und in das klare Wasser. Wir benutzten ihn als Sprungturm.

Viele Wochenenden verbrachten wir auf unserer Insel bei 30 Grad Celsius im Schatten. Wir schliefen in Hängematten und hatten Eisboxen für die Lebensmittel dabei. Auch an den Weihnachtstagen wollten unsere Männer auf die Insel fahren, und unsere Freunde mit ihren drei Kindern sollten dabeisein. Ich hatte einen vierjährigen Sohn, und Rosalia, eine Indianerin, die mir im Haus half, hatte ebenfalls einen vierjährigen Sohn, so waren wir fünf Kinder und fünf Erwachsene.

Ein importierter Tannenbaum aus Kanada stand schon seit dem ersten Advent voll geschmückt, am Abend lichterbrennend, in unserem Haus, und die hübsch eingepackten Geschenke hatte ich darunter plaziert, wie das in Venezuela üblich ist. Mein Bub und das Kind der Indianerin suchten an den Namensschildchen der Pakete nach ihren Namensbuchstaben und versuchten zu erraten, was in den Paketen war. Sie freuten sich schon sehr auf den Heiligen

Abend. Wie konnte ich ihnen die Freude erhalten, wenn wir zur Insel fuhren? Wie sollte ich es einrichten, daß jeder seine Freude an dem Weihnachtsfest hatte?

Am 24. vormittags packte ich alle Geschenke in den großen Wäschekorb und dazu ein paar rote Weihnachtsbaumkugeln. Auf der Insel angekommen, versteckte ich den mit Tüchern abgedeckten Korb. In der Nacht schlichen meine Freundin und ich aus den Hängematten und hängten an einen dicken, stachligen Stamm eines Baumgewächses rundherum die Geschenkpäckchen und dazwischen die roten Kugeln. Das sah bei Mondschein sehr geheimnisvoll und verlockend aus.

Am frühen Morgen gaben meine Freundin und ich ein Weihnachtskonzert von den uns bekannten Liedern. Sie auf der Panflöte und ich auf der Mundharmonika. Der See lag still. Die Morgensonne glitzerte mit langen Strahlen auf dem ruhigen Wasser. Eine riesige Wolke weiße und rosa Flamingos erhob sich rauschend flügelschlagend aus den Inselbäumen. Sie hatten auf den Wipfeln übernachtet.

„Die Engel", schrien die Kinder, „die Engel holen jetzt den Weihnachtsmann." Unser aller Stimmung war fröhlich. So sprangen wir in das klare Wasser zum morgendlichen Bad. Erst mit dem Blick vom Wasser auf den kleinen Strand entdeckten die Kinder den bunten Baumstamm am Rande unserer Lagerstätte. „Das haben die Engel und der Weihnachtsmann gemacht", riefen sie.

Nach und nach wurde ein Päckchen nach dem anderen mit den Geschenken „abgepflückt". Jeder betrachtete gespannt das Geschenk des anderen, der es gerade auspackte. So dauerte die Freude recht lange für uns alle. Bei dieser Beschäftigung ist uns das Boot mit den Indianern entgangen, welches leise auf den Sand rutschend angekommen war.

Lachend kamen sie zu unserer Gruppe. Jeder mit einer Flasche Ron in der Hand. Wir sollten mit ihnen trinken und feiern. Aber unsere Ehemänner hatten keinen Appetit auf Alkohol am frühen Morgen, aber die angebotene Einladung durften sie auch nicht ablehnen. Alle drei Indios hatten Pistolen am Gürtel und ein langes Buschmesser an der Schulter hängen. Wir boten ihnen vom Christstollen, den ich mitgebracht hatte, an. Nach den ersten Bissen zerkrümelten sie langsam das kostbare Stück mit den Fingern. Das schmeckte ihnen offensichtlich nicht.

Unsere beiden Ehemänner suchten nach einer guten Lösung, wie wir unsere Weihnachtsfestvorstellung in unserem Sinne weiter führen können, ohne nach indianischem Brauch in einen Alkoholrausch zu fallen. Freundschaftlich klopften sie ihnen auf die Schulter und erklärten, daß sie gestern ein Wildschwein auf einer anderen Insel gesehen hatten. Das interessierte sie sehr. Unsere Männer stiegen in ihr Boot und ließen den Motor an. Die Indianer folgten ihnen mit ihrem wackligen Paddelboot. Zum Abschied schenkte ich ihnen die roten Weihnachtsbaumkugeln, die sie in den Sack für die Leguaneier legten. Wir freuten uns, ihnen eine Freude damit gemacht zu haben.

Am nächsten Tag schwammen die roten Kugeln auf dem Wasser. Ich sammelte sie wieder für das kommende Jahr ein.

Inge Lange

Himmelserscheinung

Um den kalten Wochen der Vorweihnachtszeit zu entgehen, machte Katrin mit ihrer kleinen Tochter Moni ein paar Wochen Urlaub im sonnigen Florida. Das war so richtig nach ihrem Geschmack, jeden Tag den Sonnenschein zu genießen und im warmen Sand am Strand zu liegen, während sie in Deutschland durch den Schnee stapfen müßten und morgens Eisblumen an den Fensterscheiben vorfinden würden.

Hier konnten sie nun die Pelikane beobachten und das freche, lustige Spiel der Möwen, die sich gegenseitig das Futter wegnahmen und dabei kreischten, als wären sie alleine auf der Welt. Und ganz plötzlich, klatsch, da ließ eine etwas fallen - und genau auf Katrins Rücken, wo sie nicht hinsehen konnte. Erst am späten Abend, als es an dieser Stelle wie Feuer brannte, merkte sie, was es war. Dies war kein fallengelassenes Fressen, sondern sie hatte ihren Rükken als Plumpsklo benutzt. Ihre Tochter Moni lachte sich fast kaputt, zu ulkig war die Situation. Sie lachte noch, als sie schon längst im Bett lag und immer, wenn sie daran denken mußte. Eine feuerrote Stelle war nun bei Katrin zu sehen, denn die Schärfe hatte das Sonnenöl weggeätzt, und nun konnte die Sonne an diesem Platz die Haut verbrennen. Eigentlich müßte dieses Malheur Glück bringen, dachte sich Katrin. Und so war es auch.

Am nächsten Morgen mietete sie sich ein Auto und machte mit Moni einen schönen Ausflug zum Festland, immer der Küste entlang. Was es da alles zu sehen gab! Wunderschöne Strände mit schneeweißem Sand wie gestäubter Puderzucker, so weit das Auge reichte. Da ging ihnen richtig das Herz auf. Die Menschen waren hier viel freundlicher, da sie alle in Urlaubsstimmung waren. Oder war es der ewige Sonnenschein, der die Menschen glücklicher machte? Nur allzu schnell war der schöne Tage vorbei, und sie mußten an die Heimfahrt zu ihrem Hotel auf der dem Festland vorgelagerten Insel denken.

Aber was war plötzlich los?

Krampfhaft mußte Katrin das Steuerrad in die Hand nehmen. Eben noch passierte sie eine Zugbrücke, die das Festland mit dem Causeway, der immer wieder durch Brücken unterbrochen wird, mit der weit im Meer vorgelagerten Insel verbindet. Alles war plötzlich still, nur rechts und links der Straße gluckerte das Wasser des Meeres lauter als sonst. Oder täuschte sich Katrin? Alles schien plötzlich unheimlich. Selbst ihr Herz hörte sie lauter pochen. Keine Pelikane saßen mehr auf den runden Holzpfosten, die den unzähligen kleinen Booten als Anlagestelle dienten. Wo waren sie nur geblieben? Sie saßen doch immer hier, jeden Tag. Kein Möwengeschrei war mehr zu hören. Das Gekreische, das ihr oft an die Nerven ging, vermißte sie plötzlich, und sie sehnte es herbei. Nur die Wellen des Meeres klatschten viel stärker als sonst an die Uferbefestigung beiderseits der Straße. Kein anderes Auto war weit und breit auf der sonst vielbefahrenen Straße zu sehen. Was hatte dies alles nur zu bedeuten? Nur mit Mühe konnte sie das Steuerrad halten, und ihre Finger verkrampften sich. Der Wind wurde stärker und stärker, je weiter sie nach draußen in Richtung Insel fuhr. Ganz plötzlich, was war das, direkt vor ihr? Ihre kleine Tochter, die bis jetzt von all dem nichts mitbekommen hatte, sperrte vor Staunen den Mund weit auf und sagte: „Da ist eine Himmelserscheinung." Sie hatte gleichzeitig mit ihrer Mutter dieses komische Ding vor ihnen gesehen. Die Erscheinung raste vor ihnen her, der Insel zu. Endlich, mit klopfendem Herzen, kamen auch sie auf der Insel an. Vor sich immer noch die sich wild wie eine Spindel drehende Erscheinung, vom Boden bis in die Wolken hinauf. So etwas hatten sie noch nie gesehen. Direkt unheimlich. Auf der ganzen Insel war keine Menschenseele zu sehen.

Was war passiert?

Wo waren die vielen Menschen, die sonst durch die Straßen liefen? Es war doch eine Urlaubsinsel mit vielen Hotels und vielen sonnenhungrigen Menschen, die sich am langen, breiten Sandstrand aalten. Die konnten sich doch nicht alle in Luft aufgelöst haben. Plötzlich sah Katrin mehrere Polizeiwagen stehen. Die Polizei hatte den Strand geräumt, und alle Straßen waren wie leergefegt. Denn die Himmelserscheinung, wie Moni es nannte, war eine gefährliche Windhose, ein Hurrikan, der alles mit sich in die Höhe nahm, was er erfassen konnte. Häuser, Autos, Menschen und sogar große Wassermassen am Strand.

Da hatten sie ja nochmal großes Glück gehabt. Nicht auszudenken, was passiert wäre, wenn die Windhose ihnen auf dem Causeway entgegengekommen wäre, anstatt vor ihnen herzurasen. Sie hätte sie mitsamt dem Auto in die Höhe gehoben und irgendwo in das Meer klatschen lassen, wo sie jämmerlich ertrunken wären. Nun waren sie ja in Sicherheit, dachte Katrin. Doch plötzlich drehte sich der Wind, und die Windhose kam zurück. Schnell wollte Katrin mit Moni in ein nahestehendes Haus laufen, denn das Auto stand zu weit weg von ihnen. Aber, oh Schreck! Sie schafften es nicht mehr. Wie von einer Riesenfaust wurden sie emporgehoben. Moni schrie: „Hilfe, Hilfe!“ Aber hier oben hörte sie kein Mensch. Das Tosen des Sturmes verschluckte alles. Außerdem hätte kein Mensch ihre deutschen Worte verstanden. Ihre Angst wurde immer schlimmer. Wußte sie doch nicht, was sie erwartete. Wo würde der Hurrikan sie fallen lassen? Würde sie ins Meer fallen oder irgendwo auf der Erde aufprallen? Lebend würden sie sicher nicht mehr aus dieser Situation herauskommen. Das Herz schien ihr stehenzubleiben.

Plötzlich wurde das Heulen des Windes leiser und leiser, und sie war über dem Auge des Hurrikans. Über sich sah sie den blauen Himmel, und sie schwebte immer höher und höher, anstatt herunterzufallen. Das war zu komisch, und sie kam aus dem Staunen nicht wieder heraus. Ihre Angst war wie weggeblasen. Wie geschah ihr? Sie konnte es nicht fassen. Plötzlich war sie von vielen Engeln umgeben, die ihr wie ein Schwarm Bienen entgegengeflogen waren. Sie waren wunderschön mit ihren blonden Locken und den weißen Gewändern. Ihre Flügel waren mit purem Gold überzogen und glänzten in der Sonne. Immer wieder kniff Moni ihre Augen zu. Träumte sie oder war es Wirklichkeit? Das gleißende Licht blendete sie. Alles war so hell und glitzernd. Plötzlich fingen sie an zu singen mit ihren glockenhellen Stimmen, nahmen Moni in ihre Mitte und schwebten mit ihr noch viel höher, bis sie zu einer wunderschönen Wiese kamen mit bunten Blumen und vielen Schmetterlingen. Hier ist es Frühling, dachte Moni, während in Deutschland dickster Winter ist. Hier gefällt es mir, hier möchte ich nicht mehr weg. Hoffentlich muß ich nicht mehr zurück in diesen schrecklichen Hurrikan.

„Hab keine Angst“, sagte da ein Engel, der ihr am nächsten war. Er mußte ihre Gedanken gelesen haben. Wie war so etwas möglich? Sie machten an einem Bach halt, denn sie war sehr durstig. Wieder erriet er ihre Wünsche.

„Trinke“, sagte der Engel.

„Ich kann doch kein Bachwasser trinken“, sagte Moni „igitt, igitt!“

„Wenn du durstig bist, so trinke aus dem Bach“, sagte der Engel. Und Moni gehorchte.

Aber wie erstaunt war sie! Das klare Wasser schmeckte süß wie Limonade und nicht wie das oft stinkende Wasser der Bäche auf der Erde. Nach einer Weile kamen sie an das große Himmelstor. So groß hatte sie es sich nicht vorgestellt. Es war umrankt von vielen Heckenrosen und sah aus wie das verwunschene Schloß von Dornröschen. Nur hatten die Rosen keine Dornen, dafür aber einen betörenden Duft. Sie atmete ihn immer wieder ein und war ganz betäubt davon. So schön war es hier, daß sie nicht genug davon bekam. Ein Engel klingelte am Tor, und plötzlich läuteten überall die Glocken, genau wie Heiligabend alle Glocken auf einmal anfangen zu läuten, unten auf der Erde. Nur läuteten sie hier noch schöner, noch heller, noch klarer.

„Solch einen Empfang machen wir zu deiner Begrüßung“, hörte sie plötzlich eine Männerstimme hinter dem großen Tor sagen. Die Stimme klang sehr freundlich, und Moni hatte sofort Zutrauen zu der Stimme, obwohl sie noch nicht wußte, wem sie gehörte. Sehr umständlich hörte sie plötzlich, wie von innen ein Schlüssel ins Schloß gesteckt und dreimal umgedreht wurde. Nun sprang das Tor auf, und heraus trat ein großer, kräftiger Mann mit gütigem Gesicht, langen weißen Haaren und einem mächtigen Bart.

„Bist du der Petrus?“ fragte Moni mit doch etwas bangem Herzen. „Nein“, antwortete er und schüttelte sich vor Lachen ob der witzigen Frage von Moni. „Ich, ich weiß nicht“, stotterte sie und bekam einen knallroten Kopf.

„Na, da will ich dich mal aufklären“, sagte er gütig. „Ich bin der Weihnachtsmann und stecke mitten in den Vorbereitungen für die vielen Kinder dort unten auf der Erde. Die Engel sind meine fleißigen Helfer, und du kannst mir auch gleich helfen, wenn du schon mal da bist. Es wird dir bestimmt Spaß machen. Es gibt sehr viel zu tun, um alle zufriedenzustellen."

Die Engel schlüpften an ihr vorbei und zwängten sich alle, einer nach dem anderen, durch das Tor. Der letzte schob sie auch durch und vor sich her. Staunend betrachtete sie die neue Umgebung. Überall waren blühende Bäume, in denen die Vögel zwitscherten. Es hörte sich an, als wollten sie alle zusammen ein Konzert zu Ehren der heimgekehrten Engel anstimmen. Die Luft war warm und mild, und in der Ferne sah sie ein wunderschönes weißes Schloß, das in der Sonne glitzerte. Sie konnte sich nicht sattsehen an dem schönen Anblick. Vor dem Schloß war ein großer See, auf dem weiße Schwäne ihre Runden zogen. Ein paar Engel gingen zu einem weißen Boot, das am Ufer festgemacht war, setzten sich hinein und zogen Moni gleich mit. Vier Schwäne zogen das Boot ans andere Ufer, quer über den See. So etwas Schönes hatte Moni noch nie gesehen. Sie zogen mit einer Leichtigkeit, als hätten sie nie etwas anderes gemacht. Kleine goldene Glöckchen hingen rundherum am Boot, die bei der Überfahrt ständig klingelten. Als sie das Boot verließ, stand sie vor einer großen Freitreppe, die zum Schloß hinaufführte. Hier arbeitete der Weihnachtsmann. Er stand schon oben an der Treppe und wartete auf uns.

„Wo bleibt ihr denn so lange, ihr solltet doch schon längst hier sein", polterte er los. „Wir haben bis Weihnachten noch viel zu tun. Alle Pakete und Päckchen müssen noch eingepackt und auf meinen großen Wagen geladen werden. Auch sind noch längst nicht alle Spielsachen fertig. Die Wunschzettel der Kinder werden jedes Jahr länger und länger. Wie soll ich in meinem Alter dies noch alles schaffen? Jedes Jahr brauche ich mehr Helfer."

Er geleitete uns ins Haus, und abermals kam Moni aus dem Staunen nicht wieder heraus. Hier gab es riesige Räume mit langen Tischen. Überall saßen die Engel fleißig bei der Arbeit. Sie hatten die langen Wunschzettel der Kinder vor sich auf den Tischen liegen. Moni wurde freundlich begrüßt, und ihr wurde alles gezeigt. In einem Zimmer wurden nur Puppenkleider genäht, in einem anderen Zimmer wurde Holzspielzeug gemacht. Es wurde gehämmert und gesägt, geklebt und lackiert. In einem anderen Zimmer wurden technische Baukästen zusammengestellt, und in wieder einem anderen Zimmer wurden Bikes und Elektro-Autos gemacht.

Aber zum Höhepunkt kam Moni noch: Im letzten Zimmer saß auf einem goldenen Thron das Christkind und studierte alle Wege zu den Städten unten auf der Erde ein, damit es ja keine Stadt und kein Haus am Heiligen Abend vergaß. Alle Namen muß es sich einprägen. Denn in manchen Gegenden auf der Erde kommt das Christkind, und in anderen Gegenden kommt der Weihnachtsmann. So darf keiner dem anderen ins Gehege kommen, und es darf keine Verwechslung geben. Einer nimmt den großen Schlitten mit den Rentieren vorgespannt, und der andere den großen Wagen mit den vier Schimmeln, und jeder hat seine Helfer dabei. So nimmt der Weihnachtsmann den Knecht Ruprecht oder Santa Klaus zur Hilfe mit und das Christkind meistens ein paar Engel. Jeder hat auch seine Helfer beim Bepacken des Schlittens und des Wagens. Und immer ist Gesang dabei. Alle singen mit glockenhellen Stimmen bei der Arbeit.

Moni hatte die Aufgabe, um jedes Paket schöne Schleifen zu binden. Bald taten ihr die Finger weh ob der ungewohnten Arbeit. Aber sie hatte die Engel dabei, die viel flinker waren als sie. Im Nu waren alle Pakete fertig, und nun ging es nach draußen ans Verladen. Alles mußte schön gestapelt werden, damit viele Pakete auf dem Wagen und dem Schlitten Platz hatten. Es sah sehr lustig aus, die vielen bunten Pakete so auf einem Haufen zu sehen, aber es steckte monatelange Arbeit dahinter. Moni freute sich riesig, denn sie durfte mit oben auf dem Wagen sitzen neben dem Weihnachtsmann. Sie konnte den Tag gar nicht erwarten. Es würde für sie ein einmaliges Erlebnis sein. Genauso freute sie sich auf den Tag, an dem sie neben dem Christkind auf dem Schlitten sitzen und mit ihm die Geschenke unter den Weihnachtsbaum in jedem Haus legen durfte.

Der Tag kam immer näher. Bald war es soweit. Die Pferde wurden vor den Wagen gespannt, und Moni kletterte auf den Wagen neben den Weihnachtsmann. Sie waren beide gut eingepackt in dicke Wolldecken, denn es sollte nach Europa gehen, wo es sehr kalt war. Überall lag Schnee. Moni hatte auch einen dicken weißen Mantel geschenkt bekommen, dicke Winterstiefel, eine dicke Mütze und Handschuhe. All dies bekam sie vom Weihnachtsmann, denn er wollte nicht, daß sie bei der Fahrt zur Erde krank wurde. Das wollte er nicht riskieren. Nun war es soweit. Die Fahrt ging los. Erst ging es ein Stück am Himmel entlang, bis sie genau über Norddeutschland waren. Moni dachte bei sich: „Wie kommt er bloß vom Himmel runter?“ Aber da staunte sie, als sie plötzlich einen bunten, schillernden Regenbogen vor sich sah. Das konnte doch nicht wahr sein! Mitten im Winter ein Regenbogen, der in allen Farben glitzerte! Als aber der Weihnachtsmann seinen Wagen genau oben auf den Regenbogen setzte, ging die Fahrt wie ein Blitz nach unten zur Erde. Das hatte Moni nicht erwartet. Der Weihnachtsmann benutzte den Regenbogen als Straße. Sie kam aus dem Staunen nicht mehr heraus. Unten angekommen, landeten sie direkt mitten im verschneiten Wald. Erschreckt rannten die Hasen und Rehe davon. Große Sprünge machten auch die Hirsche. Selbst die Vögel flatterten erschreckt davon. „Na ja, ich hätte ja auch ein bißchen sanfter landen können", sagte der Weihnachtsmann. „Für das nächste Mal werde ich es mir merken. Soll nicht wieder vorkommen."

Nun ging die Fahrt über verschneite Felder direkt nach Hamburg. Schnell hatten wir den Schlitten hinter jedem Haus, in dem ein braves Kind wohnte, geparkt und die Pakete ausgeladen. Leise schlichen wir in die Häuser und legten die Geschenke unter den Weihnachtsbaum. Immer wieder mußten wir auf dem gleichen Weg über den Regenbogen hoch und Nachschub holen. Die Sterne leuchteten uns den Weg und blinzelten uns zu. Jetzt durfte ich auch einmal mit dem Christkind mit dem Schlitten mitfahren. Warm eingepackt, die Mütze über die Ohren gezogen, ging die Fahrt nach Nürnberg, wo man das Christkind erwartete und nicht den Weihnachtsmann.

Auch hier ging es in rasanter Fahrt über den Regenbogen nach unten in den verschneiten Wald. Aber das Christkind bremste vorher den Schlitten ab, um die Tiere des Waldes nicht zu erschrecken. So lugten sie nur mit einem Auge aus ihren Verstecken hervor, neugierig geworden, wer denn da wohl ankomme. Als sie sahen, daß keine Gefahr drohte, schliefen sie ruhig weiter. So machten wir uns auf über die Felder nach der Stadt, wo man das Christkind erwartete. Wir gingen über den schönen Marktplatz, durch viele Straßen mit ihren Fachwerkhäusern und den hell erleuchteten Fenstern. Erwartungsvoll standen viele Kinder mit ihren schönsten Kleidern an den Fenstern, drückten die Nasen platt und warteten aufs Christkind und auf die Geschenke, die sie sich auf dem Wunschzettel gewünscht hatten. Manche Kinder hatten sich zu viel gewünscht, was das Christkind nicht alles erfüllen konnte. So hielt es manche Geschenke zurück, um sie den armen Kindern in Asien, Afrika und Südamerika zu bringen. Diese freuten sich über jede Kleinigkeit, ganz anders als die Kinder in Europa, die im Überfluß lebten und oft in ihren Kinderzimmern keinen Platz hatten, um neue Sachen überhaupt unterzubringen. Wenn jedes europäische Kind sich zu Weihnachten nur die Hälfte wünschen und die andere Hälfte den armen Kindern spenden würde, so wären alle Kinder dieser Welt glücklich, und jeder würde nur noch in lachende Kinderaugen blicken. Am meisten würden sich darüber das Christkind und der Weihnachtsmann freuen, denn sie sind es, die zu Weihnachten in die meisten unglücklichen, traurigen und mit Tränen gefüllten Kinderaugen auf der ganzen Welt blicken, und all dies am „Fest der Liebe und der Freude", dem „Weihnachtsfest".

Reinhard Geißler

Die Stimme der Armen

****

„Und wo übernachten wir heute?“

Pascal, ein hochgewachsener Mann, dessen Alter man unmöglich schätzen konnte, schaute in den sternenübersäten Nachthimmel.

Den gefütterten alten Mantel trug er schon seit Jahren. Gegen den pfeifenden Wind schützte er nur notdürftig. Auch seine dünnen Beinkleider wehten mit dem Wind. Der Mantelkragen wurde hochgeklappt, und das bärtige, kaum zu erkennende Gesicht verschwand darin.

„Was weiß ich? - Am besten, wir gehen in den Ort. Da wird schon ein schützendes Plätzchen sein.“

Pierre, der andere Mann, stand seinem Freund in punkto Aussehen in keinster Weise nach. Auch er besaß nur eine fast zerlumpte Bekleidung, die die Not ihm gelassen hatte.

Pascal und Pierre waren Clochards. Tagsüber auf der Suche nach Nahrung und abends auf der Suche nach einer wärmenden Unterkunft.

Das Leben hatte den beiden Männern nicht mehr viel zu bieten, so meinten sie jedenfalls. Mit jedem neuen Sonnenstrahl, der einen weiteren Tag ankündigte, ging die Qual der Existenzsicherung aufs neue los. Und das war es, was die Männer, die schon seit unzähligen Jahren gemeinsam ihre Zeit verbrachten, am meisten fürchteten.

Über das, was sie vor vielen, vielen Jahren aus der Bahn geworfen hatte, sprachen die Männer nicht mehr. Was nützte es, an die Vergangenheit zu denken? Die Zeit konnte niemand mehr zurückdrehen.

Es war schon ein merkwürdiges Bild, das die beiden an sich so gleichen Gestalten boten. Wer sie nicht genau kannte - und wer kannte sie überhaupt noch? - konnte sie weder von vorn noch von hinten unterscheiden. Jeder war Bartträger und so mitleidswürdig gekleidet wie der andere. Lediglich die breiteren Schultern unterschieden Pierre beim genaueren Hinsehen von seinem Leidensgenossen.

Einige Boote dümpelten am Hafen vor sich hin. Boote, die die beiden Männer seit Jahren kannten. Hier im Hafen von Sète war ihr Zuhause. Im Sommer übernachteten sie schon mal in einem der kleinen Kähne, wenn ihre Besitzer nicht in der Nähe waren.

Nun aber war Winter. Eine Jahreszeit, die zwar keinen Schnee gebracht hatte, jedoch mit ihrer schneidenden Kälte die Männer trotz ihrer wärmenden Mäntel frieren ließ.

Pierre deutete in eine dunkle Gasse. „Da hinein. Da ist es nicht so zugig."

Sein Nebenmann antwortete nicht. Er stapfte neben dem Freund her.

Wenige Sekunden später hatten sie den kleinen Weg, der direkt in die Innenstadt führte, erreicht. Umgeben von hohen Mauern fanden die Männer hier wirklich Schutz vor den Unbilden der Natur.

„Hier, nimm du auch noch 'nen Schluck." Pascal nestelte an seiner Manteltasche herum und förderte eine in der Dunkelheit des Ortes hell schimmernde Flasche zutage.

Das ließ sich der Stadtstreicherfreund nicht zweimal sagen. Die Männer verhielten ihren Schritt, um zu trinken. Mehrmals nacheinander setzten sie die Flasche an und ließen den hochprozentigen Alkohol durch die Kehlen rinnen.

„Mann, das tut gut." Pierre rülpste, störte sich hieran jedoch nicht weiter. Auch Pascal nahm hiervon keine Notiz. Er war ja selbst keinen Deut besser und außerdem das Verhalten seines „Kollegen" schon gewöhnt.

Die Männer schlurften weiter. Am Ende der Gasse tat sich ihnen ein großer Platz auf, in deren Mitte ein hellerleuchteter Weihnachtsbaum stand. Die Äste der Tanne waren weit ausladend, so daß viele Kerzen auf ihr Platz gefunden hatten. Die Nadelpracht des Baumes bestach indes auf eine besonders imposante Weise, was auch an der Höhe lag. Die Tanne maß wohl an die 15 bis 20 Meter.

Einige Bänke standen im Rund des Platzes, der, im quadratischen Rundmuster gepflastert, auffällig genug war. Dazu bedurfte es des aufgemauerten Brunnens nicht, neben den die Stadtbediensteten den Christbaum gestellt hatten.

Die alles überragende Kirche mit ihrer in den dunklen Nachthimmel hineinstechenden Spitze bildete den zentralen Punkt an der östlichen Seite des Platzes.

„Und jetzt?“ Pascal machte eine kreisende Bewegung mit seinen Armen. Dabei schoß ein Strahl aus der mit Alkohol noch halbvollen Flasche.

„Paß auf!“ Pierre zerrte den Arm des Freundes herunter. „Du verschüttest noch den Rest.“

Pascal jedoch achtete nicht auf die Worte. Er war mit seinen Gedanken schon weiter.

„Wo sollen wir hin? Auf einer der Bänke übernachten? Uns in den Brunnen einseilen? In einem der Häuser übernachten?“

Der Clochard lachte bitter. In der letzten Nacht hatten sie noch in einer Scheune am Rande der Stadt übernachten können. Diese jedoch war an diesem Abend zugesperrt gewesen, außerdem hatte dieser entsetzliche Wind eingesetzt, dem die Männer schon seit Stunden schutzlos ausgeliefert waren.

Pierre, der zweite Überlebenskünstler des traurigen Duos, zuckte nur mit den Schultern. Er war an den Brunnen getreten, starrte in das unendliche Dunkel hinunter, um dann intensiver den leuchtenden Baum neben sich zu betrachten.

Pascal, der hinzugetreten war, hatte die Flasche wieder im Saum seines Mantels verschwinden lassen. Er mußte mit seinen eisblauen Fingern den Kragen gegen den stechenden Wind hochhalten. Sein Blick folgte dem des Freundes. Er bemerkte, wie dieser bis zum höchsten Punkt der üppigen Tanne blickte.

Die Männer verharrten so eine ganze Weile. Was sie dachten, vermochten sie sich nicht zu sagen. Wozu auch? Gab es irgend etwas, was der andere wissen mußte? Wohl kaum.

Die Minuten verrannen. Pascal, dessen schütteres Haar in immer neue Richtungen gewirbelt wurde, senkte den Blick und schaute dabei in das Gesicht seines Nebenmannes.

Er erschrak, als sich dieser ihm ebenfalls zuwandte. Tränen schimmerten in Pierres Gesicht.

„Was ist mit dir? - Bitte, sag schon!“ Noch nie, wirklich an keinem Tag der letzten Jahre, hatte Pascal den Freund weinen gesehen.

Der breitschultrige Clochard antwortete nicht sogleich. Auch er war ein wenig am Schlucken, daß er seine Gefühle nicht unter Kontrolle halten konnte.

Sein Blick fiel auf den funkelnden Sternenhimmel, als seine Tränen im weitläufigen Gestrüpp des die ganze Gesichtshälfte bedeckenden Bartes verschwanden.

„Weißt du, Pascal, daß morgen Heiligabend ist?“

Der Angesprochene nickte. „Natürlich. Das ist doch in jedem Jahr so. Wir haben doch schon unzählige Weihnachten zusammen erlebt."

„Wirklich? Wann war für uns denn Weihnachten?"

Pierre wandte sich ab und ließ einen Pascal zurück, der sich so seine Gedanken machte und den Schritten des Freundes mit seinen Blicken folgte. Erst als dieser am Hauptportal des imposanten Kirchenbaues angekommen war und die Hand auf die Klinke legte, kam Bewegung in die Gestalt Pascals.

Er hetzte hinter ihm her, über den menschenleeren Kirchplatz hinweg, und hatte seinen Gefährten schnell erreicht.

„He, was willst du? Bleib da weg."

Pierre wandte sich um. „Wieso? Gott ist für alle da, also auch für uns. Wenn ich auch nicht viel aus der Bibel weiß, eines ist mir jedoch in Erinnerung geblieben: Jesus Christus und Gott lieben die Menschen. Wenn ich sie nun auch liebe, werden sie mir den Zugang zu ihrem Hause wohl kaum verwehren." Dicke Tränen kullerten jetzt unübersehbar für Pascal über die bartbehangenen Wangen des Freundes. „In all den letzten Jahren haben wir uns selbst geholfen. Kann es jetzt falsch sein, wenn wir die Hilfe des Herrn erbitten? - Ich bin bald sechzig und . . ."

Die Stimme versagte Pierre. Er beugte den Kopf und schneuzte ungeniert in seinen hochgesetzten Mantelkragen.

Pascal hatte den Mund offen stehen. Er konnte auf einmal keinen klaren Gedanken mehr fassen. So kannte er seinen Freund und Pennbruder gar nicht. Die einfachen Worte des Freundes hatten ihre Wirkung jedoch nicht verfehlt, das merkte er sofort. In seinem Innern wurde es trotz der um ihn herum herrschenden Minustemperaturen warm.

„Du meinst also", Pascal schluckte, als er an seine nächsten Worte dachte, „wir sollen da hineingehen?"

Pierre nickte nur. Als Antwort drückte er die schwere Tür nach innen und verschwand im Gotteshaus.

Für Pascal ging das alles ein bißchen zu schnell. Er blickte in das weite Rund des Platzes und sah immer noch keine Menschenseele. Wer jetzt noch draußen war, war entweder verrückt oder . . . ein Penner!

Pascal schaute noch einmal den imposanten Weihnachtsbaum an, schüttelte seinen Kopf und folgte Pierre in die Kirche.

*

Zuerst sah er gar nichts, bemerkte nur das Flackern einer Kerze, die mit ihrem milchigen Schein einen großen schwarzen Vorhang anleuchtete.

Pascal trat vor und teilte das Tuchwerk, um sofort von einem Anblick nie gekannter Schönheit beeindruckt zu werden.

Vor ihm lief der Gang durchs Mittelschiff der Kirche, an deren Seiten die Bänke für die Gläubigen angelegt waren. Weitere Seitengänge führten zu ausladenden Nebenbänken, die bestimmt am morgigen Tag voll besetzt wären, auch wenn man von ihnen nur schwer auf den Altar und die Kanzel sehen konnte.

Der Lauf des Hauptganges führte zu einem mit einem reichen Blumenbukett ausgelegten Altar, in dessen Mitte ein golden schimmerndes Kreuz mit der Christusfigur auszumachen war. Mehrere brennende Kerzen erhellten das Blumenmeer und tauchten auch das über ihr prangende

Bild mit der Abendmahlszenerie in eine gleißende Helligkeit, zu der auch der Strahl einer an den Säulen der Kirche montierten Lampe beitrug.

Die übergroß wirkenden Fenster waren mit bunten, bildähnlichen Ornamenten durchsetzt, deren Motive Pascal jedoch nicht erkennen konnte. Die zwei rechts und links neben dem Altar aufgestellten Christbäume waren üppig geschmückt und warfen ihren Kerzenschein bis hinauf zur Decke, die kunstvoll bemalt war.

Der Clochard setzte langsam Fuß vor Fuß. Die Wärme, die bereits vor der Kirche von ihm Besitz ergriffen hatte, hatte etwas Unheimliches. Das Gotteshaus war beheizt, was Pascal angenehm zur Kenntnis nahm. Er war sich jedoch nicht klar darüber, ob er den Wärmekörpern hier im Hause des Herrn sein wohliges Gefühl zu verdanken hatte oder ob es von dem Schnaps herrührte, den er und Pierre noch vor kurzem in sich hineingeschüttet hatten.

Daß das Gefühl der Wärme auch eine andere Ursache haben konnte, daran dachte der zerlumpte Mann zunächst nicht.

Ergriffen näherte er sich seinem Begleiter, der schon den halben Gang durchquert hatte und plötzlich zusammenzuckte und auf der Stelle verharrte.

Pascal wagte nicht, auch nur einen Ton zu sagen, zu sehr nahm ihn die Umgebung gefangen. Er hatte seine Blicke an den Emporen und den Pfeifen der über ihm schwebenden Orgel zu seiner Rechten entlang wandern lassen, weswegen er nur aus den Augenwinkeln das Verhalten des Freundes mitbekam.

Was war geschehen? - Pascal schaute an seinem Weggefährten vorbei, ohne aber auch nur einen Schritt weiterzugehen. Das urplötzliche Stillstehen Pierres hatte auch seinen ohnehin nur geringen Vorwärtsgang gestoppt.

Zunächst konnte der Clochard nichts erkennen, da die flakkernden Kerzen nur schemenhaft die Konturen des Mauerwerks ausleuchteten. Die Umrisse der Sitzbänke und Bilder, die den Leidenszug Jesu Christi auf dem Weg zur Kreuzigung dokumentierten, konnten nur angedacht werden. Und doch . . . auf einer der Bänke saß eine Person!

Zwei Sitzreihen vor Pierre, der wohl auch erst im letzten Moment von dem Menschen in der schwarzen Kleidung inmitten der Bankreihe Kenntnis genommen hatte, saß der oder die Unbekannte mit gesenktem Kopf. Ein schwarzes Kopftuch oder die Kapuze einer Kutte oder eines Mantels verdeckten das Haupt des Gläubigen.

Pascal hatte sich als erster wieder gefangen und mit leisen Schritten zum Freund aufgeschlossen. Er legte ihm sanft die Hand auf die Schulter und merkte, daß er erschrak, ohne jedoch einen Laut von sich zu geben. Dann hatte Pierre den Gefährten erkannt.

„Ich dachte, die Kirche sei leer." Flüsternd drangen die Worte an Pascals Ohr. „Heiligabend ist doch erst morgen. - Was machen wir jetzt?"

Angst war den beinahe gehauchten Silben des breitschultrigen zu entnehmen. Sein anfänglicher Mut, die Kirche zu betreten, war einem anderen Gefühl gewichen, dem der Unsicherheit.

„Ich glaube, wir verschwinden wieder. So wie wir aussehen, passen wir hier sowieso nicht herein." Pascal versuchte, seine Worte noch leiser zu sprechen als Pierre. „Der liebe Gott wird eine festlichere Garderobe bevorzugen."

Pierre nickte. Ergriffen starrte er auf die knieende oder sitzende Gestalt, deren Haltung er von seiner Position aus nicht ausmachen konnte. Ungefähr vier Menschenlängen war sie von ihm entfernt.

Pascal zupfte den Begleiter am Ärmel. Auch er hatte Angst, die er nur schwer vor seinem Freund verbergen konnte.

„Laß uns verschwinden!“

Wieder nickte Pierre und machte leise auf dem Absatz kehrt, um Pascal zu folgen, der ebenfalls schon die Kehrtwende eingeschlagen hatte.

„Fürchtet euch nicht und bleibt, Freunde des Lichts!“

*

Pascal und Pierre schien ein Stromschlag zu treffen, als sie die Stimme vernahmen. Das Entsetzen hätte auf ihrer Seite gar nicht schlimmer sein können.

Die beiden Männer setzten ihren Rückzug auch gar nicht weiter fort, weil sie unfähig waren, sich zu rühren. Auch drehten sie sich nicht um. Stocksteif standen sie da. Pascal spürte den schnellen Atem seines Hintermannes, der ebenfalls wie gelähmt schien.

Eine Frauenstimme, durchzuckte es Pascal noch, das war eine Frauenstimme.

„Ihr seid hierhergekommen, weil ihr Wärme und Kraft sucht, und weil ihr verzweifelt seid.“ Die Stimme klang melodiös und weich. Sie war von einer Sanftmut, wie sie die beiden Männer noch niemals in ihrem Leben gehört hatten.

„Euch beide gebührt besonderer Dank, weil ihr für viele kommt, die sich nicht trauen, aber geradeso an ihrer Aufgabe und ihrem Dasein zweifeln wie ihr.“

Die Worte klangen wie weicher Singsang in einer Art und Weise, die die Bedrückung in den Körpern der Männer langsam zu lösen schien.

Pierre steckte noch immer ein Kloß im Hals, als er seinen Vordermann anstotterte. „Ich . . . ich drehe mich jetzt um!"

Auch Pascal hatte sich gefangen. Hierzu trug auch ein siedendheißer Stoß der Wärme bei, der seinen Körper durchflutete. Er konnte nicht wissen, daß es auch seinem Partner ähnlich erging.

Die Frau saß noch immer so da wie vor wenigen Sekunden. Nach wie vor hatte sie ihnen den Rücken zugewandt.

„Weihnachten ist das Fest der Freude, der Geburt Jesu Christi. Weihnachten soll euch beide aber auch an eure Geburt erinnern. Auch ihr seid ein Geschenk für die Erde, für die Stadt, in der ihr lebt und in der ihr euch bewegt."

Noch immer machte die Frau keine Anstalten, sich den Männern zu zeigen.

Herz- und Pulsschlag der Clochards hatte sich normalisiert. Pierre und Pascal blickten wie gebannt auf den Rükken der Frau, unfähig, auch nur eine Silbe von sich zu geben.

„Viele von den Menschen glauben, daß es für sie keine Aufgabe mehr gibt und Gott sie vergessen hat. Sie glauben, daß alles keinen Sinn mehr hat, daß sie nutzlos sind auf dieser Welt. Viele werfen ihr Leben einfach weg, ohne erkannt zu haben, was ‚Leben' wirklich bedeutet."

Ergriffen lauschten die beiden Männer den Worten der Frau. Wann hatten sie jemals so etwas gehört? Wieso sprach diese Frau zu ihnen?

„Die Prüfung einer Menschenseele besteht in ihrer irdischen Wanderschaft, auf deren Weg Probleme und Komplikationen liegen, denen wir uns alle stellen müssen. Um diesen Weg zu durchlaufen, seid ihr Menschen hier. Erst hiernach werdet ihr die wahre Erfüllung finden."

Neben der Wärme, die sie ergriffen hatte, durchlief die beiden Clochards nun ein eisiger Schauer, der aber auch als irgendwie warm zu bezeichnen war, so wundersam es sich anhörte.

Ihr Menschen habt eure Werte und Aufgaben vergessen", sprach die Frau weiter, „ihr braucht ab und zu Zeichen, um den Weg nicht zu verlassen, auf dem ihr euch seit eurer Geburt befindet. Die Lehre unseres Herrn Jesus Christus, so weitverbreitet sie auch ist, darf nicht in Vergessenheit geraten. Verzweiflung, verbunden mit eigenmächtiger Daseinszerstörung, ist nicht der Wunsch desjenigen, der vor zweitausend Jahren nach hiesiger Zeitrechnung für euch geboren wurde. Die Aufgabe, die auch euch beiden gegeben ist, ist noch nicht erfüllt. Euer Weg ist ein anderer als der, den ihr gerade geht."

Pierre merkte, wie sein Kopf freier wurde. Das Gefühl von Angst war längst gewichen. Seine Augen wurden größer und ließen den Blick nicht von dieser Frau.

Wer war sie? Wieso sprach sie zu ihnen?

„Es ist kein Zufall, daß ihr in dieses Haus gekommen seid. Die Fügung wurde euch zugetragen mit der Erkenntnis, daß ihr es seid, denen es bald besser ergehen wird, so, wie es auch anderen, die euch begegnen, besser ergehen wird."

Klar drangen die Worte in das Bewußtsein der beiden Männer. Aufnahmefähig wie nie, so schien es Pierre, durchfluteten die feingeistigen Aussagen der Frau sein Gehirn. Er bemerkte mit einem verstohlenen Seitenblick, daß auch Pascal ganz ähnlich fühlte.

„Weihnachten wird in diesem Jahr für euch das Fest der Freude. Ein Fest, zu dem ihr irdische Gaben gar nicht benötigt, und das euch im Geiste reich macht in einer Form, wie nur wenige Menschen wissen, wie diese Gabe fernab jedweder irdischer Güter zu verstehen ist. Was in euch schläft, ist nun geweckt worden. Sorget dafür, daß ihr es auch in den anderen Menschen weckt."

Pascal formte die Lippen, wollte etwas sagen, ließ es dann aber bleiben. Die inhaltsschwere Bedeutung dieser Worte ließ keine Fragen offen. - Oder doch? Hatte er nicht viele Fragen auf einmal?

Eine Stille entstand. Eine Stille, die unwirklich schien.

Die beiden Männer standen noch immer an derselben Stelle. Auch die Frau mit den melodischen Worten saß noch immer an ihrem Platze. - Nur . . . sie sprach nicht mehr.

Die Clochards wechselten noch einmal Blicke miteinander und wandten sich ab. Pascal machte ein Zeichen, das zum Ausgang der Kirche deutete.

Langsamen Schrittes entfernten sich die Männer von der Bank, in der die geheimnisvolle Frau saß. Jeder der beiden Freunde, die so klar und nüchtern wie schon lange nicht mehr in ihrem Leben waren, hing auf dem Weg zum Ausgang seinen Gedanken nach.

Als sie den Vorhang zum kleinen Vorraum fast schon erreicht hatten, hielten sie wie auf Kommando gemeinsam an.

„Wieso stoppst du?" fragte Pascal seinen Freund.

„Komisch, dasselbe wollte ich dich fragen."

Die beiden Männer waren das letzte Stück des Ganges nebeneinander gegangen, so daß sie beide an gleicher Stelle verharrten.

„Die Frau, Pascal, wer ist diese Frau?“ - „Das gleiche habe ich mich auch gefragt.“

Abrupt drehten sich die Freunde um und kehrten zu der Stelle zurück, von der sie vor wenigen Sekunden gekommen waren. Genau an derselben Position wie vorhin blieben sie stehen. Sie glaubten, ihren Augen nicht trauen zu können.

Die geheimnisvolle Frau in ihrem schwarzen Gewand, die so lieblich und klar gesprochen hatte, die sie so sehr mit der Kraft ihrer reinen Gedanken beseelt hatte, diese Frau war verschwunden.

*

„Das gibt's doch gar nicht.“ Pierre faßte sich als erster.

Er ging kühnen Mutes und ohne Scheu zu der Bankreihe, in der die Frau gesessen hatte. Seine Gestalt schob er in diese Reihe. Er wollte genau an der Stelle sein, wo das geheimnisumwitterte weibliche Wesen gesessen hatte. Pascal folgte ihm ebenfalls ohne Scheu und Angst auf dem Fuße.

Die Männer sahen gleichzeitig, was es eigentlich überhaupt nicht geben durfte:

Die Sitzfläche auf der dunklen Bank erstrahlte hell. In ihr zeichnete sich ein Kreuz ab, das fluoreszierend wirkte und mit einem Male zwei helle Strahlen abwarf, die die Männer jeweils ins Gesicht trafen und sie blendeten, so daß sie ihre Augen schließen mußten.

Als sie sie wieder öffneten, war das Licht verschwunden. Dieser Teil der Gottesbank war genauso dunkel wie die gesamte Länge des Sitzstückes.

Glückselig sahen sich Pascal und Pierre in die Augen.

„Das gibt es nicht, das gibt es nicht“, flüsterte Pascal, wohl wissend, daß das der Realität entsprach, was sie da gesehen hatten, obwohl es ihnen keiner glauben würde, wenn sie es erzählten.

Pierre nagte an seiner Unterlippe, als er sagte: „Für uns geht erst jetzt das wahre Leben los, und wir wissen, was wir zu machen haben.“

Pascal nickte nur stumm. Er wußte, daß das stimmte, was der Freund sagte.

Schweigend bewegten sich die Männer zum Ausgang.

Als sie die Kirche verließen, hatte ein dichtes Schneetreiben eingesetzt. Die Flockenwirbel hatten den eisigen Wind vertrieben.

Obwohl es wahrlich nicht warm war, fühlten sich Pierre und Pascal, als wären sie geradewegs aus dem Sonnenschein getreten, was in Anbetracht ihrer Begegnung auch nicht weiter verwunderlich war.

Heiko Weckwerth

Weihnachtsgeschichten

****

Knecht Ruprecht

Eine Weihnachtsgeschichte aus Serbien

Der sogenannte Weihnachtszuspruch ist eine sehr hübsche serbische Volkssitte. Da kommt am ersten Feiertagsmorgen, zeitig, ganz zeitig, der Knecht Ruprecht ins Haus, und man sagt, er bringt das Glück. Er hat die Hand voll Weizen und ruft in der Tür „Christ ist geboren!" tritt ein und sät den Weizen im Flur und in den Zimmern aus. Man antwortet ihm: „Wahrlich, er ist geboren!" Knecht Ruprecht ästet dann gleichsam den Julklotz ab, das heißt, er schlägt mit dem Schüreisen nach dem eigens zum Feste hereingebrachten Klotz und sagt dazu seine guten Wünsche her für das kommende Jahr. Endlich segnet er die Asche auf dem Herd und streut ein paar Münzen hinein.

Natürlich sind die Bräuche in jeder Gegend verschieden, in jedem Tal, man kann sagen, in jedem Dorf. In den Grenzbezirken zum Beispiel haben sie ganz andere Gewohnheiten. Die muß man vom Schneider Joza geschildert hören, denn er stammt von der Grenze.

Der Schneider Joza ist ein junger Mensch. Er hat nicht eben den besten Kleiderschnitt, aber er singt dafür sehr schön, nämlich Tenor. Er arbeitet selbständig bei sich zu Hause, ganz allein. Darum dauert es immer etwas länger bei ihm. Sommerkleider muß man schon im Dezember bei ihm bestellen, wenn man sie etwa im Mai oder in der ersten Hälfte des Juni tragen will.

Sima, der Gemeindekontrolleur, hatte sich den Wintermantel schon im Hochsommer abmessen lassen und bekam ihn mit Müh und Not Ende November. Die ganze Zeit, von Hochsommer bis Ende November, kam Joza fast täglich zu Sima zur Anprobe, drei volle Monate zur Anprobe. Wenn Sima zufällig zu Hause war, mußte er den Mantel probieren, und wenn Sima nicht da war, sondern bloß seine Frau Sophie, na, dann machte es auch nicht viel aus. Sima war es schon gewohnt, er kam heim und Sophie berichtete: „Der Schneider Joza ist heut morgen wieder dagewesen, zum Probieren."

Nun muß man wissen, daß Sophie eine Frau war, die sich sehen lassen konnte, zwar eher klein von Wuchs und ein wenig voll, doch mit ihren funkelnden und strahlenden Augen schickte sie, wenn sie so die Straße entlangging, eindeutige Signale in die Runde der Männer. Vielleicht kann schon die Existenz Sophies allein die Saumseligkeit des Schneiders erklären. Sie erklärt auch, warum Joza selbst dann noch, unter allerhand Vorwänden, beim Kontrolleur erschien, als der Wintermantel längst geliefert war.

Mit dem Schneider, das merkte selbst ein Blinder, war eine Wandlung geschehen. Irgend etwas bekümmerte ihn. War er bisher dünn gewesen, so wurde er nun regelrecht dürr, und man konnte ihn nun gar durch ein Nadelöhr fädeln. Bisher hatte er ein kleines viereckiges Kissen gehabt, worin er seine Nadeln zu stecken pflegte, jetzt bohrte er sich die Nadeln ins Herz. Er war sehr verliebt, bis über beide Ohren, in Sophie, die Frau des Kontrolleurs.

Der Kontrolleur hingegen, Sima, war ein vielbeschäftigter Mann. Täglich hatte er auf der städtischen Schlachtbrücke zu tun. Da keult man oft die ganze liebe lange Nacht. Besonders den Christabend durfte er nicht verbringen wie jeder andere Christenmensch und Hausvater bei seiner lieben Frau. Er konnte nicht Stroh ausbreiten nach Väterart und wie die Hühner gackern: Koko, Koko . . . Und ihm nach wäre Sophie gegangen mit ihrer süßen Stimme:

Putput, putput . . . Sondern die ganze, lange Heilige Nacht mußte er auf der Schlachtbrücke verbringen.

Als er in der Dämmerung Abschied nahm, sprach er zu Sophie: „Ich komme wohl erst um sieben Uhr morgens. Bereit mir ein warmes Frühstück aus Kascha vor!"

Doch statt um sieben hatte Sima seine Arbeit schon um drei getan, und auch der Natschalnik hatte ein Erbarmen - Gott sei Dank, und kehrte heim, um wenigstens die kargen Morgenstunden durchzuschlafen. Kam zum Hause und klopfte mit dem Fingernagel leis ans Fenster.

Sophie sprang auf und war offenbar erschrocken. Sie kreischte deutlich, eilte ans Fenster und sofort zurück ins Zimmer, dann hörte man ein Rascheln drinnen, ein Knakken, Verwirrung und Geflüster. Sima stand wartend an der Tür. Die Tür aber öffnete sich nicht.

Da wurde Sima ungeduldig. Er pochte laut mit den Fingerknöcheln, dann mit der Faust, dann mit dem Knie und schließlich mit dem Stiefelabsatz, und als sich die Tür endlich auftat, rief er: „Du sollst nicht länger allein sein, liebe Sophie!"

„Ich bin nicht ganz allein", antwortete sie, „Knecht Ruprecht ist gekommen." Sie zitterte ein wenig, wahrscheinlich vor Kälte . . .

„Ah", sagte Sima, ziemlich überrascht, „der Knecht Ruprecht? Ich denke, das ist der Schneider Joza. Wie kommt er bei Nacht in mein Haus?"

Joza war nämlich tatsächlich da. Er hatte sich in eine Ecke zurückgezogen und ganz dünn gemacht, man kann sagen, er stand wie angenagelt an der Wand. Er schien Atemnot zu leiden. Vielleicht bedauerte er, seine Schneiderschere nicht bei sich zu haben, um sich die Kehle damit aufzuschlitzen. Sophie war gefaßt: „Eben ist er gekommen", sagte sie ganz leise. „Aber eben, in dieser Minute, als Knecht Ruprecht, zum Weihnachtszuspruch." „Ganz richtig", fiel der Schneider ein, er faßte nach der Ausrede wie nach einem rettenden Balken, „ich werde . . . dir Segen bringen . . . als Knecht Ruprecht."

„So?" fragte Sima. „Knecht Ruprecht? In diesem Aufzug?"

Der Schneider glich in diesem Augenblick allerdings bei weitem nicht dem landläufigen Bild, das man sich vom Knecht Ruprecht zu machen pflegte.

Sophie wurde recht unruhig. Ihr war bis dahin der kleine Widerspruch entgangen zwischen Jozas Aussehen und seiner angeblichen Mission.

Aber nun hatte der Schneider Joza seine Stimme wieder. „Lieber Freund . . . dieser . . . dieser Brauch . . . so ist das eben bei uns, weißt du, an der Grenze. Ich bin doch . . . an der Grenze zu Haus, da . . . da geht man nie anders als Knecht Ruprecht . . ."

Nun erinnerte sich auch Sima der Sitten seiner Heimat. Er stammte aus einer Gebirgsgegend. In den Gebirgsgegenden pflegte man den Knecht Ruprecht in eine derbe Decke zu wickeln oder in ein Laken. Man will damit sozusagen andeuten, daß man den Segen einfängt für das nächste Jahr.

Sima also nahm ein Laken, warf es dem Schneider über, schmiß ihn zu Boden und sprach: „Bei uns im Gebirge wieder, da haben wir den Brauch, den Knecht Ruprecht so einzuwickeln . . . Dann aber nehmen wir einen dicken Stock, wie diesen, und damit schlagen wir auf den Knecht Ruprecht los, schlagen ihn wie ein Vieh . . ."

Die Volkssitte ist eben in jeder Gegend anders. Aber sinnvoll ist sie immer.

Das Mädchen aus Newcastle

Vor langer Zeit war Hannes, noch keine siebzehn Jahre alt, als Heizer zur See gefahren. Weihnachten stand vor der Tür, aber an Bord des kleinen Frachtdampfers war nicht viel davon zu spüren. In Newcastle wurde die Weihnachtspost auf das Schiff gebracht. Auch für ihn waren Briefe dabei, einer von den Eltern mit Grüßen von seinen Geschwistern und einer von der Großmutter. „Ach ja", seufzte er verhalten, und während er Kohlenstaub in die drei Brennkammern schippte, vergoß er ein paar Tränen über seine Einsamkeit. Er wischte sie mit dem Schweißtuch weg und betrachtete sich in dem kleinen Spiegel am Schott. Da mußte er lachen, denn er sah aus wie ein Neger mit weißen Striemen auf den Wangen. Schnell tauchte er sein Gesicht in den Wassereimer, denn schon polterte Hein die Eisentreppe herunter. Hein sollte ihn ablösen und war trotzdem bei bester Laune, ausnahmsweise. Er pfiff und sang, hatte gewiß schon vom Weihnachtsschnaps gekostet.

Nun setzte er sich auf die Kohlen und goß den Brandy in einen Becher. „Hier, nimm auch einen Schluck. Rotzjunge, davon stirbst du nicht", schwadronierte er. Hannes nippte erst vorsichtig und leerte dann den Becher, in einem plötzlichen Anflug sehnsuchtsvoller Erinnerung an die Lieben daheim, in einem Zug. Hannes rang hustend nach Luft. „Alles Gewohnheitssache. In deinem Alter war ich auch noch Abstinenzler, aber auch du wirst dich daran gewöhnen. Prost, Kleiner. A-ah, das tut einem armen Heizermagen gut." Mit einer fahrigen Geste die Flasche hebend, fügte er mehr zu sich selbst als zu Hannes hinzu: „Unsere einzige Freude . . ." Nach einer Weile, in der jeder seinen eigenen Gedanken nachhing, grinste Hein breit, zu Hannes gewandt. „Es hat Zeit mit dem Dampf, wir liegen hier noch ein paar Stunden. Ha, die da hinten haben ihren Spaß, kannst du mir glauben. Es sind Frauen an Bord . . . Zwei Stück auf einmal! Hinten beim Ersten Steuermann und beim Zweiten. Den Kapitän hättest du sehen sollen, eine Fresse zieht der Alte!" Hein fuchtelte dabei mit seinen mageren, sehnigen Armen herum. Ein welterfahrener Mann war er mit seinen 28 Jahren. Er ärgerte des öfteren die Anfänger, aber sonst war er ganz gutmütig in seiner Art. Im Krieg wurde sein Schiff torpediert, und viele seiner Kameraden verschwanden auf Nimmerwiedersehen im Meer. Hein wurde gerettet. Dies geschah ebenfalls Weihnachten, vor ein paar Jahren.

Als Hannes nach oben kam, lag der Kai in milchigem Nebel, und es nieselte. Trübe und verschwommen hingen die Lichter der Stadt im Dunst, rot und grün schaukelten die Schiffslaternen im Hafen, dumpf heulten die Nebelhörner. Das alles erinnerte ihn an seine Heimatstadt, die Hunderte von Seemeilen entfernt war.

Er warf einen scheuen Blick nach hinten, er entdeckte den Kapitän, der dort, groß und schwer, auf und ab ging, die Hände auf dem Rücken und sicherlich fuchsteufelswild. Niemand an Bord konnte so wütend werden wie der Kapitän, obwohl er selten fluchte. Hannes hatte eine Heidenangst vor ihm und paßte auf, daß er ihm möglichst wenig unter die Augen kam.

Flugs rannte er nach vorne und hinunter in die Heizerkabine. Leer. - Auch Henry, der dritte Heizer, war bei den Matrosen. Hannes machte sich auf den Weg, schon im Gang hörte er sie laut lachen und über die „Damen" reden. Sie nahmen kein Blatt vor den Mund, keiner wurde verschont. Dann prosteten sie sich zu und brüllten, und von Zeit zu Zeit ging einer nach oben und spähte zum Achterdeck hin.

„Nee, nee, die sind noch nicht wieder weg . . . Kinder, muß der Käpt'n 'ne Stinkwut haben . . . Der zweite Steuermann ist verheiratet und macht solche Sachen . . . Komm her, Hannes, und paß auf. Pfeif, wenn sie abhauen, die ‚Damen'!"

Schließlich sah er von der Treppe aus die „Damen" über das Achterdeck kommen. Der Kapitän, breitbeinig und vornübergebeugt, stierte ihnen nach und verschwand dann in seiner Kajüte. Ein blasses Frauengesicht wandte sich einen kurzen Augenblick Hannes zu, er sah es deutlich im Schein der Lampe. Das Gesicht einer jungen und armen Frau, ein schönes Gesicht. Henry und die Matrosen liefen zur Reling. Die „Damen" verschwanden, ohne auf die munteren Zurufe zu antworten, in der Dunkelheit zwischen den Parkhäusern.

Eine Stunde später dampfte der alte Kasten flußabwärts nach Shields und dann an der Küste Old Englands entlang nordwärts, um in Blyth anzulegen. Heiligabend sausten die letzten Kohlen in den Laderaum, gefördert von einer Kohlenspritze an einem gottverlassenen Kai weit außerhalb der Stadt. Hannes wusch sich gründlich, zog seinen guten Anzug an und ging an Land, zur Kohlenspritze hin. Das war kein Ort zum Träumen, aber er hatte das Bedürfnis, mit seinen Gedanken allein zu sein. Bei den Matrosen flaute die Festtagsstimmung allmählich ab. Einer versuchte seiner Ziehharmonika Weihnachtsmelodien zu entlocken, aber alle waren schon müde und nicht mehr bei Laune.

Hannes folgte einem Fußweg, der bergan führte. Ringsum war es dunkel und völlig still, still und einsam. Ein schöner Spazierweg war es nicht zwischen den rußgeschwärzten Hügeln. Plötzlich stutzte er, im fahlen Schein der Lampe an der Kohlenspritze meinte er eine menschliche Gestalt zu erkennen. Sie stand dort, wo die Helligkeit schon fast von der Finsternis verschluckt wurde, und er mußte eine Weile hinstarren, bevor er sich sicher sein konnte, daß es eine Frau war.

Sie kam langsam auf ihn zu, blieb stehen und sah ihn an, sprach aber kein Wort. Sie hatte ein blasses und recht hübsches Gesicht mit braunen Augen. Er hatte sie sofort wiedererkannt, es war eine von den beiden Frauen, die am Vorabend bei den Steuerleuten gewesen waren.

„Bist du von Newcastle mitgefahren?“ fragte er. Sie nickte wortlos und starrte ihn an. „Aber du gingst doch an Land?“ „Ich kam wieder an Bord“, antwortete sie, „er hatte mich gebeten zurückzukommen. Er versteckte mich und versprach mir Geld.“ Ihre Stimme war eintönig und heiser. „Er hat mir aber keines gegeben“, flüsterte sie nun schon fast und senkte den Kopf. Hannes betrachtete sie schweigend. Sie hatte ein schwarzes Kleid an, ein recht ärmliches. „Du kannst doch aber nicht hierbleiben“, sagte er. Sie folgte ihm wortlos. Der Fußweg mündete in einen morastigen Feldweg. Er frage, was sie zu tun gedenke. Sie hob die Schultern und erklärte stockend, immer wieder mit einer fahrigen, nervösen Handbewegung eine Locke aus dem Gesicht streichend, daß sie mit dem Zug zurück nach Newcastle müsse, aber kein Geld habe, nicht einen Penny. Auch sei sie hungrig, habe den ganzen Tag nichts gegessen. „Warte hier“, sagte Hannes kurz entschlossen. „Du kommst ja doch nicht zurück“, rief sie ihm in einer spontanen Regung trotzig nach. Er lief auf das Schiff, fand in der Kajüte ein wenig Brot und Salzfleisch, packte es zusammen und lief wieder den Fußweg hinauf. Sie stand immer noch auf dem Feldweg und sah ihm mit einem blassen Lächeln entgegen, es war ein müdes und trauriges Lächeln. „Ich danke dir“, sagte sie leise, als er ihr das Mitgebrachte reichte. Eine einsame Lampe an einem offenen Schuppen warf ihren schwachen Schein auf den Fleck, wo sie standen. „Darf ich ein wenig essen?“ fragte sie schüchtern. „Iß“, gab er bereits in Gedanken versunken zurück.

Sie wandte sich ab und aß. Er zog seine Geldbörse aus der Hosentasche, fand ein paar Pence darin, legte sie auf die flache Hand und betrachtete sie. In der Geldbörse war noch ein blankes Goldstück, ein Pfund Sterling, ein ganzes Pfundstück aus purem Gold, das erste Goldstück, das er besaß, die Ersparnis eines ganzen Monats. Er würde als Heizer vielleicht ein Pfund Sterling jeden Monat sparen können, wenn er sich nichts zum Anziehen kaufte und nicht ins Wirtshaus ging. Er hatte sich vorgenommen, jeden Monat ein Pfund Sterling zu sparen, ein Pfund aus purem Gold.

Sie drehte sich um, warf das Papier fort und sagte: „Oh, das hat geschmeckt, vielen, vielen Dank.“

„Hier bitte“, er streckte ihr die offene Hand hin, „da hast du drei Pence, die bringen dich ein Stück weiter.“ Sie nahm zögernd das Geld, starrte ihn ungläubig an und sagte leise: „Kannst du es denn auch entbehren?“ und dann schneller: „O ja, es würde ein Stück weiterhelfen, ich komme schon hin damit . . . Danke schön, danke . . .“

Seine andere Hand umschloß das Goldstück. Mit einer steifen, ruckartigen Bewegung zog er die Faust aus der Tasche: „Nimm auch das hier“, stieß er hervor, „nimm es sofort, ehe ich . . . , ja, nimm es, dann kommst du bis nach Hause und kannst dir auch was zu essen kaufen.“ „Ja, damit komme ich bis nach Hause.“ Sie nahm die glänzende Münze vorsichtig aus seiner Hand, starrte erst sie, dann ihn, dann den Straßenschmutz an. „Wie heißt du?“ fragte er, mutig geworden. „Jane“, flüsterte sie. „Du bist ein lieber Junge . . ." Sie trat an ihn heran, schlang den Arm um seinen Hals und gab ihm einen Kuß. Er fühlte Tränen auf seiner Wange.

Er stand da und sah ihr nach, als sie den Feldweg hinaufging und in der Dunkelheit verschwand. Er hörte, daß sie stehengeblieben war. „Frohe Weihnachten!" rief er ihr zu. „Frohe Weihnachten!" rief sie zurück. „Das werde ich dir nie vergessen!"

Noch viele Jahre danach mußte Hannes, wenn es Weihnachten wurde, an Jane aus Newcastle denken, an das Mädchen von den Kais, die zu fremden Männern an Bord ging. Auch sie gehörte zu den Begegnungen seines Lebens, und wer weiß, wie es ihr später ergangen ist. Ein Tanz auf Rosen war es sicher nicht. Für Hannes aber blieb es dennoch ein seltsames und schönes Erlebnis, eine ganz besondere Erinnerung an Weihnachten.

Jeder schenkt nach seinem Herzen

Es war am Abend vor Weihnachten. Die Familie Müller hatte ihre Nachbarn, die Familie Meier, zum Essen eingeladen. Herr Müller und Herr Meier saßen noch bei Tisch, vor sich Wein und Nüsse. Die anderen waren schon nach oben gegangen.

„Was schenken Sie ihrem Jungen zu Weihnachten?" fragte Meier. „Eine Eisenbahn", sagte Müller. „Alles automatisch - eine Superanlage! Kommen Sie, wir schauen uns die Eisenbahn einmal an!" schlug Müller vor. „O ja", erwiderte Meier, „eine tolle Idee!"

Müller holte ein riesiges Paket von der Anrichte und machte es auf. „Ein patentes Ding, was?" fragte er nicht ohne Stolz und mit glänzenden Augen. „Alles funktioniert automatisch! Merkwürdig, daß kleine Jungen so gerne Eisenbahn spielen, nicht?" „Ja", nickte Meier. „Wie gehören eigentlich die Schienen aneinander?" „Warten sie, ich zeig's ihnen", sagte Müller. „Helfen Sie mir nur erst, das Zeug auf dem Eßtisch beiseite zu schieben und das Tischtuch zurückzuschlagen! Schön! Nun sehen sie her! Die Schienen werden so hingelegt und die Enden so miteinander verbunden, und dann . . ." „Ah", fiel Meier ein, „ich verstehe schon, und nun entsteht eine Steigung, nicht wahr? Genau das, was den Kindern Spaß macht . . . Ich hab ja meinem Alfred ein ferngesteuertes Flugzeug gekauft." „Kenn ich, die sind großartig. Ich hab Willi eines zum Geburtstag geschenkt. Deshalb wollte ich ihm jetzt zu Weihnachten die Eisenbahn geben. Ich habe ihm erzählt, der Weihnachtsmann würde ihm diesmal etwas ganz Neues bringen. Willi glaubt natürlich felsenfest an den Weihnachtsmann. Hier, sehen Sie sich mal die Lokomotive an! Im Feuerraum steckt die Feder." „Ziehen Sie sie auf", sagte Meier eifrig, „woll'n mal sehen, wie sie läuft!" „Gern", sagte Müller. „Stellen Sie doch bitte ein paar Teller zusammen, damit die Enden der Schiene darauf ruhen können! Da", er hob den Finger und gebot Stille, „hören Sie mal, wie sie surrt, ehe sie lossaust! Ist doch herrlich für einen kleinen Jungen, nicht?" „Ja", sagte Meier, inzwischen mit glänzenden Augen, „und sehen Sie doch hier die kleine Kette, um das Signal zu geben! Meine Güte, sie pfeift sogar! Genau wie bei 'ner richtigen!" „Wissen Sie was, Meier?" Müller schob ihm den Kasten über den Tisch. „Sie können die Wagen aneinanderkoppeln, und ich lasse sie abfahren. Ich bin Lokomotivführer, ja?"

Eine halbe Stunde später spielten Müller und Meier noch immer mit der Eisenbahn. Aber ihren Frauen im Wohnzimmer fiel ihr langes Fernbleiben kaum auf. Sie waren selbst in Anspruch genommen. „Oh, ich finde sie einfach entzückend!“ rief Frau Meier und klatschte vor Überschwang in die Hände. „Wirklich, die reizendste Puppe, die ich je gesehen habe! Ich muß versuchen, ob ich für Marie eine ähnliche bekommen kann. Bärbel wird ja so begeistert sein, nicht?“ „Das denke ich auch“, erwiderte Frau Müller, „und obendrein hat sie noch den ganzen Spaß mit dem An- und Ausziehen! Das mögen sie doch alle gern! Schauen Sie her! Da sind noch drei Kleidchen, sind die nicht nett? Alle schon zugeschnitten. Die Teile brauchen nur noch zusammengenäht zu werden.“ „Oh, wirklich zu süß!“ rief Frau Meier. „Ich glaube, hier das blaßlila wird der Puppe am besten stehen! Zu dem schönen goldblonden Haar! Nur finde ich, es wäre noch hübscher, wenn man den Kragen hochstellt, so, und dann vielleicht ein Schleifchen vorne am Ausschnitt, ja?“ „Was für ein reizender Einfall!“ rief Frau Müller. „Wirklich, das müssen wir gleich probieren! Warten Sie, ich hab im Nu das Nähzeug geholt! Und morgen werde ich Marie erzählen, der Weihnachtsmann habe es selber genäht. Das gute Kind glaubt noch felsenfest an den Weihnachtsmann.“

Eine halbe Stunde später waren Frau Müller und Frau Meier noch immer so eifrig dabei, Puppenkleider zu nähen, daß sie gar nicht hörten, wie laut die kleine Eisenbahn auf dem Eßzimmertisch herumsurrte. Und was ihre vier Kinder taten, daran dachten sie erst recht nicht. Aber die Kinder vermißten auch ihre Mütter nicht. „Prima, was?“ sagte Willi Müller zum kleinen Alfred Meier, als sie in Willis Kinderzimmer saßen. „Hundert Stück in der Schachtel, mit Korkmundstück, und schau mal da, die Bernsteinspitze: Sie paßt genau hier in das Seitenfach. Feines Geschenk für Papi, nicht?“ „Klasse“, bestätigte Alfred. „Ich schenke meinem

Vater Zigarren!" „Ja, ich hab auch an Zigarren gedacht. Über Zigarren und Zigaretten freuen sich die Männer immer. Da kann man nie falsch wählen! Hör mal, möchtest du nicht eine von den Zigaretten probieren? Sie schmekken dir bestimmt, es sind russische, den ägyptischen himmelhoch über! Wir können von der untersten Schicht nehmen."

„Och, danke, ja", erwiderte Alfred, „ich würde sie furchtbar gern kosten", und mit einer wegwerfenden Handbewegung, allerdings nicht ohne Nachdruck, hinzufügend: „Habe erst im vorigen Frühjahr mit Rauchen angefangen, an meinem zwölften Geburtstag. Ich halte es für verkehrt, wenn man zu früh mit Rauchen anfängt, dann verdummt es bloß! Ich habe absichtlich gewartet, bis ich zwölf war." „Ich auch", Willi nickte zustimmend, als sie sich, über das brennende Streichholz gebeugt, die Zigaretten anzündeten. Das Zündhölzchen ausschlagend fuhr er fort: „Für mich hätte ich sie überhaupt nicht gekauft. Es war nur wegen Papi. Ich mußte ihm unbedingt etwas vom Weihnachtsmann hinlegen. Er glaubt nämlich noch felsenfest an den Weihnachtsmann . . ."

Unterdessen zeigte Bärbel ihrer kleinen Freundin Marie die geradezu hinreißende Bridge-Garnitur, die sie für ihre Mutter gekauft hatte.

„Oh, wie süß die kleinen Blöcke sind!" rief Marie. „Und das hübsche holländische Muster darauf, oder ist es flämisch, Kindchen?" „Holländisch", erwiderte Bärbel bedeutsam. „Ja, so stilvoll, nicht? Und sieh mal, was für goldige kleine Schalen! In die wird das Geld gelegt, während man spielt. Ich hätte sie nicht zu nehmen brauchen, sie gehörten nicht direkt dazu, aber ich finde es einfach scheußlich langweilig, wenn man nicht um Geld spielt, nicht wahr?" „Ja, gräßlich", entsetzte sich Marie. „Aber deine Mama spielt wohl nie um Geld, nicht?" „Mama? Du lieber Himmel, niemals! Mama ist viel zu altmodisch für so etwas. Aber ich werde ihr einfach erzählen, der Weihnachtsmann wollte die herzigen Schälchen einfach dazutun. Vielleicht reizt es sie ja dann doch einmal." „Sicher glaubt sie auch an den Weihnachtsmann, genau wie meine Mutter?" „Natürlich, felsenfest!" erwiderte Bärbel und betrachtete lüstern die Karten, die sie abschätzend in ihrer Hand wog und fragte, mit glänzenden Augen lauernd, Marie: „Wie wär's, wenn wir ein Spielchen machten? Mit doppeltem Strohmann, auf französische Art, oder, wenn du möchtest, norwegischen Skat? Das kann man auch zu zweien." „Gut", sagte Marie und griff unauffällig in ihre Hosentasche, ob sie das Restgeld vom Brotholen noch drin hatte . . .

Und im Handumdrehen waren sie ins Spiel vertieft. Neben sich hatten sie ein paar Geldstücke von ihrem Taschengeld (und Brotholen) aufgestapelt.

Etwa eine halbe Stunde später hatten sich alle Mitglieder der beiden Familien wieder im Wohnzimmer versammelt. Aber selbstverständlich sprach keiner von den Geschenken. Und überhaupt waren sie alle viel zu sehr damit beschäftigt, die herrliche große Bibel zu betrachten, eine Ausgabe mit Landkarten, die von der Familie Müller für den Großvater gekauft worden war. Alle waren begeistert von dem Gedanken, daß Großvater jetzt im Nu und wann er wollte jeden Ort im Heiligen Land nachschlagen konnte.

Großvater jedoch, der ganz oben in seinem eigenen Zimmer saß, besah sich gerührt die Geschenke, die vor ihm standen. Da war eine wunderschöne Whisky-Karaffe, außen mit Silberfiligran (und innen mit Whisky), für Herrn

Müller bestimmt, und für den kleinen Willi eine nickelplattierte, prächtige Mundharmonika.

Spät in der Nacht erschien der Jemand, oder der Gute Geist, den man Weihnachtsmann nennt, nahm alle Geschenke und verteilte sie am Heiligen Abend an die Familienmitglieder. Und da er vor Alter nicht mehr gut sehen konnte, gab er die Geschenke den verkehrten Empfängern, nämlich so, wie es ursprünglich vorgesehen war. Doch am nächsten Morgen, dem Weihnachtsfeiertag, kam alles wieder in die Reihe, genau wie immer.

Denn um zehn Uhr vormittags spielten Herr Müller und Herr Meier mit der Eisenbahn, ihre Frauen nähten Puppenkleidchen, die Jungen rauchten Zigaretten, und Bärbel und Marie spielten Karten mit ihrem Taschengeld. Und oben, ganz oben in seinem eigenen Zimmerchen, trank Großvater Whisky und spielte Mundharmonika. So daß also Weihnachten, wie es immer der Fall war, schließlich doch zu allseitiger Befriedigung verlief . . .

Elly O. Schmidt

Der Gänsebraten

Wieder einmal mußte ich gegen Abend vom Schwarzen Markt in Hamburg-Altona ein von Frau Doktor bestelltes Paket abholen. Obwohl ich das Haus neben einem Torbogen schon kannte, fuhr ich zu dieser Zeit nicht gern in diese Gegend. Unheimlich ausgebröckelte Fassaden-Wände, enge Gassen und finstere Hausdurchgänge mußte ich passieren, um dann die an einem Torbogen beginnende Treppe zu finden. In jeder Etage wurden die Stufen nur von einer verglasten Glühbirne beleuchtet.

Was unzählige Menschen in der Nachkriegszeit entbehren mußten, erhielten sie hier im Schwarzhandel. Allerdings gehörte viel Geld dazu, möglichst auch gute Verbindungen und bei jedem Kauf größte Vorsicht. Denn mit Kontrollen mußte man immer rechnen, die sich auch bis in eine Wohnung ausdehnen konnten.

Als beauftragte Hausangestellte hatte ich wohl kaum etwas zu befürchten, aber ich mußte trotzdem wachsam sein. Für mich könnte es um meine Stellung, Verdienst und Wohnraum gehen. Denn an Flüchtlinge durften keine Zimmer vermietet werden. Für sie gab es nur Unterkünfte in Nissenhütten oder Luftschutzbunkern. Nur Hausangestellte erhielten zu ihrer Tätigkeit einen Wohnraum.

Da ich schon nächtelang auf meinem Fluchtweg durch halb Deutschland im Freien oder in Scheunen geschlafen hatte, nahm ich ohne lange Überlegung die mir angebotene Arbeit als Hausangestellte in einer Sechs-Zimmer-Wohnung an. Dabei bedachte ich nicht, daß ich den elterlichen Haushalt einfach meinem neuen Aufgabengebiet gleichsetzte. Ich vergaß dabei leider, daß es in einer Arbeiterwohnung kein Parkett und kein Tafelsilber zu pflegen gab. Aber jetzt war meine Angst vor einer Kontrolle in der Hochbahn bestimmt größer als ich selbst.

Um diesen Zustand abzuschwächen, versuchte ich, die schwere Tasche mit dem mir unbekannten Inhalt recht lässig durch die Bahnsperre und in das Abteil zu tragen. Wie einen leichten Gegenstand schob ich sie nun mit dem Fuß tief unter meinen Platz. Dann setzte ich mich mit dem Blick zur Tür und hoffte, daß am heutigen Tag keine Kontrolle durchgeführt würde.

Bei meiner Ankunft lächelte Frau Doktor zufrieden. Sie nahm mir schnell die schwere Tasche ab und schloß sich sofort mit mir in der Küche ein. Ihr Mann, dessen Doktortitel ihr Geltungsbedürfnis fortwährend unterstrich, sollte von dem Paket noch nichts wissen. Hastig durchschnitt sie den Bindfaden und entrollte dem Packpapier: eine prächtige Gans. Während Frau Doktor vor Aufregung ein rotes Gesicht bekam, war ich sprachlos.

Im Unterbewußtsein vernahm ich, daß am nächsten Tag die Gans auszunehmen sei. Mich berührte das kaum. Meine Arbeit lag fest. Mit der Kocherei hatte ich wenig zu tun. Warum also ausgerechnet mit einer Gans - einer so teuren Kostbarkeit? So dachte ich. - Aber ich irrte.

Wieder verschlossen wir die Küchentür. Die Gans legten wir mitten auf den Tisch und standen ihr - ohne daß es eine der anderen eingestehen wollte - völlig hilflos gegenüber. Beiderseitige Bewunderung über den reichlichen Fettansatz half uns nicht ein bißchen weiter. Keine getraute sich mit dem Messer an das Eingeweide heran. Wir befühlten es nur. Ich zog aus Verlegenheit eine Federkiele aus den Poren und lachte innerlich über die Unbeholfenheit der Hausfrau und ehemaligen Lehrerin.

„Das Ausnehmen muß doch im Kochbuch stehen“, sagte ich betont forsch, um der Sache Aufschwung zu geben. Aber „Frau Doktor“ reagierte zunächst anders.

„Her damit", flüsterte sie erregt, ergriff ein großes Messer und schnitt der Gans den Kopf ab. Plötzlich wurde „Frau Doktors" stark gerötetes Gesicht ganz blaß, und mit dem Ausdruck aufsteigenden Ekels warf sie das Messer von sich. Doch bald beherrschte sie wieder die Situation und nahm das schon arg zerlesene Kochbuch zur Hand. An der Schmalseite des Tisches stellte sie sich in Positur, wie sie es wohl früher am Katheder gemacht hatte, rückte ihre Brille zurecht und blätterte im Kochbuch. Dabei las sie laut oder murmelnd, während das Blut wieder ihre feinen Gesichtsadern durchfloß und die Blässe verschwand. Da sie offenbar mit dem Text nicht zurecht kam, gebot sie mir, das kleinere Messer zu schärfen. Ich wetzte es am Rande eines Tontopfes. Mir dauerte das alles viel zu lange.

„Jetzt ist es scharf! Wo soll ich anfangen?"

„Hier steht . . . Nein, so geht es auch nicht. Wozu gibt es denn Kochbücher, wenn sie nicht einmal erschöpfende Auskunft geben", resümierte sie.

Allmählich belustigte mich die Situation. Eine sonst sehr kluge und allseits gebildete Frau, aber . . . Ernsthaft gab ich ihr zu bedenken, daß dem Kochbuch vielleicht ein Anhang über die Zubereitung von Geflügel fehlt oder . . .

Da! Ich erschrak. In der gläsernen Türfüllung zeichnete sich eine etwas gedrungene Gestalt ab. Doktor Kupfer. Ungeduldig wippte er mit der Türklinke. Vergebens.

„Was macht ihr denn da? Einfach abschließen . . ."

„Alfred, ich bitte dich, warte noch ein Weilchen. Du hast dann eine sehr große Freude", schmeichelte sie über Tisch und Gans hinweg. - Das Weilchen konnte noch eine Stunde dauern.

Er jedoch brummte: „Ich brauche Rasierwasser."

„Das hat doch noch Zeit, Alfred. Ich bringe es dir dann. Setz dich inzwischen in den Erker. Deine Fachzeitschrift liegt dort."

Der gut erzogene Ehemann trippelte davon.

„Vielleicht hätte uns Herr Doktor einen Rat geben können. Er stammt doch vom Lande", bemerkte ich zögernd.

„Nein, nein", wehrte sie energisch ab.

Doch dann machte mich ihr ratloser Blick entschlossen. Ich kam einmal dazu, wie meine Tante eine Ente ausnahm. Ja, genauso werde ich . . .

„Beginnen Sie einfach so . . . so von hinten", befahl „Frau Doktor" und drehte den fetten Brocken auf den Bauch. Vorsichtig begann ich zu schneiden.

„Ich - ich stoße auf Knochen", gab ich kleinlaut von mir und erwartete ein Donnerwetter. Aber es blieb aus. Wahrscheinlich dachte sie an das Rasierwasser.

„Dann wenden Sie eben das Ding. Irgendwie muß es gehen!"

Und es ging. Behutsam durchschnitt ich Haut und Fettpolster, bis das Eingeweide sichtbar wurde. Nun reihten sich alle Handgriffe mühelos aneinander.

Nachmittags hatte ich dienstfrei. Und als ich heimkam, duftete es in jedem Zimmer nach Gänsebraten. Es reizte mich, erst einmal den Anblick der gebratenen Gans zu genießen, und ich suchte in der Speisekammer nach der großen Bratpfanne. - Ich durchsuchte jeden Winkel - umsonst.

Nach einer Woche entdeckte ich zufällig im Mülleimer das Gänse-Gerippe.

Günther Eisele

Die zeitgemäße Weihnachtsfeier

****

Am offenen Kamin knackten und knisterten lustig die brennenden Holzscheite. Züngelnde Flammen zauberten phantasievolle Licht- und Schattenspiele an Decke und Wände des bereits dämmrigen Wohnzimmers. Doch Bruno berührte diese eigenartige Atmosphäre nur wenig. Im Scheine einer Stehlampe war er ganz in seine Zeitung vertieft. Nicht einmal Corinna hatte er bemerkt. Leise hatte sie sich ihm gegenüber gesetzt und eine Schale frischgebackener Zimtsterne auf den kleinen Couchtisch gestellt. Erst als der süße Duft des leckeren Gebäcks verführerisch Brunos Nase umfächelte, legte er die Zeitung zur Seite. „Schlank hin - schlank her! Wer könnte auch hier schon widerstehen." Mit einem leichten Lächeln ermutigte ihn Corinna: „Nun ja, vor Weihnachten sollen sie am besten schmecken."

Nach einer kurzen besinnlichen Stille fuhr sie fort. „Du Bruno, morgen ist Weihnachten. Ich meine, es wäre an der Zeit, daß wir uns Gedanken machen, wie wir das Fest begehen. Immerhin ist Tanja jetzt schon bald vier Jahre alt. Von der Nikolausfeier im Kindergarten war sie ganz begeistert. So einfach wie bisher können wir es uns nicht mehr machen, ohne Tanjas gestiegene Erwartungen zu enttäuschen. Die Gestaltung des Heiligen Abends hängt nun von uns ab, nicht nur jetzt, sondern auch für die Zukunft."

Bruno schaute auf. „Und hast du schon gewisse Vorstellungen?" Corinna erwiderte: „Was das leibliche Wohl anbelangt, ist wohl alles bestens vorbereitet. Was jedoch das festliche Programm betrifft, da glaube ich, hast du mehr Erfahrung als ich. Wie du weißt, fuhren meine Eltern mit mir über die Weihnachtszeit immer in Skiurlaub." Eine kleine Pause stillen Nachdenkens trat ein. Dann fragte Bruno: „Ja, wie soll der Heilige Abend werden?" „Das überlasse ich dir. Als oberster Familienvorstand und Vater solltest du ja schließlich auch etwas für die Familie tun", antwortete Corinna und lächelte verschmitzt.

Bruno stand auf und ging zum Fenster. Über die von der untergehenden Sonne rötlich angehauchten schneebedeckten Felder wanderte sein Blick hinüber zu dem silhouettenhaft erscheinenden Stadtteil von Ossweil. Zwischen den kontrastreichen schwarzen Hochhäusern am Ortsrand und dem zwiebelförmigen Turmdach der evangelischen Januariskirche konnte er am fernen Horizont noch schemenhaft den Gipfel des Lembergs erkennen.

Nach einer Weile träumenden Schauens traten Bilder der Erinnerung auf. Wie in Gedanken wiederholte er nochmals die Frage: „Ja, wie soll der Abend werden?" Dann fuhr er bedächtig fort. „Als Mutter noch lebte, feierten wir das Weihnachtsfest ziemlich traditionell." Corinna unterbrach ihn: „Was meinst du damit?" „Nun ja", antwortete er ihr, ohne sich nach ihr umzudrehen: „Eben belastet mit all dem überholten Kitsch eines verlogenen, romantischen Christkindles-Zaubers, einschließlich Weihnachtsbaum, Krippelein und Engelein, mit Sing-Sang und Gedichtvortrag der Kinder. Kurz und gut, mit allem, was dazu gehört; nicht zu vergessen die obligatorische Mitternachtsmette, meist begleitet von leisem Schimpfen und Kopfnüssen, wenn wir nicht andächtig waren. Nicht einmal weinen durften wir, um den himmlischen Frieden nicht zu stören. Trotzdem, als Kinder, die wir noch an alles glaubten, empfanden wir es dennoch schön. Doch das Wichtigste und Schönste waren natürlich die Geschenke, insbesondere, wenn sie sich beim Auspacken als die ersehnten Spielsachen entpuppten." „Ist das heute anders?" warf Corinna ein. „Ja", antwortete Bruno, „doch nicht besser. Weihnachten ist zum Geschäft geworden. Das Fest wurde zum Rummel herabgewürdigt. Und die Unzufriedenheit über die Sinnlosigkeit des Festes wächst von Jahr zu Jahr.“ Corinna meinte: „Wir müssen ja schließlich nicht alles nachmachen.“

„Dasselbe dachten wir auch. Als Mutter gestorben war, versuchten wir einmal, das Fest zeitgemäß nüchtern mit Schallplattenmusik und einer guten Flasche Wein bei Kerzenschein zu begehen.“ Neugierig fragte Corinna: „Und wie war die zeitgemäße Feier?“ Bruno erwiderte: „Sie endete in Form einer großen Pleite. Man kann eben auf der einen Seite nicht abbauen und zerstören wollen, wenn man auf der anderen Seite nichts Entsprechendes aufzubauen hat. Sonst steht man am Ende vor einem Trümmerhaufen. Was ist besser? Ich habe diese Frage bisher noch nicht zu beantworten versucht. Jedenfalls siehst du, ich bin nicht der Ratgeber mit dem fertigen Rezept.“

„Wer weiß“, versuchte Corinna ihren Mann etwas aufzurütteln. Vielleicht finden sich in dem Trümmerhaufen deiner angeblich mißlungenen Pleite-Weihnacht auch noch einige brauchbare Elemente zu einem neuen Aufbau. Aus Fehlern lernt man am meisten. Jedenfalls sollten wir nicht beim ersten mißlungenen Versuch gleich alles zum Abfall werfen.“ Bruno winkte ab. „Ich glaube, das kann ich besser beurteilen. Ich war ja schließlich damals dabei.“ „Allerdings - erzählt hast du mir bis heute nichts davon“, entgegnete Corinna und fügte in etwas beleidigendem Ton hinzu, „obwohl wir uns bei der Hochzeit versprochen hatten, nichts zu verschweigen.“ „Nun ja“, antwortete Bruno, „so ein lebenswichtiges Geheimnis war die damalige Geschichte auch wieder nicht gewesen. Außerdem, wer gibt schon selbstverschuldete Pleiten und Fehler gerne zu?“

Langsam ging er zum Kamin zurück. Er legte noch unnützerweise ein Holzscheit in das Feuer, obwohl eine mollige Wärme den Raum erfüllte. Fröstelte ihn die Erinnerung, brauchte er noch Zeit, um seine Gedanken zu ordnen, oder war es reine Verlegenheit? Er wußte es selbst nicht genau. Dann setzte er sich zu Corinna und legte zärtlich den Arm auf ihre Schultern. So schauten beide in das Spiel der Flammen.

Plötzlich unterbrach er das Schweigen. „Wenn du meinst, nun eine ersprießliche Geschichte zu hören, muß ich deine Erwartungen wohl enttäuschen. Aber wenn du es unbedingt willst, dann bitte! An mir soll es nicht liegen.“ Er lehnte sich zurück.

*****

Es war 1973; also ein Jahr vor der sogenannten Kreisreform. Wir wohnten im Elternhaus in Vaihingen an der Enz. Damals war es noch ein kleines, biederes, verträumtes Kreisstädtchen mit rund 8000 Einwohnern, umgeben von den Resten einer alten Stadtmauer und Stadttürmen, am Fuße des Schloßberges Kaltenstein. Unser Haus lag direkt an der Ecke der Franck- und Friedrichstraße. Es stammte aus der Zeit meines Großvaters, des einstigen Brauereibesitzers Berger. Noch vor dem Ersten Weltkrieg mußte mein Vater den Brauereibetrieb verkaufen. Von dem erzielten Erlös vergrößerte er die noch vorhandene kleine Landwirtschaft seiner Vorfahren. Damit wurde der elterliche Betrieb zum größten landwirtschaftlichen Anwesen des Vaihinger Stadtbezirks. In seiner Mitte errichtete er ein neues Wohnhaus. Es war sehr geräumig gebaut und hatte mit seinem runden, fast turmähnlichen Erker an der Ecke den Charakter eines Herrensitzes. Dieser Erker war der Lieblingsplatz meiner Mutter. Von hier aus hatte sie einen schönen Überblick nach fast allen Seiten. Linker Hand konnte sie über den gemauerten bogenförmigen Eingang in der Friedrichstraße die Arztpraxis von Doktor Vogel sehen. In Richtung Norden fiel ihr Blick die Dammstraße entlang, benannt nach dem hohen Bahndamm, der die zwischen dem außerhalb der Stadt liegenden Nordbahnhof und Enzweihingen verkehrende Nebenbahn von der Brücke abwärts zum Stadtbahnhöfle brachte. Dieses lag am Ende der ostwärts ziehenden Bahnhofstraße. Direkt unserem Haus gegenüber befand sich das Postamt und auf der anderen Seite ein kleines Grill-Restaurant. Südwärts sah man auf die Franckstraße mit der Bäckerei Fröschle, der evangelisch-methodistischen Kirche und daran anschließend, nur noch als Eckstück sichtbar, dem damals modernen Bau des Vaihinger Landratsamtes.

Doch an jenem Nachmittag vor dem Heiligen Abend war von all dieser Herrlichkeit nichts zu sehen. Draußen heulte ein kalter Schneesturm sein melancholisches Lied und peitschte schubweise ganze Wolken weißer Flocken über den Platz der Kreuzung. Wohl dem, der in der Stube an der molligen Ofenbank ein warmes Plätzchen gefunden hatte, wie mein Bruder Ulrich und ich. Wir waren auch die einzigen in dem großen Haus. Mutter war damals schon tot. Vater ließ sich nicht abhalten. Der Gang zu Mutters Grab gehörte nun einmal zu seinem täglichen Programm. Und, was er sich in den Kopf gesetzt hatte, das führte er auch aus, und wenn es Katzen hageln sollte. Marie, unserer Hausgehilfin, hatten wir freigegeben. Schließlich hatte sich unsere Schwester Claudia angesagt. Sie arbeitete damals als Operationsschwester in der Universitätsklinik in Heidelberg. Leider kam sie erst mit großer Verspätung an.

Damals hatten wir beschlossen, eine moderne Weihnacht zu feiern. Das sollte heißen, frei von allem traditionellen Klimbim. Wer zuerst auf die Idee kam, weiß ich nicht mehr.

Wenn es auch noch einiges Hin und Her hinsichtlich der Gestaltung des Festabends gab, so waren wir uns im Endeffekt dennoch einig. Gespannt waren wir lediglich auf Claudia. Sie war ja von jeher stets konservativer eingestellt als wir.

Eine Stunde nach der anderen verrann. Sie kam und kam nicht. Schließlich mußten wir beide zu den Kühen in den Stall. Diese bestanden unnachgiebig auf ihrem Recht, jeden Tag pünktlich zur gleichen Stunde gemolken zu werden.

So fand auch Claudias Begrüßung im Stall statt. Durch den starken Andrang der Reisenden mit ihrem meist recht ausladenden Gepäck und die starken Schneeverwehungen versagte die gesamte Verkehrstechnik und -organisation. Es kam zu stundenlangen Verspätungen. Mehr Sorgen bereiteten jedoch Claudias enttäuschte Gesichtszüge. Sie kamen nicht allein von den Strapazen des überstandenen Verkehrschaos, sondern, wie sich auch sofort herausstellte, von einem Blick in unseren sehr nüchternen Festsaal.

Es kam zu einer sehr harten Auseinandersetzung. Claudia meinte, das könnten wir unserem Vater nicht antun, insbesondere jetzt am ersten Weihnachtstag ohne Mutter. In dieser Zeit würden bei allen Menschen die Erinnerungen an vergangene Zeiten besonders wach werden. Ich begann gleich zu kontern. „Was Mutter bieten konnte, können wir Vater sowieso nicht ersetzen." Und Ulrich setzte in etwas forscherem Ton unser Verteidigungsgespräch fort. „Und deshalb wollen wir dieses Jahr auf den ganzen verlogenen Weihnachtskitsch mit all dem sentimentalen Flitterkram verzichten. Durch ihn wird Vater nur noch mehr an die Vergangenheit erinnert. Dies ist jedoch zu verhindern." „Oder aber", warf Claudia ein „er empfindet die Leere erst recht, die Mutters Tod hinterließ." Ohne unseren weiteren Kommentar abzuwarten, verließ sie den Stall.

*****

Gegen sieben Uhr hatten wir unsere Stallarbeiten abgeschlossen. Der Schneesturm hatte sich etwas beruhigt. Doch immer noch wirbelten einige Schneeflocken durch die kalte Winternacht.

Nachdem wir uns in der Schmutzschleuse gründlich geduscht und die Kleider gewechselt hatten, spickte Ulrich nochmals in das vorbereitete Weihnachtszimmer. Aufgeregt winkte er mich heran und begann gleichzeitig zu schimpfen. „Jetzt hat Claudia doch alles anders gemacht und unseren ganzen Plan vermasselt." In demselben Augenblick kam Claudia gerade aus der Küche. „Aha, ihr könnt es wohl kaum erwarten?" „Du hast alles umgekrempelt", stieß Ulrich wütend hervor: „So war das nicht geplant." Claudia antwortete spitz: „Als Tochter des Hauses bin ich ja gleichberechtigtes Familienmitglied. Habt ihr vielleicht mich nach meinen Wünschen gefragt? Doch habt keine Sorge. Ich werde eure englischen Dschungel-Songs nicht stören, wenn ich auch Mutters altes Klavier im Zimmer vermissen werde." „Wir haben keine Dschungel-Songs, sondern Spirituals", versuchte ich ihr klarzumachen. „Das sind religiöse Lieder der Negersklaven aus Amerika. Die Musik soll das Weltumspannende des Weihnachtsfestes unterstreichen." Ulrich ergänzte: „Übrigens sollen diese Lieder auch an die Ärmsten dieser Welt erinnern. Sie gehören in ihrem Elend zu den bevorzugt von Gott Erlösten." „Ja, und die Krippenfiguren?" fragte ich. „Wo hast du denn die so plötzlich aufgetrieben?" Claudia antwortete schnippisch: „Warum, stören sie vielleicht euer Weihnachtsprogramm? Steht nicht das Geschehen von Bethlehem im Mittelpunkt des heutigen Festes?“ Ohne eine Antwort abzuwarten, fuhr sie fort: „Die Krippe stammt von meinem letzten Urlaub in Oberammergau. Eigentlich sollte sie als Weihnachtsgeschenk Vaters Zimmer zieren. Doch, nachdem es hier so nüchtern aussah, habe ich mir erlaubt, sie gleich aufzustellen. Und da bleibt sie auch stehen, ganz gleich, ob sie nun zu eurer modernen Weihnacht paßt oder nicht.“

Mit einem vorwurfsvollen: „Diese stete Emanzipation macht mich noch verrückt“, begann Ulrich seinen wenig effektvollen Rückzug anzutreten. Ich folgte, ebenso unsicher geworden, seinen Spuren. Unsere Selbstsicherheit hatte einen erheblichen Schock erlitten. Wollten wir uns nicht vollends blamieren, mußten wir uns etwas einfallen lassen. Endlich kam mir ein Geistesblitz. Nach gemeinsamer Absprache gingen wir in das unterhalb des Hofes gelegene Hotel „Zur Post“ und ließen uns für den kommenden ersten Weihnachtsfeiertag ein exklusives Menü für die ganze Familie in Form eines Gutscheins ausarbeiten. Es war wirklich die Rettung in letzter Minute; denn als wir nach Hause zurückkehrten, wartete man schon auf den Beginn unseres festlichen Aktes.

*****

In einem ersten Einführungsvortrag weihte ich Vater in das bisher streng gehütete Geheimnis unserer Überraschung ein. Vater war zwar anfänglich etwas stutzig, akzeptierte jedoch unseren Plan. Ob freiwillig, aus Überzeugung oder gezwungenermaßen, da ihm keine andere Wahl blieb? -

Das mag dahingestellt bleiben. Jedenfalls fügte er sich schweigend ein, so daß zunächst alles recht harmonisch verlief.

Wir hatten uns an dem großen runden Tisch niedergelassen und schauten in das flackernde Licht einer dicken Kerze, die aus einem Teller auserlesen schöner, rotbackiger Äpfel aus eigener Ernte herausragte. Nach dem ersten einleitenden Spiritual vom Schallplattenapparat verlas ich die Geschichte vom Paradies, von der Versuchung und Vertreibung des Menschen, versehen mit einem nachfolgenden tiefschürfenden Kommentar über den Sündenapfel und das Licht, das mit Jesus die Finsternis der Welt erhellte.

Ulrich wollte gerade die Nadel auf eine neue Schallplatte auflegen, da läutete es draußen. Vater ging hinaus, um dem späten Gast zu öffnen. Es war Onkel Ernst. - Oh, wäre er nie gekommen!

„Entschuldige, Bruno, wenn ich dich kurz unterbreche", warf Corinna ein. „Aber wer ist dieser Onkel Ernst?" - „Ach so", fuhr Bruno fort. „Den hast du ja noch nicht kennengelernt. Es ist auch besser so. Vielleicht ist er auch inzwischen schon gestorben. Onkel Ernst war der Bruder meiner Mutter. Meine Mutter stammte aus einem angesehenen Vaihinger Handwerksbetrieb in der Heilig-Kreuz-Straße. Das Geschäft stand in voller Blüte. Hans, der Sohn aus der Ehe von Onkel Ernst und Tante Margot, hatte gerade seine Meisterprüfung bestanden und sollte in die Firma einsteigen. Doch es kam anders. Der Krieg brach aus. Hans wurde zur Wehrmacht eingezogen. Er kehrte nie mehr zurück. Onkel Ernst konnte diesen Verlust nicht überwinden. Man sah ihn seither immer mehr in den Vaihinger Wirtschaften als in seiner Werkstatt. Schließlich kam das elterliche Erbe unter den Hammer. Onkel und Tante zogen in ein einfaches, armseliges Häuschen, angelehnt an der alten Stadtmauer, die zum Pulverturm an der Uferstraße der Enz führte."

Doch zurück zu unserer Weihnachtsgeschichte. Vater brachte Onkel Ernst zu uns herein. Mit dem Hinweis, daß ausgerechnet an Weihnachten Onkels Ölofen defekt sei, versuchte Vater die Störung unserer Weihnachtsfeier zu entschuldigen. Onkel Ernst fügte hinzu: „Nicht, daß ihr meint, ich wäre so gekommen. Ich habe euch auch etwas mitgebracht." Umständlich zog er eine Schnapsflasche aus der Tasche seiner Jacke und erklärte: „Ich glaube sogar, das richtige getroffen zu haben; denn, wie es mir scheint, geht es bei euch etwas trocken zu." Vater nahm ihm die Flasche ab. „Das wäre nicht notwendig gewesen. Doch sei dir herzlich dafür gedankt. Und was unsere Weihnachtsfeier anbelangt, so kannst du dies jetzt nicht verstehen. Meine Söhne haben beschlossen, mich in diesem Jahr mit einer zeitgemäßen Weihnacht zu überraschen. Sie sind der Ansicht, daß die alte Romantik unserer Jugendzeit sowieso längst überholt sei." „Interessant", unterbrach der Onkel, „aber ein Gläschen zum Aufwärmen, das werdet ihr doch gelten lassen, oder sollte auch dieses unzeitgemäß geworden sein?" Ich versuchte Onkel Ernst zu beruhigen, indem ich ihm mitteilte, daß auch für das leibliche Wohl vorgesorgt worden sei. Da er wenig Verständnis zeigte, gab ihm der Vater ein Gläschen von seinem eigenen, als Weihnachtsgeschenk mitgebrachten Schnaps. Dann forderte er uns auf, weiterzumachen.

Ulrich legte nochmals die Nadel auf. Andächtig lauschten wir alle den fremdländischen Klängen, obwohl keiner von uns den Text der Lieder verstehen konnte. Nur Onkel Ernst machte ein paar komisch wirkende, rhythmische Bewegungen und meinte: „Ich glaube, ihr habt den falschen Sender erwischt." Ulrich versuchte, ihm die Musik zu erklären. Sie hätten diesmal absichtlich Weihnachtslieder der Neger gewählt, um damit die Verbreitung dieses alle Völker und Nationen vereinigenden Festes hervorzuheben und bewußt zu machen. Als Antwort schenkte sich Onkel Ernst das zweite Glas ein und kippte es mit einem vorherigen provozierenden „Prost Gemeinde“ hinunter.

Als dann Claudia mit dem Vorlesen der Geburtsgeschichte Jesu aus dem Lukas-Evangelium begann, war dies kaum mehr möglich. Überall hatte der Onkel etwas auszusetzen und begoß gleich jeden seiner wenig intelligenten Geistesblitze mit einem neuen Glas. Als einmal das Wort von der Liebe Gottes fiel, da war es schließlich aus mit seiner Selbstbeherrschung. Onkel Ernst vertrat die Ansicht, wer die Liebe heute noch praktiziere, sei ein Trottel, dessen Gutmütigkeit nur ausgenutzt werde. Die Gottesliebe sei ebenfalls ein Märchen. Das habe selbst Jesus am Kreuz erkannt, als er rief: „Mein Gott, warum hast du mich verlassen?“ Und wo sei der liebende Gott gewesen, als sein Sohn Hans wegen nichts und wieder nichts im Krieg fiel? Wo sei seine Liebe gewesen, als er ihm seine Margot genommen habe? „Ich bin immer treu zur Kirche gegangen“, beschloß er seine Rede. „Doch Gottes Gegenliebe habe ich nie verspürt.“

„Was hat Tante Margot mit der Liebe Gottes zu tun?“ fiel ihm Ulrich in stark gereiztem Ton in das Wort. „Daß sie sich das Leben nahm, war nicht die Schuld Gottes, sondern deine Sauferei.“ Onkel Ernst wollte sich mit drohender Gebärde vom Platz erheben. Doch Vater und ich hielten ihn am Stuhl fest. „Laßt los! - Ich lasse mich doch nicht von diesem Grünschnabel beleidigen!“ „Ulrich, beherrsche dich! Es ist Weihnachten. Richte nicht, damit auch du nicht gerichtet werdest“, mahnte Claudia. Auch ich versuchte, die Lage zu entspannen. „Von Schuld oder Nichtschuld zu sprechen, ist hier wohl fehl am Platze.“ Und zu dem immer noch erregten Onkel gewandt, fügte ich besänftigend hinzu: „Wir wissen, wie sehr dich der Verlust deines Sohnes bestürzte. Doch viele traf damals ein ähnliches Los. Sie wurden damit fertig. Du dagegen suchtest im Alkohol deinen Ersatz. Das wurde dir zum Verhängnis.“ - „Warum?“ wiederholte der Onkel nochmals mit weinerlicher Stimme, „warum hat mir euer liebender Gott nicht nur meinen Sohn, sondern auch meine Frau genommen?“ Ulrich antwortete: „Weil er nicht mehr mit ansehen konnte, wie du sie mißhandelt hast, und damit du dich erkennen und bessern solltest. Leider hat es aber nicht viel genutzt. Hättest du deiner Margot nur halb so liebevoll zugesprochen wie deinem scheinheiligen Freund, der Schnapsflasche, dann würde Tante Margot heute noch leben.“ Wieder versuchte sich der Onkel zu erheben. Ich zog ihn zurück. Mit krächzender Stimme schrie er: „Jetzt mißgönnt mir dieser Lümmel auch das bißchen Trinken hier. Schöne Weihnachten, das muß ich sagen.“ Dann nahm er die Flasche direkt an den Mund und ließ Schluck um Schluck hinunterlaufen, bis es mir gelang, ihm die Buddel aus der Hand zu winden.

„Wo ist übrigens Vater?“ rief ich, nachdem ich sein Fehlen bei der Besänftigung des Onkels festgestellt hatte. Claudia bot sich an, in seinem Zimmer nachzuschauen. Im Weggehen erinnerte sie noch Ulrich, die gebratenen Hähnchen vom Grill-Restaurant gegenüber zu holen. Was nun folgte, war der restlose Zusammenbruch unserer modernen Weihnacht. Claudia kam ohne Vater zurück. Ulrich verkündete, daß der Grill geschlossen hatte, und Onkel Ernst saß mit gläsernen Augen vor der fast leeren Schnapsflasche. So hatten wir uns den Ausgang unseres weihnachtlichen Experiments nicht vorgestellt.

Schließlich einigten wir uns. Ulrich brachte Onkel Ernst nach Hause. Claudia ging in die nahegelegene Sankt-Antonius-Kirche, um nach Vater zu schauen, und ich versuchte, ihn auf dem Friedhof zu finden.

Inzwischen hatte es zu schneien aufgehört. Die dunklen Wolken waren abgezogen. Es war eine sternenklare, frostklirrende Nacht. Nach kurzem Suchen fand ich Vater am Grab der Mutter. Er hatte die Kerzen an dem kleinen Tannenbäumchen angezündet. Langsam trat ich zu ihm.

Wie verklärt schauten seine Augen in das Lichtergefunkel der winzigen Kerzen. Dann flüsterte er: „Es gibt noch das lebendige Grün der Tannen in eiskalter Nacht als einziges Zeichen des Lebens, und es gibt auch das Licht, das alle Dunkelheit durchdringt und mit seinem zarten Hauch der Wärme ein Gefühl der Geborgenheit vermittelt.“ Ich antwortete ihm leise: „Ich weiß, du hast recht, Vater. Kannst du uns verzeihen?“ Er schaute mich an. „Da gibt es nichts zu verzeihen. Ihr habt es schon recht machen wollen. Solange die Menschen das Geheimnis der Heiligen Nacht in ihrem Herzen bewahren, so lange ist die Welt nicht verloren.“ Und nach einer kurzen Zeit des Nachdenkens fuhr er fort. „Ich habe hier Weihnachten gefeiert mit Mutter. Es war eine stille Weihnachtsfeier; aber ich spürte, Mutter war ganz nahe bei mir. Das war schön.“

Ergriffen und besorgt legte ich meinen Arm um seine Schulter. „Vater, es ist kalt, und du hast noch nichts gegessen“, ermahnte ich ihn. Er entgegnete: „In meinem Herzen ist es warm.“ Von der Stadtkirche herauf ertönte das Geläut der Weihnachtsglocken. Dann fielen die Glokken der Sankt-Antonius-Kirche ein. „Klingt es nicht wie der Gesang der Engelschöre?“ sagte er leise vor sich hin. „Ehre sei Gott in der Höhe, und Frieden den Menschen, die guten Willens sind.“ Plötzlich spürte ich die Besonderheit dieser Nacht. Schweigsam gingen wir den Weg nach Hause zurück.

*****

Es war die letzte Weihnacht, die wir zusammen verbrachten. Vater starb kurze Zeit darauf an den Folgen einer Lungenentzündung, die er sich vermutlich in jener Nacht zugezogen hatte. Mein älterer Bruder Ulrich, bereits mit abgeschlossenem Studium als Diplom-Landwirt, übernahm das elterliche Anwesen. Mit Eva-Maria, einer recht lebensfrohen und quirligen Frau, führte er eine zwar kurze, aber sehr glückliche Ehe. Er selbst starb im frühen Alter von kaum 35 Jahren an einem heimtückischen Krebsleiden. Eva-Maria war den vielseitigen Anforderungen der Erhaltung und Weiterführung des Hofes nicht gewachsen. So einigten wir uns auf den Verkauf des elterlichen Anwesens. Damit endete eine Generationen überspannende Ära der Familie Berger in Vaihingen.

Alles Weitere weißt du ja. Claudia heiratete ihren einstigen Chef, den schon in jungen Jahren bekannt gewordenen Professor Doktor Sternberg. Seinen weitreichenden Verbindungen verdanke ich auch nach Bestehen meines Doktor-Examens den raschen Aufstieg zum Chefarzt im hiesigen Krankenhaus.“ Corinna unterbrach ihn: „Nicht nur ihm, auch deiner Tüchtigkeit.“ Bruno antwortete ihr: „Sei es, wie es will.“

„Ja, und das war es. Das war die Geschichte einer neuzeitlichen Weihnacht, oder die Geschichte einer großen Pleite. Vielleicht verstehst du jetzt, warum ich dir bisher die mich immer noch bedrückende Erinnerung verschwieg. Ich habe in der Zwischenzeit versucht, einen Schlußstrich unter meine Vergangenheit zu ziehen. Denn, was vorher war, das ist nun ein für alle Mal vorbei. Ich kann nichts mehr an dem einmal Gewesenen ändern. Maßgebend ist für mich nur noch die Gegenwart." Corinna erwiderte ihm: „Meinst du, es ist richtig, die Vergangenheit, als Abschnitt eines Lebens, einfach als nicht gewesen wegzuwischen? Es heißt doch immer, man solle aus der Vergangenheit lernen." Bruno wiederholte den letzten Satz als Frage: „Aus der Vergangenheit lernen? Wir reden vom Frieden, doch man rüstet weiter auf und erfindet immer noch schrecklichere Waffen der Vernichtung. Wir beklagen die Zerstörung der Umwelt. Doch die Müllberge wachsen, die Luft wird weiter verpestet, die Flüsse und Meere in chemische Kloaken verwandelt. Wir reden von der Menschlichkeit. Doch man tötet ungeborenes Menschenleben im Mutterleib. Wir sprechen vom Hunger in der Welt. Doch statt Überschüsse landwirtschaftlicher Produktion liefern wir als drittgrößtes Waffenexportland Gewehre und bereichern uns weiter auf Kosten der Armen. Hat die Menschheit je aus der Geschichte gelernt?" Es folgte eine tiefe Stille.

*****

Draußen vor dem Fenster war die Nacht hereingebrochen. Die rote Glut der Holzscheite im Kamin widerspiegelte sich in den Gesichtern der beiden. „Nun ja", unterbrach Bruno plötzlich diese heilige Ruhe. „Aus der Vergangenheit lernen? - Hast du etwas aus meiner Geschichte gelernt? Hast du in dem Trümmerhaufen unserer verkrachten Weihnachtsfeier noch etwas Brauchbares gefunden, das sich morgen in unser Festprogramm einbauen ließe?"

Der etwas verbitterte Ton ihres Mannes ließ Corinna aus ihrer träumenden Besinnung aufhorchen. Dann antwortete sie: „Vielleicht, vielleicht auch nicht. Es muß erst noch reifen. Die Worte deines Vaters damals auf dem Friedhof machen mich nachdenklich. Du weißt doch, als er von der Bewahrung des Weihnachtsgeheimnisses sprach. Der genaue Wortlaut ist mir jetzt gerade nicht geläufig." „Du meinst wohl den Satz: Solange die Menschen das Geheimnis der Heiligen Nacht in ihrem Herzen bewahren, so lange ist die Welt nicht verloren?" erinnerte sich Bruno. Corinna bejahte. „In mir klangen diese Worte wie eine Art Vermächtnis an unsere Generation, die ja nun das Erbe der Vorfahren übernommen hat zur weiteren Erhaltung und Weitergabe." Bruno unterbrach. „Offen gestanden berührte mich dieser Satz am Grabe der Mutter auch in ganz eigenartiger Weise. Doch was soll uns dieser Auftrag zur Bewahrung des Weihnachtsgeheimnisses praktisch besagen? Wir hatten ja damals mit unserer Weihnachtsgestaltung auch der Geburt Jesu gedacht, und was herauskam, war das Chaos."

Zögernd antwortete Corinna: „Ich habe mir auch schon darüber Gedanken gemacht. Ich glaube, die Geschichte von der Geburt Jesu ist nur ein äußerlicher Rahmen. Das Weihnachtsgeheimnis liegt viel tiefer. Sicher, im Stall zu Bethlehem wurde Jesus als Kind geboren. So steht es im Evangelium. Von Gott, dem Vater, in die Welt gesandt, wurde Jesus, als sein Sohn, Mensch, um der Menschheit das Gesetz der Liebe zu verkünden und beispielhaft vorzuleben. Jesus erschien in einer Zeit der längsten Dunkelheit und der größten Kälte, um den Samen der Gottesliebe in die Herzen der Menschen einzusäen, damit er dort keime, wachse, reife und fruchte, wie die Pflanzen auf dem Feld. Und je mehr die Saat aufgeht, desto länger werden die Tage, desto mehr wird das wachsende Gut von der energiespendenden Wärme der Gottesliebe gespeist.

Doch, wie der Gegenpol von Tag und Nacht, hatte auch die Liebe im Menschen einen Gegenpol. Nennen wir ihn Egoismus, Profitgier, Drang zur Macht, zum Herrschen-Wollen. Was jedoch nützt die gute Saat, wenn sie von diesen negativen Elementen immer mehr zugedeckt und unterdrückt wird? Wir aber, wir Menschen, sind die Beauftragten Gottes, sein Feld zu pflegen und zu hegen. Darum liegt es an uns, ob die Welt unter dem Schatten menschlichen Versagens erstickt oder erfüllt ist von der strahlenden Sonne der Liebe. Ich glaube, wenn wir das Geheimnis des Weihnachtsfestes weniger vom Text des damaligen Geburtsgeschehens her betrachten, sondern vielmehr als Erneuerung und Erinnerung unseres damit verbundenen Auftrags, erst dann werden wir den richtigen Zugang zu diesem Feste finden. Das ist das von deinem Vater wohl gemeinte Geheimnis der Heiligen Nacht, das wir in unserem Herzen bewahren sollen.

Wir müssen wieder lernen, unser Leben aus der Liebe heraus zu gestalten. Liebe äußert sich nicht in großen käuflichen Geschenken, mit denen wir unseren Status nach außen zeigen wollen, Symbol von Tüchtigkeit und hohem Lebensstandard. Liebe, das heißt Entgegenkommen, gegenseitige Rücksichtnahme, mehr Verständnis füreinander, mehr Hilfsbereitschaft und Achtung, anstatt Eigensucht, Berechnung, Besitzgier oder rücksichtsloses Machtstreben. Ich glaube, viele der die Welt gegenwärtig bedrükkenden Probleme würden sich von selbst lösen, und der Druck ständiger Zukunftsangst würde einem Gefühl des Vertrauens, der Hoffnung und der Geborgenheit weichen. Solange wir Menschen unser Leben im Ringen um die selbstlose Liebe leben, so lange ist die Welt nicht verloren. Dies ist das Geheimnis des Weihnachtsfestes, das wir in unserem Herzen bewahren sollen. Und ich glaube, wenn wir das morgige Fest des Heiligen Abends mit dem festen Willen zur inneren Umkehr und in der Erkenntnis selbstloser Liebe begehen, dann bereitet uns die Gestaltung des Programms keine Sorgen.

Weihnachten ist das Fest der Liebe. Dies ist der Kernpunkt und die Hauptsache. Alles andere darum herum ist lediglich die Verpackung. Nicht die Verpackung ist wichtig, sondern der Inhalt unseres Geschenkes. Nicht durch Reden, sondern durch Tun verwirklichen wir Gottes Willen. Daran sollten wir stets denken.

Gerda Wittmann-Zimmer

Vollkommenheit und Einsicht

Eine Weihnachtsgeschichte

****

Die große Schwester ist mit einbezogen. Stolz und sehr erwachsen wispert sie von Geheimnis und Geheimnis und Geheimnis. Die großen Leute haben ihre Feiertagsgesichter angelegt, jetzt schon, vorab. Die vierte Kerze des Adventskranzes steht da als ein roter Stummel, und die staubbrüchigen Zweiglein streuen sich aus, fast schon bei einem kleinen Windzug. Kurz: Es weihnachtet sehr.

Der kleine Bruder streicht an geschlossenen Türen entlang und erhascht den winzig-länglichen Lichtschein aus dem Schlüsselloch. Nur noch wenige Abende sind zu ertragen, zu erschleichen, Geknister, Gemurmel zu deuten, ach - und einzuschlafen. Mit kalten Füßen, klopfendem Herzen und großen Ohren taucht er ein, der kleine Bruder, schwimmt hinein in die Schlafstille. Die Mutter kommt, deckt zu, streichelt, küßt seine Stirn.

Vater ist verschwunden.

Der Keller ist sein Revier geworden; er, der seine Heimat am Schreibtisch hat, nur dort, und diesen Platz mit der Stirnseite des Eßtisches tauscht für drei Mahlzeiten am Tag. Er geht herum, mit gerötetem Gesicht und Pflaster am Zeigefinger. Mit grauer Schürze und Holzspänen auf der Hose steigt er in sein Kellerloch und schließt ab hinter sich. Nur die Mutter darf sich nähern, mit Tee, Butterbroten und hin und wieder Zuspruch. Das Gelärme des Alltags hat sich wundersam gewandelt. Alles atmet Vorfreude.

Die Fenster sind längst geputzt, die Teppiche geklopft. Mutter war selig, da der erste Schnee gefallen war. Hinten, im Gärtchen, sind große dunkle Rechtecke geblieben, Spuren der Teppichbehandlung. Die große Schwester hatte sich abgeplagt. Erst die Teppiche eingerollt, dann rausgeschleppt, aufgerollt mit dem feinen Muster nach unten; darauf rumgegangen, geklopft, geklopft. Zu zweit haben sie die schweren, feuchten Dinger auf die Klopfstange gehievt, gebürstet, gebürstet. Die Räume hörten sich an wie eine Turnhalle. Wie gesagt, alles ist jetzt piekfein, duftend und frisch. An den Fenstern hängt Gold- und Silbergebasteltes. Zwanzig Stollen hat Mutter fertiggebracht - vor vier Wochen schon. Morgens um fünf ist sie aufgestanden. Eine riesige Teigwanne, jährlich Leihgabe des Bäckers, war angefüllt, und Mutter hat geknetet, geknetet - bis zu den Ellbogen steckte sie im Teig: schwere Arbeit. Sie kämpfte sich durch die Massen von Butter, Zucker, Mehl, Rosinen, Zitronat, Orangeat! Herrlicher Tag, Kinderfest! Dann erst wurde es Advent. Wie durch Zauberei kam der Adventskranz ins Haus mit dem Duft von Stollen und Stollen und Stollen.

Vater wollte seinen Dresdner Christstollen, nur das, sonst nichts. Das ist sein Kinderort, das sind seine Weihnachtswurzeln, und das Überstreuen mit Puderzucker war immer seine Aufgabe gewesen, die er mit Ernst und technischem Verstand versah, natürlich unter der Bewunderung der ganzen Familie.

Der Schrank im Schlafzimmer obenauf war längst schon feucht abgewischt, mit Fettpapier belegt, und das große, weiße Tuch lag, gefaltet, bereit. Zwanzig mal einen halben Meter Weihnachtsfreude hatte zu ruhen, nebeneinander, bis zum ersten Feiertag.

Hin und wieder krabbelte jemand auf einen Stuhl, um den feuchten Finger unter das blütenweiße Tuch zu schieben . . .

So war es und so ist es! Es kann also nichts mehr passieren, alles ist vorbereitet, alles heißt warten, und die Eltern haben jetzt schon gute Laune, in diesem Jahr ganz besonders! Es gibt neue Kleidchen, weiße Strümpfe vorab, zum Feinsein am Abend des Tages aller Tage! Der Bauch tut weh aus Ahnung von vollkommener Freude.

„Übermorgen, Kinder, wihirds wahas geben . . ." Dieser Abend wird besonders herb für den Bruder und das Zubettgehzeremoniell abrupt abgebrochen, durch Vaters Rufen. Der knappe Griesbrei: reingelöffelt; Kuß und „wehe du kommst nochmal" - Licht aus.

*****

Der Balkontisch steht ausgeklappt im Wohnzimmer, belegt mit Kartons, die bedruckt und mit vielen gestrichelten Linien belegt sind. An den Rändern stehen Scherensymbole zum Nachschneiden, weiße, überstehende Rechtecke sind zu beachten: Ja nicht abschneiden! Falze sind es, zum Kleben. Kurz: Ein Bastelabend besonderer Art steht bevor.

Vater sitzt am „Rauchtisch" mit Papier und Rechenschieber. Mutter hält Klebstoff, Scheren, Lineal und Bleistifte bereit. Saft steht da und Kekse, eine Kerze brennt. Niemand spricht. Die große Schwester versenkt sich in die gestrichelten Linien. Sie schnippelt und ist glücklich. Es entstehen viele Häuschen, ein Bahnhof, eine Kirche (das Prunkstück!). Vater hat eine lange Schnur mit winzigen Birnlein. Er kämpft und entwirrt.

Kleine Männlein, Reisende, Müßiggänger, Kinderwagenmütter mit Hund und Katze, Kühe, Schafe, Tierlein für den Wald, winzige Köfferchen, Regenschirme, Pakete und der Mann mit Kelle und Mütze, nicht zu vergessen die runde Pappuhr fürs Bahnhofstürmchen: All das wird abgezwickt von einem großen Pappebogen und versehen mit Klebestreifen, die beidseitig festhalten sollen.

Es ist zwei Uhr nachts. Die Kerze ist längst runtergebrannt. Das Engelein schläft schon! Das Weihnachtsengelchen, das durch den Raum geflattert ist an diesem Abend.

Die Ruhe, die Nähe, das Schneiden und Kleben, die Gedanken, die spaziert sind und beieinander waren: Weihnachten; Nähe und Stille, Ernstgenommensein und wichtig: Weihnachten, alter Kindertraum! Die große Schwester hat den schönsten Abend ihres kleinen Lebens erlebt. Sie fällt in den herrlichen, tiefen, traumlosen Schlaf, der sie in die Ferien führt, nicht zu Ende denkbare Zeit.

*****

„Morgen, Kinder, wihirds wahas geben . . .“

Vortag: viele Handgriffe; Haarewaschen, Nägelschneiden, Mutter kocht vor. Es brutzelt, dampft und duftet; Leute rufen an, Berge von Post werden in einem Schächtelchen gesammelt. Sakrileg: Erst am Heiligen Abend lesen!

Vortag, Vorabend: Husch, früh ins Bett! Kinder sind sich selbst überlassen: „Schmiert euch Butterbrote. Wehe, ich höre was von euch!“

Bumm. Die Wohnzimmertüre wird von innen verschlossen, die Schiebetüre verhängt.

Die Eltern sind nicht mehr verfügbar.

*****

Die Glocken läuten.

Kleine Nebelchen aus Atem steigen aus den Mündern. Sie gehen zur Kirche.

Die Beine werden kalt, denn die weißen Strümpfe sind nicht das rechte Winterkleid. Macht nichts, Hauptsache schön.

Wie aufgeregt sie sind! Wenn das „Oh, du fröhliche . . .“ kommt, haben sie es endlich überstanden!

Die Luft ist wärmlich in der Kirche, etwas feucht, schwarz von Menschen; Haare sind gestriegelt, andere gelockt, Mädchen tragen dicke Schleifen, weiß oder rot. Kleine Buben sitzen da in ihren Mäntelchen, kariert, mit dunkelblauem Samtkragen, und haben rote Ohren. Die Bügelfalten ihrer kurzen Hosen stehen ab, da und dort blitzt ein Stücklein Schenkel raus, dort, wo der lange Wollstrumpf eine Kurve macht.

Alles scharrt und schiebt sich zurecht. Duftwässerchen verschiedenster Güte vermischen sich mit dem Geruch der feuchten Wollmäntel.

Brausend bricht die Orgelmusik das Gemurmel auseinander: Die Erwachsenen entspannen sich, lehnen sich zurück. Endlich geschafft!

Der Pfarrer müht sich.

„Und es begab sich aber zu der Zeit . . .“, altvertraut, altbekannt und wohltuend, wie ein Versprechen auf kommende Herrlichkeiten: Dort, hinter der Türe, die verschlossen ist seit gestern abend . . .

Vaters Kinn ist endgültig auf seine Brust gesunken, und der Hut in seiner Hand droht abzurutschen. Die große Schwester hofft inständig, er möge geräuschlos bleiben. Mutter schubst ihn vorsichtig am Arm. Ohne Erfolg. Jährlich wiederkehrendes Schauspiel, die Familie schaut gebannt, aufrecht und etwas angespannt!

*****

Jetzt kommt das Menü.

Wunderbarer Tisch, Kerzenschimmer, gefaltete Servietten und das gute Geschirr mit dem Goldrand, Glitzergläser;

all das hält ab, hält die Kinder vom Zauberzimmer fern, eine kleine, lange, lange Weile noch.

Einen halben Eierbecher voll Wein - prost ihr Kinder - prost Papa, Mama - frohe Weihnachten, Küsse, Küsse und guten Appetit.

Endlich klingelt das Christkind! Die Schiebetüre zwischen Eß- und Wohnzimmer ist entblößt, die Wolldecke entfernt.

Leuchtendes, gleißendes, flimmerndes Weihnachtslicht! Der goldene Tannenbaum brennt sich ein, tief tief tief in die Erinnerungen, die zu kommen haben, für ein Leben lang Sehnsucht, nicht zu benennen. „Ah", sagen sie, und „so schön war er noch nie." Genauso sagen sie es jedes Jahr.

Unter dem Kerzenbaum liegen Päckchen. Sie müssen warten. Vater ist viel zu aufgeregt! Kaum ist „Ihr Kinderlein kommet" und „Oh Tannenbaum" (zwei Verse) abgesungen, steht er an der Tür: „Kommt, kommt schnell, ihr Kinderlein kommet, und Mutter auch." Vater ist atemlos und strahlend, wie sein kleiner Sohn. Die Schwester freut sich auf ein Wiedersehen mit Häuschen und Männlein; der endgültige Ort war auch ihr verwehrt.

Sie schleichen hinaus ins Treppenhaus, ohne Licht. Sie schleichen die finstere Kellertreppe hinunter, dicht ans Geländer gedrückt.

Vater tastet sich vor bis zu der bislang verbotenen Geheimnistüre.

Er öffnet sie einen Spalt. Oh Seligkeit: Eine Lichterwelt tut sich auf! Leuchtende Häuschen, Straßenlampen über Autoreihen, Wartehäuschen, Bahnhof und Kirchenlicht, Müßiggänger, Reisende und Kinderwagenmütter, Winkende, Blumentragende, auf Bänken Ruhende: Eine Märchenwelt aus Wirklichkeit! Berge mit grünen Hängen, blühenden Bäumen, mit Rehlein und Tannen, mit Tunnels und steilen Steigungen, engen, weiten Kurven, „präzise berechnet“, sagt Vater. Er dreht an einigen Schaltern und geräuschvoll zieht Leben, Bewegung ein. Vier lange Züge ziehen gleichzeitig ihre Bahn, hinauf, hinunter; sie verschwinden und erscheinen, wie gezaubert, wieder anderswo. Es gibt Brücken, Bäche und Seen. Die Züge fahren und fahren, halten an Schranken und bei runtergeklapptem Signal. „Ein Wunderwerk“, sagt Mutter. Vaters Gesicht ist gerötet, Vater hat alles vergessen. Wochen der Planung, Wochen voller Sägen und Kabelverwirrungen. Er ist glücklich. Er ist erschöpft. Sein Kindertraum ist erfüllt.

Der kleine Bruder staunt.

Die große Schwester staunt.

Die Mutter staunt.

Sie stehen gedrückt an der Wand, das Räumchen ist eng, kaum, daß man um die große Platte herumkommt. Ein kleiner Heizlüfter summt, es ist recht kalt. Mutter geht Jacken holen.

Die Kinder dürfen gleich auch mal. Vater erklärt alle Technik. Vater weist auf Gefahren hin, Vater gibt noch nicht ab. Sein Söhnchen steht, immer noch fassungslos, mit glühenden Backen.

Jetzt darf er am Schalter drehen. „Immer nur einen, Kind“, und „vorsichtig, nicht zu schnell in die Kurven!“ Eine Lok entgleist. „Ich hab dir doch gesagt . . .“

Mutter besteht auf den Strickjacken. Lange stehen sie, staunen, nehmen Ratschläge entgegen, drehen Schalter, und die Geräusche der Züge beginnen im Ohr zu dröhnen.

Jetzt ist Vater soweit. Gleich wird er seine Zigarre rauchen, „wohlverdient“, sagt er. „Du weißt Bescheid, Junge, immer nur einen Schalter und langsam fahren, langsam, bleib nicht zu lange."

Der kleine Bruder bleibt mit seinem Glück allein. Die Strickjacke ist zugeknöpft und alle nötigen Versprechungen sind gegeben.

*****

Vater macht Rauchkringel. Es riecht nach Zeithaben und Freundlichkeit. Die Weihnachtspost ist vorgelesen. Die Eltern haben sich dem Wein zugewandt, die große Schwester ist eingetaucht in ihr dickes Buch, vom Brüderchen ist nichts zu hören. Die Eltern wispern und lachen; Vater beschreibt wieder und wieder: Wie er dieses Problem und jenes, wie diese und jene Schwierigkeit, wie diese und jene Berechnung endlich zum Erfolg . . . „nur durch Berechnung, durch Nachdenken . . ." Eine große Zufriedenheit hat sich ausgebreitet. Die zweite Lage der Christbaumkerzen ist fast schon niedergebrannt.

Es ist spät geworden. Niemand stört sich daran - der Kinder größtes Glück: Heute, aufbleiben, so lange sie wollen!

*****

Die große Schwester erhebt sich, um in den Keller zu gehen. Sie kommt nicht wieder. Sie kommt nicht mehr heraus. Vater streckt sich. Er gähnt. „Ich will nochmals", sagt er und nimmt seine Jacke. „Knöpf zu", sagt Mutter.

Ein Geräusch dringt zu ihr herauf; ein kehliger Laut, ein Ton so fremd - ein gedrückter Schrei? Mutter stürzt zur Kellertreppe, klickt das Phasenlicht an und schaut die Bescherung: Die Tochter sitzt am Boden, regungslos; Vater, mit sehr weißer Nase, hat die Augen weit aufgerissen in finsterem Blau, beide Arme ausgestreckt, eine Figur, ganz aus Wachs gegossen, Statue des Entsetzens.

Im Kellerzimmerchen, kaum auszumachen unter der großen Eisenbahnplatte, liegt der kleine Bruder bäuchlings am Boden. Er hat einen Schienenkreis gelegt, übersichtlich, faßbar, bespielbar; er hat zielstrebig und fleißig gearbeitet. Ganz versunken und stolz sagt er: „Papa, schau mal, das habe ich berechnet!" und seine Augen leuchten über den vollkommenen Kreis. Er schiebt die Präzisionslock mit zwei Wagen angekettet her und hin und oben, mitten in der Landschaft, neben friedvollen Kühen und stocktragenden Wanderern, klafft eine böse Wunde.

Vater explodiert; seine Rechte ist nicht zu bremsen, ganz unweihnachtlich, ganz unpädagogisch entlädt sich sein Schmerz, sie surrt auf das Hinterteil des fleißigen Handwerkers. Beider Fragen werden ohne Antwort bleiben! Und die Mutter blickt stumm . . .

Die Kinder liegen schon lange in ihren Betten. Vater und Mutter haben sich alles gesagt, haben diskutiert und geschwiegen. Vater ist ein Block aus Granit. Er hat sich erhoben. Er geht her und hin und hin und her, jetzt verläßt er das Wohnzimmer, das grau geworden ist, ohne Glanz . . . Er setzt sich auf das Bett des kleinen Buben, nimmt die reglose Schlafehand, warm, in seine große Hand und streichelt sein Wuschelhaar. „Junge", flüstert er, „ich habe verstanden . . ." Mutter steht neben ihm. „Manchmal ziehet hinterwärts, Einsicht in das Kinderherz." „Vaterherz . . .", verbessert er. Und jetzt, fast schon gegen Morgen, zieht Weihnachten bei ihnen ein, das feierliche, kleine Weihnachtsglück, wahrscheinlich ist das Engelchen wieder durch den Raum gegangen. Bis der Morgen sein Licht ausbreitet, haben sie noch viel Zeit!

Leonore Urbild

Es weihnachtet sehr . . .

****

„Von drauß vom Walde komm ich her, ich muß euch sagen, es weihnachtet sehr ...", so lernten wir in der Schule und stimmten uns adventlich ein. Mein Bruder und ich waren in einem Alter, in dem wir die Vorweihnachtszeit als geheimnisvoll und spannend erlebten. Und weil es eine Kriegsweihnacht war und die Läden immer spärlich bestückt wurden, konnten wir uns auch über die kleinsten Geschenke wunderbar freuen, und unsere Erwartungen waren groß. Wir äußerten unsere bescheidenen Wünsche wie: ein neues Kleidchen für die Puppe, eine Süßigkeit, Bauklötzchen oder Knetmasse zum Formen, Stifte zum Malen und Papier dazu. Vielleicht gab es auch einen neuen Schal oder eine neue Mütze? Wenn meine Tanten und meine Mutter abends zusammensaßen, klapperten auf jeden Fall die Stricknadeln, nachdem uns die Mutter ins Bett geschickt hatte. Und ab und zu wurde ein getragener Pullover aufgetrennt, um Wolle zu gewinnen, denn zu kaufen gab es keine mehr.

Und wenn wir unsere Mutter fragten, ob unsere Wünsche wohl erfüllt werden würden, tat sie sehr geheimnisvoll und zwinkerte uns zu und meinte, es käme wahrscheinlich auch darauf an, wie brav wir wären. Wir strengten uns gewaltig an, fragten, was es einzukaufen oder sonst zu helfen gebe und stritten nur dann, wenn Mutter außer Hörweite war.

Ich war neun Jahre alt, und mein Brüderchen war fünf Jahre jünger. Seit zwei Jahren hatten wir keinen Vater mehr. In vielen Familien waren 1943 die Frauen und Kinder alleine, denn die Väter waren an der Front. Unser Vater war verstorben. Ein Arzt hatte eine Fehldiagnose gestellt, und die fortgeschrittene Krankheit konnte nicht mehr behandelt werden, weil es wegen der Kriegsereignisse keine Medikamente dafür gab.

Wir feierten das Fest zusammen mit unseren Großeltern, den Eltern unseres Vaters. Großvater bemühte sich, die Rolle seines Sohnes zu übernehmen und uns väterliche Geborgenheit zu geben. Die Großeltern wohnten in einer sieben Kilometer entfernten uns benachbarten Stadt und kamen an Wochenenden und zu Festtagen mit dem Zug zu uns.

Wir freuten uns auf ihre Besuche und holten sie vom Bahnhof ab.

Noch heute sehe ich uns hinter dem Bahnhof stehen. Hier gab es einen freien Platz, von dem aus man die Bahnstrekke bis zu einer Kurve übersehen konnte. Wenn die Zugankunft ausgerufen wurde, warteten wir, bis die Lokomotive angedampft kam, und dann rannten wir in das Bahnhofsgebäude und stellten uns an die Sperre, an der die Fahrkarten kontrolliert wurden. Wenn der Zug stand, beobachteten wir, wie die Großeltern ausstiegen, und wenn sie größere Taschen mitbrachten, gab es meistens eine Überraschung, entweder für den Mittagstisch oder für uns Kinder. Als die Notzeiten größer wurden, schleppten sie im Winter Taschen mit Holz und Briketts, damit wir uns eine warme Stube machen konnten.

Die Großeltern hatten auf jeden Fall immer etwas Interessantes dabei. Manchmal war es ein kleiner Notizblock oder ein Bleistift oder gar ein Radiergummi aus irgendeiner geheimen Reserve. Es waren Kostbarkeiten für uns, denn es gab ja fast nichts mehr zu kaufen. Einmal brachte Großvater etwas ganz Besonderes. Wir wußten zuerst gar nicht, was das sein sollte. Es stellte sich heraus, daß die langen Lederstreifen, die die Tasche enthielt, Futter aus abgelegten Stahlhelmen waren. Großvater war ein hervorragender Organisator. Er hatte erfahren, daß es möglich war, dieses Futter herauszutrennen, und daß das findige Leute taten und dann gegen alte Kleidung eintauschten. Großvater opferte eine seiner Hosen und tauschte. Mutter war hellauf begeistert, nähte die Streifen auf ihrer guten alten Singer-Nähmaschine zusammen, wobei diverse Nadeln abbrachen, legte einen Hosenschnitt darauf und nähte für mein Brüderchen eine Lederhose, die dann auf dem Weihnachtstisch als das kostbarste Geschenk des Jahres lag.

Mit den getragenen Pullovern ging die Neuverarbeitung so: die Sachen wurden gewaschen und auseinandergetrennt. Danach wurden sie aufgezogen. Und hier setzte meine Mithilfe ein. Sie erforderte meinerseits viel Geduld, die ich aber vor Weihnachten wohl oder übel aufbringen mußte. Ich war nämlich mit meinen beiden Händen und Armen ein lebendes Wollwickelgestell.

War ein Teil des Kleidungsstückes, das aufgezogen wurde, zu Ende, knüpfte Mutter den Faden fest und band die Wolle an zwei Seiten zusammen. Nun wurde diese, weil sie wegen der Maschen, zu denen sie verarbeitet war, ganz wellig und kräuslig war, naß gemacht und tropfnaß und beschwert aufgehängt, damit sie sich glätten konnte. Wenn sie trocken war, mußte ich wieder als Wollwickler arbeiten, meine Arme ausbreiten und mich mit den Händen so bewegen, daß die Wolle nicht herunterfiel und gut abgewickelt werden konnte. Nun gab es Wollknäuel, die später verstrickt wurden. Dieses Weihnachten wurde knallrote Wolle gewickelt, denn eine Tante hatten einen roten Pullover, den sie nicht mehr tragen wollte, hergegeben. Mutter war begeistert, und ich war gespannt, was sie wohl daraus zaubern würde und ob das für mich bestimmt war.

Es klapperten aber nicht nur die Stricknadeln, es ratterte öfter die Nähmaschine, die Vorweihnachtszeit brachte noch andere Aktivitäten mit sich.

So gab es „Verhandlungen“ zwischen meiner Mutter und einem Onkel, der Kaninchen züchtete, wegen des Weihnachtsbratens, und Mutter stellte zusammen, ob sie die Zutaten für den Christstollen bereit hatte. Es war ein großes Kunststück, die notwendigsten Lebensmittel für einen Dresdner Christstollen von dem, was es auf Lebensmittelkarten gab und was man tauschen konnte, zusammenzusparen. Aber Mutter hatte es, zusammen mit den Großeltern, wieder einmal geschafft. Kartoffeln für die grünen Klöße waren ebenfalls im Keller. Grüne Klöße waren das absolute Festtagsessen. Sie hießen grüne Klöße, weil sie aus rohen Kartoffeln gemacht wurden und eine leicht grünliche Färbung hatten. Sie wurden mit gerösteten Semmelwürfeln gefüllt. Ich hatte die wenig schöne Aufgabe, für die Klöße einen Eimer Kartoffeln zu schälen. Das war eine mühselige Sache, und oft trödelte ich dabei herum. Nach dieser Arbeit waren die Hände tagelang schmutzig. Es war unsagbar langweilig, dazusitzen und so viele Kartoffeln schälen zu müssen. Mutter hat sie dann auf einem Reibeisen gerieben und sich ab und zu dabei die Hand verletzt. Dann ist sie zurückgezuckt, hat das Blut abgetupft und weitergerieben. Das Wasser der geriebenen Kartoffeln wurde so weit abgeschöpft, daß es eine gute Masse zum Formen der Klöße gab. Die Schüssel stand neben dem Ausguß, und Mutter schöpfte mit einem Löffel ab, drückte ein kleines Loch in die Masse, und wenn sich darin wieder Wasser angesammelt hatte, schöpfte sie weiter.

Für die Zubereitung des Kaninchenbratens gab es eine besondere längliche Pfanne, die blaugesprengelt emailliert war. Es kam darauf an, das zerlegte Kaninchen lange genug und schön knusprig zu braten, wenn es gut gelingen sollte. Mutter hat das immer ganz vorzüglich gemacht und eine leckere Soße dazu bereitet.

Ein besonderer Vorfesttagsschmaus war die Leber des Kaninchens. Sie wurde gesalzen, gepfeffert und mit Mehl paniert. Knusprig wurde sie zu Kartoffelbrei gereicht, und wir freuten uns schon lange im voraus auf dieses leckere Mahl. Essen und Trinken hatte in dieser Zeit der Mängel zu einem Fest wie Weihnachten einen besonders hohen Stellenwert als Vorfreude und Festvorbereitung.

Mutter buk auch Plätzchen nach einem einfachen Knetteigrezept, und wir standen daneben, wenn sie den Teig knetete und ausrollte und haben uns über die Teigstücke gefreut, die beim Ausstechen abfielen, und sie genüßlich verzehrt.

Die weihnachtliche Stollenbäckerei war ein Dorfereignis. Die Stollenteige wurden nämlich nicht zu Hause, sondern bei einem Bäcker ausgebacken. Man mußte hier anmelden, wann man seinen Teig bringen wollte. Die Bäckersfrau, immer freundlich und mit einer hübschen weißen Schürze bekleidet, hatte ein langes Notizbuch, in dem sie eintrug, wann jemand seinen Teig brachte. Man mußte seinen Termin rechtzeitig angeben, sonst war die Liste der Bäckersfrau bereits voll. Der Stollenteig wurde in großen Schüsseln zum Bäcker gebracht. Dieser entnahm den Teig, kennzeichnete ihn und formte die Stollen. Man nahm die leere Schüssel wieder mit nach Hause und holte die fertigen Stollen zur angegebenen Zeit ab. Dafür gab es ein großes Brett, das zwei Personen trugen. Über den frisch ausgebackenen Stollen lag ein großes kariertes Tuch. Zur Stollenbackzeit duftete das ganze Dorf. Die ganze Familie gruppierte sich um dieses wichtige Ereignis. Jede Hausfrau hatte zwar das Dresdner Grundrezept, gab aber ihrem Stollen noch eine persönliche Geschmacksnote durch jeweils andere Schwerpunkte bei den Zutaten. An der Form der ausgebackenen Stollen konnte man erkennen, ob sie mehr Fett, Zucker oder Rosinen enthielten. Jede Hausfrau war stolz auf den besonderen Geschmack ihres Gebäcks, und wenn man sich in der Vorweihnachtszeit und zu den Festtagen besuchte, mußte man selbstverständlich den Stollen kosten und natürlich besonders loben. Wenn die Zeit der Stollenbäckerei begann, wurde Mutter unruhig. Sie schärfte uns ein, brav zu sein und sie nicht zu stören. Die Stollen wurden etwa zwei Monate vor den Festtagen gebacken, weil sie, wie Mutter erklärte, geschmacklich durchziehen mußten.

Wir hatten eine große Wohnküche. Ich weiß nicht, ob Mutter in einer kleinen Kochküche zurechtgekommen wäre, denn die große Küche stand voller Schüsseln, Tüten, Päckchen und Kännchen. Die Rosinen wurden in Rum eingeweicht, die Mandeln abgezogen und gehackt, die Sultaninen gewaschen, das Fett zerkleinert, und alles wurde genau abgewogen.

Auf einem Schemel, auf dem sonst der Waschtrog stand, war die Wanne plaziert, in der der Teig geknetet wurde. Mutter band eine extra große Schürze um und krempelte die Pulloverärmel hoch, bevor das große Kneten begann. Wenn sie knetete, hatte sie vor Anstrengung rote Arme und ein rotes Gesicht. Sie knetete, als wollte sie den Teig zugrunde kneten. Er war sehr schwer. Ab und zu prüfte sie, ob alles durchgewalkt war, und kostete, schüttete noch etwas dazu oder nickte beifällig mit dem Kopf. Es wäre unklug gewesen, sie in irgendeiner Form zu stören. Wir saßen brav in einer Ecke und malten oder guckten Bilderbücher an.

Wenn der Teig fertig war, wurde er von Mutter noch einmal überstrichen, und es sah aus, als ob sie ihn liebevoll streichelte. Dann deckte sie ein Tuch darüber und stellte ihn an einen ruhigen, warmen Platz. Ab da entspannte sich die Atmosphäre, und Mutter seufzte auf. Sie begann die vielen Tüten, Päckchen, Schüsseln und Teller zusammenzuräumen und erhitzte die Wasserpfanne. Dies war eine in den Kohleofen eingelassene Pfanne, die ständig mit Wasser gefüllt war, das beim Heizen warm wurde. So hatten wir fast immer warmes Wasser und keine zu trockene Luft. Die Pfanne war jedoch sehr oft verkalkt, da wir ein kalkreiches Leitungswasser hatten, und mußte mehrere Male jährlich mühselig manuell entkalkt werden. Der Geschirrberg war nach der Teigherstellung riesig, und ich wußte, was nun auf mich zukam. Ich mußte dies alles abtrocknen. Mutter spülte vor, reinigte und spülte nach. Wenn die Sachen etwas abgetropft waren, begann ich mit meiner Arbeit. Mein Brüderchen durfte in die Schränke räumen. War das erledigt, gingen wir mit Mutter zum Bäcker.

Stolz gab sie ihre Schüssel ab. Es standen schon mehrere Frauen in der Backstube, und alle wurden nacheinander abgefertigt. In und vor der Backstube wurde geplaudert, und während die Frauen sich unterhielten, sahen mein Bruder und ich zu, wie der Meister oder ein Geselle die Stollenlaibe auf großen Brettern in den Ofen schoben.

Zur angegebenen Zeit holten wir die Stollen ab. Es kamen uns schon Stollenträger entgegen. Mutter war hochzufrieden mit den Stollenlaiben, die auf ihr Brett geschichtet wurden, und bezahlte die Backkosten. „Man sieht doch, daß was drin ist", meinte sie zu uns und so, daß die Umherstehenden es hörten. „So breit sehen nur Stollen aus, die genügend Fett enthalten." Dann deckte sie das karierte Tuch über ihre Kunstwerke, und los ging's nach Hause. Wenn die Stollen im Keller standen, atmete Mutter zwischenzeitlich erleichtert auf. Sie standen hier bis kurz vor dem Fest, dann wurden sie gebuttert und mit Puderzucker bestreut. Mein Bruder und ich waren in der Vorweihnachtszeit ebenfalls nicht untätig. Wir überlegten uns Geschenke für unsere Mutter und die Großeltern. Großvater wünschte sich zu Weihnachten immer die bestmöglich erhältlichen Zigarren. Er gab uns jeweils 20 Reichsmark für die Sparkasse, was für uns sehr viel Geld war. Großmutter bekam dieses Jahr von uns allen einen Muff aus Kaninchenfell, weil sie immer so an ihre Hände fror. Ein Muff war eine Fellrolle, in die man die Hände stecken konnte. Das Kaninchenfell war gescheckt, und das stand dem Muff sehr gut. Der Muff machte Geschichte, wenn auch eine traurige. Als es immer weniger Heizmaterial gab, hatte Großmutter ihn, so oft es ging, umhängen, und steckte die Hände hinein. Auch nach dem Krieg beim Sirupkochen. Sie mußte wohl neben dem Siruptopf eingenickt sein. Auf jeden Fall schoß plötzlich der Sirup hoch, und sie bekam die Hände nicht schnell genug aus dem Muff heraus, und er fiel ihr in den Topf, was ihm ein trauriges Aussehen verlieh und ihn unbrauchbar machte.

Für Großvaters Zigarren bastelten wir eine bemalte Schachtel. Für Mutter malten wir jeder ein Weihnachtsbild, und ich brachte meinem Bruder bei, FROHES FEST zu schreiben.

Für den Muff drehten wir eine bunte Schnur zum Umhängen.

Mutter nähte die Lederhose und andere Sachen, über die wir nichts wissen durften. Und abends strickten sie und die Tanten.

Zum Nikolaustag kam zu uns regelmäßig ein Nikolaus. Aber keiner in historischem Gewand und erst recht kein Knecht Ruprecht. Wir machten das viel einfacher. Der Nikolaus kam im Weihnachtsmannkostüm mit Mantel und Pudelmütze und wallendem Bart.

Ob er dieses Mal etwas mitbrachte? Erstaunlich, was er alles von uns wußte! Vorsorglich lernten wir Gedichte. Ich kannte ja das „Von drauß vom Walde ...", und mein Bruder lernte „Advent, Advent, ein Lichtlein brennt ..." Der Nikolaus hatte jedes Jahr ein anderes Gesicht. Ich wußte bereits, daß es um verkleidete „Gehilfen" ging, sagte aber meinem Bruder nichts davon, weil es für ihn eine so ernste und, wie ich als große Schwester, die er manchmal ärgerte, meinte, heilsame Sache war. Es war spannend, wenn es dunkel wurde und draußen zu rumpeln und dann an die Türe zu pochen begann. Mein Bruder hatte Angst, und mir war es auch nicht ganz geheuer. Die Türe wurde aufgestoßen, und da stand ein viel kleinerer Nikolaus als im letzten Jahr. Bald merkte ich, daß es eine Nikoläusin war, die sich bemühte, ihre Stimme zu verstellen. Die Männer waren ja alle im Krieg. „Seid ihr beiden brav gewesen?" brummte sie mit tiefer Stimme. Und dann folgte eine Liste unserer Ungezogenheiten. Ich merkte, wie mein Bruder meine Hand nahm und sie fest umklammerte. „Na ja", erbarmte sich schließlich die Nikoläusin, „wenn ihr einen schönen Vers aufsagen könnt und versprecht, daß es nächstes Jahr besser mit euch wird, will ich mal nicht so streng sein." Wir versprachen alles und sagten unsere Gedichte auf.

Das Brummen des Nikolauses wurde freundlicher, er öffnete sein Säckchen und gab jedem einen Apfel und eine Birne. Schwitzend verabschiedete er sich und polterte hinaus. Mein Bruder war sichtlich erleichtert und sagte, daß er froh sei, daß das vorbei war und machte sich über die Birne her, denn wir hatten ständig Hunger.

Der frühe Tod unseres Vaters löste in unserer Verwandtschaft eine Welle der Hilfsbereitschaft aus. Wir hatten Vettern, die handwerklich und künstlerisch begabt waren und uns mit selbstgemachtem Spielzeug versorgten. Sie gingen in eine Schreinerei und erbaten dort Holzabfälle. Vor Weihnachten und Ostern wurde bei ihnen geschnitzt, gesägt, gehämmert und gemalt. Zu Ostern entstanden diverse Hasen in allen Körperhaltungen und Gangarten. Einer, der ein Wägelchen zog, ist mir noch gut in Erinnerung. Bauklötze und Baukästen gab es zu Weihnachten. Die Bauklötze hatten verschiedene Formen, so daß man alles mögliche daraus zusammensetzen konnte. Sie sägten auch Tiere zum Aufstellen aus sowie Bäume und Zäune. Einmal bastelten sie für meinen Bruder sogar einen kleinen Zug. Die Baukästen entstanden so, daß sie Bilder von Märchen auf die Klötzchen klebten, die auf Würfelgröße auseinandergeschnitten wurden, und wenn man die Würfel drehte, nachdem sie ganz durcheinander im Kasten lagen, konnte man das Märchenbild wieder zusammensetzen.

Märchen waren bei uns großgeschrieben, und die bekanntesten Grimm-Märchen waren uns wohlvertraut. Als Vater noch lebte, durfte ich mit ihm ins Theater in das Weihnachtsmärchen gehen. Es gab Peterchens Mondfahrt. Danach bekam ich das Buch dazu geschenkt. Ich habe diese Geschichte als Kind sehr gemocht und seit dem Theaterstück Maikäfer ganz neu gesehen. Meinem Bruder habe ich später das Buch vorgelesen und die Geschichte erklärt und erzählt. Die wenigen Spielsachen, die wir besaßen, gebrauchten wir sehr intensiv, und es war uns nie langweilig, damit zu spielen. Wir waren jeweils gespannt, was den Vettern wohl dieses Mal einfallen würde, und wenn wir etwas Neues erhielten, fügten wir es in unsere Spielpläne ein. Einmal erhielten wir ein Quartett, auf das sie Bilder zu den vier Jahreszeiten gemalt hatten. Gern und oft spielten wir damit und erlebten die Jahreszeiten sehr intensiv.

Am schönsten war natürlich die Vorweihnachtszeit, wenn es schneite, abgesehen davon, daß der Schnee unser kohlverrußtes Dorf mit seinem Weiß aufs herrlichste verwandelte. Wir hatten einen Schlittenberg in der Nähe unseres Hauses. Hier versammelten sich die ganzen Nachbarskinder, und wir fuhren stundenlang Schlitten mit und ohne Anhänger. Beim Anhängen wurde der Zweitschlitten natürlich ziemlich herumgeschleudert, und ab und zu kippte er auch um. Böse Buben bauten Sprungschanzen, d.h. Buckel in den Schnee, die nur schwer zu umgehen waren, und wenn man darüberfuhr, flog der Schlitten hoch und landete, wenn man Glück hatte, unsanft auf den Kufen. Die Zeit verging uns schnell, wenn wir mit anderen Kindern Schlitten fuhren. Protestierend und mit hochroten Backen gingen wir nach Hause, wenn wir gerufen wurden. Natürlich wurde auch ein Schneemann gebaut. Vater hatte mir gezeigt, wie man es machte, und größere Buben rollten die Kugeln dazu.

Jedes Weihnachten wurde in der Kirche ein Krippenspiel aufgeführt, und einmal durfte ich ein Engel sein, weil ich so schöne Locken hatte. Mein Vater war sehr theaterbegeistert, und auf dem Boden waren viele Requisiten für Theaterspiele, unter anderem auch wunderbar glänzende Engelsflügel. Ich wagte mich kaum zu bewegen, als ich sie auf dem Rücken tragen durfte.

Als wir später einmal den Boden aufräumten, fand ich die Flügel in einem verstaubten Karton. Ich war vom Theaterspielen ebenfalls fasziniert und habe mich hier eingebracht, wo es nur eben möglich war, und sogar eine Zeitlang überlegt, ob das mein Beruf werden könnte.

Zu Weihnachten und zum Jahreswechsel bliesen die Posaunenbläser der Kirche vom Turm. Wir standen dann vor der Kirche und hörten ihnen zu, und über uns glitzerten die Sterne. Zu Weihnachten hörten wir „Stille Nacht" und „O du fröhliche" und an Neujahr waren Loblieder an der Reihe. In der Fremde habe ich oft an die Turmbläser gedacht. Sie haben das Fest mit ihrem Spiel feierlich gemacht.

Die Fremde - das war für mich lange Jahre Baden-Württemberg. Dieses schöne Land wurde später ein neues und sehr geschütztes Zuhause.

Es ist seltsam, die alte Heimat vergißt man nie, wahrscheinlich, weil man sie als Platz größter Geborgenheit betrachtet und weil die Kindheitserlebnisse die intensivsten und diejenigen sind, die man sich am besten merkt. Die Erinnerungen bleiben auch sehr genau erhalten, während die wachsende Erlebnisfülle in späteren Lebensjahren nur bruchstückhaft im Gedächtnis haften bleibt. Außerdem war das Leben einfacher und in den letzten Kriegsjahren auch von Nöten geprägt. Aber auch die Einfachheit und die Nöte intensivierten alle Kindheitserlebnisse und ließen uns dankbar und bescheiden sein.

Die Heimat meiner Kindheit und Jugendzeit war Ostthüringen, der Wohnort eine Mischung von Industriestandort und früherem Bauernland, bevor Braunkohle gefördert wurde. Durch die Braunkohleindustrie und ein großes Erdölwerk gab es keine schöne Landschaft mehr, und von dieser Seite her gesehen war die alte Heimat im Vergleich zu dem landschaftlich wunderbaren Baden-Württemberg schmutzig und häßlich. In der DDR-Zeit wurde das, was der Krieg übriggelassen hatte, noch dazu heruntergewirtschaftet.

Und dennoch, obwohl ich durch Besuche den Verfall miterlebte, wurde mir warm ums Herz, wenn ich „nach Hause" fuhr. Ich konnte es mir nicht erklären, aber deutlich fühlen. Und noch heute, wenn ich über Erinnerungen berichte, kommt die alte Heimat umfangmäßig besser weg als die neue, in der es mir gut, sogar viel besser, geht.

Wie schon gesagt, die Turmbläser kamen mir um die Weihnachtszeit und zum Jahreswechsel oft in Erinnerung, und ich wünschte mir die schlichten Weihnachtstage der Kindheit zurück. Aber ich habe noch gar nicht beschrieben, wie das Weihnachtsfest 1943 verlief und nur von den Vorbereitungen berichtet.

Nachdem mein Vater verstorben war, bewohnten wir bis einige Jahre nach Kriegsende eine große Dienstwohnung. Weil mein Vater bei den Nazis Lehrer war - wo hätte er es bis 1941 denn sonst sein sollen - und weil ein regimetreuer Neulehrer es so wollte, mußten wir diese Wohnung verlassen und bekamen eine sehr viel kleinere zugewiesen. Das hatte zur Folge, daß wir durch beengtes Wohnen das Weihnachtszimmer erst am Heiligen Abend richten konnten.

Ab dem Mittagessen war dieser Raum abgeschlossen, und mein Bruder und ich hielten uns nur noch in der Wohnküche auf, die auch der bestgeheizte Raum war. Wir durften letzte Besorgungen machen und spielen. Nachmittags holten wir die Großeltern vom Bahnhof ab, brachten ihr Gepäck nach Hause und gingen zum Krippenspiel. Während dieser Zeit schmückte Mutter den Christbaum und legte die Geschenke auf den Tisch.

Die Begrüßung der Großeltern war immer sehr liebevoll und herzlich. Sie litten sehr unter dem Verlust ihres Sohnes, der ja ihr einziges Kind war, und wir waren ihre ganz große Freude. Zu Weihnachten guckten sie immer sehr geheimnisvoll und erhöhten unsere Spannung, und außerdem rückte mit ihrem Kommen das Fest in greifbare Nähe.

Das Krippenspiel war das letzte, was vorweihnachtlich verpflichtend stattfand, und während ich den Engel spielte, dachte ich ständig an die bevorstehenden Überraschungen.

Schließlich war auch der Heiligabendgottesdienst zu Ende, und die Großeltern lobten mein Spiel, nahmen meinen Bruder an der Hand, und wir gingen heim. Hier hatte Mutter den Kaffeetisch gedeckt und den ersten Christstollen angeschnitten. Plätzchen gab es erst auf dem Weihnachtsteller. Es dunkelte immer stärker, und die Großeltern lächelten, wenn sie unsere Aufgeregtheit beobachteten. Großvater zündete seine Pfeife an, und Mutter ging ins Weihnachtszimmer und betonte, daß man die Türe erst öffnen dürfe, wenn das Glöckchen ertönte.

Wir versuchten auf die Geschichten, die uns die Großeltern in der inzwischen fast völligen Dunkelheit erzählten, zu hören, aber es gelang uns nicht.

Endlich, endlich ertönte das Glöckchen. Vorsichtig gingen wir in Richtung Türe des Weihnachtszimmers, die Großeltern erhoben sich und kamen hinter uns her. Der Eindruck des nur durch den Christbaum beleuchteten Weihnachtszimmers war überwältigend. Mutter schmückte den Baum mit bunten Glaskugeln, Glasfiguren aus dem Erzgebirge, Lametta und roten Wachskerzen. Es glänzte und spiegelte. Der Tisch lag voller Geschenke, die aber erst betrachtet werden durften, nachdem ich auf dem Klavier ein Weihnachtslied zu dem Gesang der Großeltern, der Mutter und meines Bruders begleitet hatte. Natürlich verspielte ich mich in der Aufregung, aber es wurde nur milde belächelt.

Danach erzählte Großmutter die biblische Weihnachtsgeschichte, und ich dachte kindlich und unfromm: „Wenn das doch endlich zu Ende wäre, damit ich meine Geschenke betrachten kann." Dann kam das erlösende „So, und nun dürft ihr eure Geschenke ansehen" von Mutter. Zuerst nahmen wir die 20 Reichsmark von den Großeltern in Empfang, bedankten uns und umarmten sie. Dann gaben wir ihnen den Muff mit der gedrehten Schnur und die bemalte Zigarrenschachtel, und sie lobten unsere guten Ideen. Mutter bekam die Bilder, die wir gemalt hatten. Sie staunte, daß mein Bruder „fast" ganz allein „FROHES FEST" geschrieben hatte und daß wir so schön gemalt hatten. Großmutter war glücklich über den wärmenden Muff und trug ihn fast den ganzen Abend, und Großvater sortierte die Zigarren, die Mutter ihm gab, vorsichtig in die bemalte Schachtel. Und während mein Bruder die Lederhose aus Stahlhelmstreifen anprobieren durfte, entdeckte ich eine wunderbare rote Mütze und dazu passend rote Handschuhe und einen roten Schal. Überglücklich zog ich alles an und freute mich auf den Augenblick, wo ich diese schönen Sachen das erste Mal draußen tragen durfte.

Auf dem Weihnachtsteller lagen Mutters Plätzchen, selbstgemachtes Konfekt, Nüsse und - oh Wunder - eine Apfelsine und ein Stückchen Schokolade. „Aber nicht gleich alles vernaschen, sondern einteilen", mahnte Mutter, die mir ansah, was ich vorhatte. Mein Brüderchen hob seine Sachen meistens länger auf, aber auf mich mußte sie achten. Für meine Puppe lag ein neues Kleidchen bereit. Hatte Mutter nicht einmal so eine Bluse gehabt? Großmutter hatte uns Strümpfe gestrickt und mir ein paar Bettschuhe, weil ich immer kalte Füße hatte. Mutter hatten sie mit Zutaten zur Bäckerei geholfen und für Sonntag an Neujahr einen Braten versprochen. Die lieben Vettern hatten neue Bauklötze gebastelt. Nun konnten wir noch mehr Häuschen, Türme und eine Weide bauen, denn es waren auch ein

Pferd, eine Kuh und eine Ziege dabei. Ganz versteckt lagen da auch neue Buntstifte und Malbücher. Darüber freute sich mein Bruder ganz besonders, weil er gut und gerne malte. Viel zu schnell verging die Zeit der ersten Freude und des Bestaunens.

Mutter rief uns zum Abendessen. Sie hatte einen leckeren Kartoffelsalat vorbereitet und von zusammengesparten Lebensmittelmarken Würstchen gekauft.

Das schmeckte herrlich. Und dann das warme Weihnachtszimmer durch die Briketts, die wir gesammelt hatten! Alles war wunderbar und einmalig schön.

Am Heiligen Abend durften wir länger aufbleiben und spielen. Die Großmutter schaute uns dabei zu, und mein Bruder saß auf Großvaters Schoß oder malte, bis ihm die Augen zufielen. Ich hatte auch eine Strickliesel bekommen und ein paar Garnreste dazu, und Großmutter brachte mir das Stricken auf der Strickliesel bei. Eine Strickliesel war eine hohle Figur, die wie ein Mädchen angemalt war und auf dem Kopf vier Nägel im Quadrat angeordnet hatte. Über die Nägel strickte man die Maschen, und aus der Liesel kamen Strickwürste heraus, die man dann beliebig weiterverarbeiten konnte.

Mit den „Würsten“ konnte man eine Menge schöner Dinge basteln, wenn man sie zusammennähte. Das war natürlich eine besondere Freude und sehr praktisch im Hinblick auf Geschenke, die man damit machen konnte, und auch weil so kleinere Garnreste verwertet wurden. Daß man damit so viel selber machen und Farben kombinieren konnte, war eine ganz besondere Freude und auch eine Anregung, es mit Handarbeiten zu probieren. Der Strickliesel folgten dann auch bald eine Häkelnadel, mit der man Topflappen häkeln konnte, und verschiedene Größen von Stricknadeln.

Der erste Weihnachtsfeiertag begann mit einem Stollenfrühstück, und dann gingen mein Bruder und ich in den Kindergottesdienst. Als wir zurückkamen, duftete es nach Kaninchenbraten, und da die Kartoffeln für die grünen Klöße schon geschält waren und die Mutter sie während des Kindergottesdienstes gerieben und geformt hatte, konnten wir uns so richtig auf das gute Essen freuen. Es gab sogar einen Nachtisch aus Früchten aus dem eigenen Garten.

Nachmittags spielten wir mit den neuen Spielsachen, und ich verlängerte die Stricklieselwurst. Gegen Abend begleiteten wir die Großeltern zum Bahnhof, warteten an der Sperre, bis sie eingestiegen waren, und rannten dann hinter den Bahnhof, um ihnen von dort aus zuzuwinken, bis der Zug hinter der Kurve verschwand.

Weihnachten 1943 war sehr typisch für alle Weihnachtsfeiertage, die wir nach Vaters Tod während der Kriegszeit erlebten. Ein Jahr später und 1945 wurde es allerdings unruhiger, weil wir fast ständig wegen Fliegeralarms in den Keller gehen mußten, und die Stollen wurden immer fettärmer und magerer.

1946 gar nannte sich unser Land sowjetische Besatzungszone, das „Thüringen“ wurde an der Bahnhofsaufschrift weggekratzt und übertüncht, und mein Heimatort in Ostthüringen gehörte plötzlich zum Bezirk Leipzig.

Wir erlebten viele Hungerjahre und wurden sehr arm, weil Mutter keine Pension mehr erhielt und auch keinen Beruf erlernt hatte. Sie mußte uns mit dem Geld erhalten, das sie durch Näharbeiten verdiente. Großmutter erkrankte an Brustkrebs und starb. Großvater mußte die Hälfte seiner Wohnung abgeben. Er lebte in zwei Kammern und versorgte sich, so gut es ging, selbst. Ab und zu fuhr Mutter zu ihm und machte sauber oder schaute nach der Wäsche.

Wenn ich ihn besuchte, stellte er mir stets ein Essen vor, das er sich vom Mund abgespart hatte. Einmal gab es fettglänzende Bratkartoffeln. Sie waren aber nicht mit Fett, sondern mit Wachs angeröstet: eine Erfindung von Großvater. Er war ein starker Raucher, und als es keinen Tabak mehr gab, handelte er sich Tabakersatz ein, der aus Wald- und Wiesenkräutern bestand. Das mußte er schwer büßen. Er starb an Lungenkrebs. Zu dieser Zeit studierte ich in Jena. Nun feierten wir das Weihnachtsfest zu dritt. Zu essen gab es fast nichts, aber Mutter schmückte jedes Jahr den bunten Baum und klingelte mit dem Glöckchen, wenn sie damit fertig war. Auf dem Geschenketisch lagen wiederhergestellte oder umgeänderte Kleidungsstücke. Mutter war sehr geschickt und erfinderisch darin, zu ändern und alles, was wir noch hatten, zu verwerten. Sie hat das sehr gut gemacht, und wir haben unsere Armut auf diese Weise überleben können.

Auch zu dritt waren die Weihnachtsfeste immer etwas ganz Besonderes.

Wir waren froh, daß keine Sirenen mehr heulten.

1954 ging ich in den Westen, wie das damals hieß. Man konnte das zu diesem Zeitpunkt noch mit einer ganz normalen Fahrkarte tun, wenn man im Westen Verwandte hatte.

Ich fand die Anschrift weit entfernter Verwandter und durfte reisen. Ich kehrte nicht mehr nach Thüringen zurück und war ab da ein sogenannter Republikflüchtling.

Nach meiner Reise in den freien Westen lief für mich alles schief. Das DDR-Abitur wurde nicht anerkannt, weil es ein sozialistisches war, und ich wurde schwer krank. Um Fuß fassen zu können und bezüglich Wohnort und Papieren Grundlagen zu schaffen sowie Zukunftspläne zu überlegen, ging ich als Hausgehilfin in einen Tübinger Professorenhaushalt. Ich hatte mir Baden-Württemberg als Flüchtlingsaufenthaltsland ausgesucht und Tübingen als Wohnort gewählt, weil ich hier mein Studienfach am besten weiterführen konnte. Aber daraus wurde nichts, denn die Wiederholung des Abiturs war mir nicht möglich, da ich kein Geld besaß. Ich wollte schnellstmöglich eine Existenz gründen und Mutter und den Bruder nachholen.

Weihnachten 1954 feierte ich als Hausgehilfin. In dem Professorenhaushalt war es üblich, ab Oktober 40 Sorten Plätzchen zu backen. Ich habe von Oktober bis Dezember vor allen Dingen Plätzchen gebacken und dabei Plätzchenbackgrundlagenkenntnisse erworben. Nebenher habe ich die Riesenwohnung saubergehalten und alles versorgt, was Haus und Garten anbetraf. Es war ein großes, ungewohntes Programm, aber eine gute Lehrzeit.

Zu Weihnachten bin ich traurig in meinem Zimmer gesessen und habe die Briefe von daheim gelesen, bis ich sie auswendig kannte und mir jede einzelne Stunde des Heiligen Abends, des Weihnachtstages und von Neujahr vorgestellt, wie das wohl jetzt zu Hause wäre, und mich an meine Kindheit erinnert, besonders an die Zeit, als die Großeltern noch lebten.

Weihnachten 1955 hatte ein ganz anderes Gesicht. Ich war einen Schritt in meiner „Karriere“ vorangekommen. Ich hatte einen Studienplatz an einem pädagogischen Institut erhalten. In den Ferien reisten die Studenten nach Hause. Ich aber konnte nicht heimfahren, denn ich war republikflüchtig. Liebevoll wurde ich von Freundinnen nach ihrem Zuhause eingeladen und lernte hier die schwäbische Art, Weihnachten zu feiern, kennen und durfte von Zuhause reden.

Weihnachten 1956 hatte ich meine erste Schulstelle in einem reizenden kleinen Ort mit einer freundlichen Bevölkerung. Ich besaß eine kleine Wohnung, die fast leer war. Es hatte sich herumgesprochen, daß ich nicht heimfahren konnte und allein war, und ich erhielt zahlreiche Einladungen und lernte über Weihnachten alle Eltern meiner Schüler und die Familien der Honoratioren kennen. Trotzdem dachte ich wehmütig an Zuhause. Mein Heimweh wurde auch nicht durch die vielen Tafeln Schokolade versüßt, die ich geschenkt bekam und überwiegend nach Hause schickte, womit ich dort einen Riesenjubel auslöste. Ab da begann eine 33jährige Riesenschickerei, besonders zu Weihnachten. Ich schickte den begehrten Kaffee und alle Zutaten für die Christstollenbäckerei an meine Mutter, die nächsten Verwandten und Freunde. Da sie mir auch eine Freude machen wollten, schickten sie liebevolle Handarbeiten und Kunstgewerbliches, und meine Schränke füllten sich damit. Ich war hocherfreut, weil ich die Liebe sah und weil es von mir wertvollen Menschen und von Zuhause kam.

Ich erhielt auch einige Christstollen, die ich genüßlich verzehrte.

Zu Kaffee mit Christstollen lud ich meine neuen Freunde ein, und sie staunten, wie gut Stollen schmecken konnten. Darüber freute ich mich sehr und schrieb es heim. Manch lieber Freund trug auch dazu bei, daß ich meine Paketinhalte vergrößern konnte, und eine Art Hilfsaktion, auch mit Kleidung, kam zustande, die in der DDR sehr willkommen war.

Jahrelang haben sich die Beschenkten noch dafür bedankt und ihrer Freude Ausdruck gegeben, was für mich Berge von Post bedeutete.

Weihnachten 1957 durfte ich nach Hause fahren. Aber das war keine problemlose Reise, weil ich ja nicht wußte, wie meine Republikflucht ausgelegt würde. Ich freute mich auf Daheim und hatte Angst vor Befragung und Freiheitsverlust. In meinem Heimatort beugte ich mich wie jemand, der etwas verbrochen hat, und war sehr vorsichtig. Ich getraute mich nicht einmal, in die Kirche zu gehen. Aber als die Turmbläser spielten, öffnete ich die Fenster sperrangelweit und hörte die schönen Choräle, die sie bliesen.

Mutter gab sich sehr viel Mühe, das Weihnachtsfest so zu gestalten, daß ich mich wohlfühlte, und ich war stolz, daß ich mit dem, was ich in prallgefüllten Taschen mitgebracht hatte, helfen und Freude bereiten konnte. So war das viele Jahre, entweder zu Weihnachten oder anderen Ferienzeiten. Aber am schönsten war Weihnachten zu Hause.

Einmal hatte ich fest mit einer Aufenthaltsgenehmigung gerechnet, aber einen Tag vor Heiligabend eine Absage erhalten. Warum das so war, weiß ich gar nicht mehr. Es war eine große Enttäuschung.

Weihnachten 1960 war ich ganz alleine. Ich hatte zwar ein Paket geschickt, aber meine Geschenke lagen daheim, weil ich ja nicht damit gerechnet hatte, daß ich die Aufenthaltsgenehmigung nicht erhalte. Dann mache ich mir wenigstens einen Kartoffelsalat und kaufe Würstchen, dachte ich. Aber der Kartoffelsalat schmeckte mir nicht, und die Würstchen waren mir egal. Eine Freundin, die erfahren hatte, daß ich nicht heimfahren konnte, kam zu mir und half mir, den Kartoffelsalat und die Würstchen zu essen. Danach machte sie mit mir einen langen Spaziergang durch die Winternacht und lud mich für den nächsten Tag zu ihrer Familie ein. Es war so etwas wie eine Rettung vor allergrößtem Heimweh, und die Freundin war mein Engel. Später erhielt ich von meiner Mutter ein Geschenkpaket und einen aufgeregten Brief. Inzwischen war die Berliner Mauer gebaut worden, und mein Bruder, der sich lange nicht dazu entschließen konnte, durfte und konnte nicht mehr ausreisen. Wir beschlossen, daß meine Mutter zu mir ziehen sollte. Und da die DDR gerne Rentner loswerden wollte, erhielt sie die Ausreiseerlaubnis und konnte auch mitbringen, was sie wollte.

Weihnachten 1961 feierte ich zusammen mit meiner Mutter an meinem dritten Dienstort. Begeistert kaufte sie die Zutaten für die Stollen- und Plätzchenbäckerei, und ständig stand auf ihrem Tisch ein Teller voller Südfrüchte und Dinge, die es in der DDR nicht gab. Sie genoß zu Weihnachten die Fülle des Warenangebotes und briet sogar ein Karnickel, das wir erstanden hatten, und machte Thüringer Klöße dazu. Ich schenkte ihr ein Fahrrad, weil sie so gerne Rad fuhr, und die Hausbesitzer meinten, daß es das erste Mal sei, daß sie sähen, daß die Tochter der Mutter ein Fahrrad schenkt, meistens sei das umgekehrt, die Kinder bekämen die Räder von den Eltern. Der Wermutstropfen dieses Jahres war, daß mein Bruder, der nicht mehr ausreisen durfte, mit seiner Frau in der DDR feierte und wir nicht zusammen sein konnten.

Nun bekam er die Pakete, die ich vorher der Mutter schickte, und das jahrelang.

Später sind wir in den Schwarzwald gezogen. Ich hatte mir hier eine Planstelle ausgesucht, weil mir die Landschaft so gut gefiel. Mutter hat den Schwarzwald sehr genossen. 1970 habe ich, wenn auch sehr spät, geheiratet. Die Weihnachten, die nun folgten, waren Weihnachten in Konsumfülle. In den ersten Ehejahren schenkten wir uns Dinge, die wir brauchten. Später hatten wir alles, was wir brauchten, und schenkten uns Wertvolles. Wir merkten, daß das Schenken ein Ausmaß und einen Stil annahm, der Weihnachten immer mehr entgegengesetzt wurde, und ich dachte mit etwas Wehmut an die Jahre der Armut zurück. Wir legten die Schwerpunkte auf den Besuch der Gottesdienste, luden Einsame zu uns ein oder machten Besuche. Ich bastelte mit den Kindern Sterne in der Vorweihnachtszeit, und wir beklebten die Fenster. Wir gestalteten Weihnachtskarten und leerten die Sparschweine der Kinder. Sie hatten auch ihre Freuden und Geheimnisse, aber ob sie so glücklich waren wie ich daheim?

Ich dachte auch an das Gedicht, das wir 1943 in der Schule lernten: „Von drauß vom Walde komm ich her . . .“ Wald hatten wir nun in Hülle und Fülle, aber an den Nikolaus und Weihnachtsmann glaubten die Kinder schon sehr frühzeitig nicht mehr. Die Geheimnisse waren enthüllt. Der Reichtum machte in vieler Hinsicht arm. War das ein gutes Weihnachten?

Ab Oktober füllen sich die Regale der Supermärkte mit Weihnachtsartikeln, und je mehr das Fest sich nähert, um so vollgestopfter und überschmückter ist es allerorts. Bereits im Oktober gibt es Schokoladenweihnachtsmänner, Christstollen und Weihnachtsgebäck. Im November sind alle Schaufenster weihnachtlich geschmückt, und wenn das Weihnachtsgeld ausgezahlt wurde, sind die Läden stopfevoll mit Menschen, die Geschenke suchen und auch kaufen.

Vor lauter Menschen - und Waren unterschiedlichster Qualität bis hin zum Kitsch - kann wirkliche Schönheit gar nicht mehr gesehen werden. Man muß schon günstig wohnen oder weit gehen, bis man einem schlicht erleuchteten Weihnachtsbaum in einer von Konsumgütern und

Menschen freien Umgebung entdeckt. Ich freue mich immer, wenn ich so etwas sehe, und mag im Dezember einen Supermarkt nicht mehr so gerne betreten. Eventuell hat ein Weihnachtsmarkt, in dem selbsthergestelltes Kunstgewerbliches angeboten und mit persönlicher Note dekoriert wird, noch seine Reize, besonders für Kinder, aber wo ist das Geheimnisvolle und die Spannung geblieben? Worum drehen sich unsere Wünsche?

Ist deren Erfüllung bei Erwachsenen und bei Kindern noch mit tieferer Freude verbunden? Und ursprünglich sollte ihre Erfüllung doch etwas ganz Besonderes und Herausragendes sein. So wie die Geburt des Gottessohnes etwas Besonderes und Herausragendes, ja das Größte war, das für die Menschheit geschah.

Er wurde in A r m u t geboren und bezeichnenderweise von den Weisen zuerst in einem Palast gesucht. Suchen auch wir das Besondere in einem Palast, welcher Art auch immer?

Schließlich haben die Weisen das Kind durch die Sternwegweisung in einem Stall gefunden. Ist der Stall das Unbequeme und weniger Angenehme?

Wie sollen wir mit unserem Reichtum umgehen? Wie kann man Weihnachten noch herzerfüllend gestalten? Viele Menschen haben bemerkt, daß Hülle und Fülle keine Erfüllung bringen. Manche weichen aus, fahren Ski oder machen Sonnenurlaub. Einige meiner Bekannten sagen, sie möchten am liebsten gar nichts mehr machen, weil es doch nur Langeweile und Unzufriedenheit gebe, aber dann läuft doch alles wie eh und je. Die Hausfrauen sind total überarbeitet und froh, wenn die Festtage vorüber sind. Und dann muß wieder aufgeräumt werde und viele Frauen sind erholungsreif und froh, wenn der Alltag und die Schule wieder beginnen. Wir haben auch jedes Jahr neu überlegt, wie wir das Fest gestalten könnten, und uns vor allen Dingen vor jeglichen Übertreibungen gehütet. Wir haben probiert, Stille und Selbstbesinnung zu praktizieren, aber es ist uns nur teilweise gelungen, weil der Alltag und die Lebensbedingungen und die Menschen um uns herum uns forderten.

Wir gehen in Gottesdienste, die so gestaltet sind, daß hier die Weihnachtsbotschaft klar verkündigt wird, und wir wissen auch, daß wir sie dringender als je zuvor hören müssen. Wir merkten, daß Reichtum und christliche Botschaft bei den Nöten und der Armut in dieser Welt nicht zusammenpassen, und versuchen, Hilfen zu leisten, einzuladen und Gespräche zu gestalten. Wir versuchen, Zeit und neues Interesse füreinander und für Menschen zu finden, mit denen wir lange keinen Kontakt mehr hatten. Wir rufen an, wo Wege zu weit sind.

Aber nichts von dem reicht an die Weihnachtserinnerungen der Notzeit von 1943 und später oder an das Erleben der Einsamkeit in der Fremde heran, die voller Sorgen und gleichzeitig voller Freude und Dankbarkeit und menschlicher Wärme sowie Begegnungen waren. Dabei wird auch unter diesem Aspekt klar, warum Gott seinen Sohn in Armut zur Welt bringen ließ. Auf diese Weise wurde es möglich, das Wunder zu bestaunen, denn der Blick richtete sich allein auf das Kind. Die Heilige Familie mußte sich zwar auch damals weltlichen Bestimmungen unterordnen und zur Volkszählung gehen, aber sie erlebte auf diesem Weg die ganz große Freude, denn sie war bereit, den Willen Gottes zu erfüllen und nahm die Unabgesichertheit an.

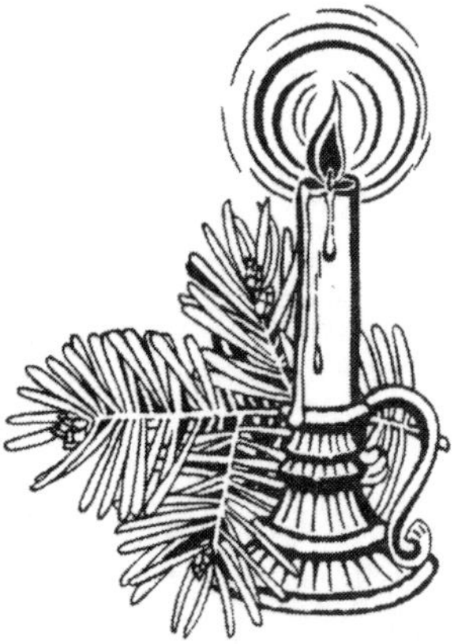

Friedrich W. Herold

Eine wahre Weihnachtsgeschichte

****

(Auszug aus dem Buchmanuskript von Friedrich W. Herold „Ein schlesischer Schulmeister“)

Nun war der schreckliche Krieg schon vor sieben Monaten zu Ende gegangen, ein sogenannter Frieden war offiziell eingekehrt.

Doch war das ein wirklicher Frieden?

Sicher, geschossen auf dem Schlachtfeld wurde längst nicht mehr, doch von Frieden im wahrsten Sinne des Wortes konnte keineswegs gesprochen werden.

Russen und Polen machten das Alltagsleben unsicher. Sie plünderten, wo es noch etwas zu plündern gab, waren sie doch jetzt die Herren. Sie hatten die menschenverachtenden deutschen Besatzer bezwungen und verjagt - aus Polen, aber auch aus Schlesien.

Hunger, Angst und Schrecken hatten das Machtzepter ergriffen!

Nun hatte sich auch noch ein unbarmherzig harter Winter zu Leid und Not dazugesellt.

In dem dem Konrektor Johannes Herold verbliebenen ehemaligen Herrenzimmer seines Hauses, in dem er nun schon Monate mit einer tapferen Frau schlecht und recht Quartier auf Anweisung der polnischen Besatzungsmacht hatte beziehen müssen, war der Kachelofen bisher mangels Heizmaterial kalt geblieben. Eine zerbrochene Fensterscheibe war nur notdürftig mit einem Stück Pappe aus besserer Zeit verschlossen worden, doch die gnadenlos klirrende Kälte schlich sich schadenfroh und rücksichtslos durch jede Ritze und Fuge. Das unmißverständliche Knurren des leeren Magens und das mißliche Zwacken der vor Hunger beleidigten Därme gehörte schon längst zur alltäglichen Gewohnheit.

In den vergangenen Herbsttagen konnte Herold noch, obwohl bereits von Leid, Kummer und Krankheit gezeichnet, auf zwar wenig ertragreiche, dafür um so demütigendere Bettelgänge in das naheliegende Dorf gehen, um vielleicht bei etwas Glück auch etwas Eßbares bei den Polen zu erstehen, die in Eile die deutschen Bauernhöfe samt lebendem und totem Inventar in Besitz genommen hatten. Doch seit ein Pole, der ein Stück hartes und bereits verschimmeltes Brot aus der Mülltonne gezogen hatte, es ihm gehässig vor die Füße in den Dreck warf, mit den kaum freundlichen Worten: „Du deutsches Schwein, auch fressen wie Schwein!" war ihm bei noch so großem Hunger jegliches Verlangen auf Polenbesuche vergangen. Zudem hatte ihm ein anderer Pole bereits Tage vorher schon die goldene Taschenuhr, ein wertvolles Erbstück seines Vaters, weggenommen und ihm dafür zwei Hühnereier gegeben, die sich nachher als ungenießbar erwiesen.

Durch derartige Enttäuschungen vorsichtiger geworden, verzichtete er nunmehr auf derartige Unternehmungen und mußte sich mit der Hoffnung trösten, daß seine Frau ihm Eßbares von ihrem täglichen Arbeitseinsatz in der Stadt Breslau mitbringen würde. Diese, 55 Jahre alt, war nämlich von den Polen zwangsweise verpflichtet worden, mit vielen anderen Frauen in Breslau den Schutt und die Toten wegzuräumen. Hierfür erhielt sie eine Tagesration Eintopfessen aus der Gulaschkanone. Da aber die wahrhaft schwere Tagesarbeit, die zudem ungewohnt war, vom Körper mehr Nahrungszufuhr verlangte, blieb von der zugeteilten Portion für ihren Mann oft nur wenig übrig. Diesen Rest brachte sie dann im Kochgeschirr nach einem langen Fußmarsch nach Hause, oft eiskalt, wenn nicht gar eingefroren.

So waren halt die Zeiten!

Unter diesem traurigen Zeichen war Weihnachten immer näher gekommen. Während Herold siech auf der Couch lag, die ihm in besseren Zeiten oftmals zum Mittagsschläfchen gedient hatte, wartete er wieder einmal erwartungsvoll auf die Heimkehr seiner lieben Frau. Die im Zimmer bösartig herrschende Kälte gab sich redlich Mühe, auch unter die dünne Wolldecke zu schlüpfen, mit der sich Herold zugedeckt hatte. Fröstelnd richtete dieser seinen traurigen Blick auf die Zimmerdecke. Hierbei verlor er sich in Gedanken der Erinnerung, an Zeiten des Friedens, an die schönen Zeiten der Vergangenheit bis hin zur Jugend!

Ja, Weihnacht! Was war das immer für eine Zeit!

Und es kam ihm vor, als rieche er den herrlichen Duft des Backwerks, das Mutter immer vor Weihnachten gebacken hatte. Dieser köstliche Duft lag schon Wochen vor dem Fest im ganzen Haus wohldosiert verbreitet und machte die Gaumen kitzeln. Welch geschäftiges Treiben bestimmte die vorweihnachtliche Zeit! Schnell wurde noch heimlich ein Geschenk besorgt, stets darauf bedacht, daß niemand das Geheimnis lüftete.

Dann kam endlich der große Tag, der schönste des Jahres! Festlich versammelte sich im Elternhaus die gesamte Familie, um in Harmonie und Liebe das schönste der christlichen Feste zu begehen - das Weihnachtsfest! Am frühen Abend ging die gesamte Familie in den Festgottesdienst. Man legte die wenigen Schritte zu Fuß zurück. Der harmonisch-kraftvolle Klang der Glocken rief die Gläubigen zu Christi Geburtstagsfest.

Wie knirschte der feste Schnee bei jedem Schritt und Tritt unter den Füßen. Der Atemhauch lag sichtbar in der kalten Luft, und die winterliche Kälte drang langsam, aber sicher in die Handschuhe ein, daß bald die Fingerspitzen zu kribbeln begannen. Erst in der geheizten Kirche zog wieder eine wohlige Wärme durch Geist und Körper. Mächtig erklang dann das Spiel der Orgel, die Töne des Präludiums brausten wie ein Sturmwind durch das weite Kirchenschiff. Der Choral ertönte, und die Gemeinde stimmte in den festlichen Gesang ein.

Der Pastor las im Schein der Kerzen beider Christbäume die Weihnachtsgeschichte und predigte von der wundersamen Geburt Jesu und der Erlösung der Menschheit.

„O du fröhliche, o du selige, gnadenbringende Weihnachtszeit!" ertönte der feierliche Schlußgesang, und nach dem Ausgangssegen des Pastors zog es die Festgemeinde wieder zielstrebig nach Hause. Kinderherzen schlugen der Bescherung teils mit Freude, teils mit Bangen entgegen. Wieder zu Hause, öffnete sich dann endlich das bis dahin verschlossene Wohnzimmer mit einem staunenden „Oh!" und „Ah!" und mit einem besonders hochschlagenden und laut klopfenden Herzen zogen die Familienangehörigen in das vom Lichterglanz des Baumes erstrahlte Zimmer ein. Alle lagen sich in den Armen, Glückwünsche und Dankesworte wurden ausgewechselt, Geschenke überreicht, geweckte Hoffnungen erfüllt. Glücklich strahlende Augen allerorts. Dankbare Freude und Glücklichsein zu dieser Stunde!

Dann wurde aufgetragen: Schlesische Kalbsweißwurst, dazu Sauerkraut, Salzkartoffeln und Pfefferkuchentunke. Spät war es dann an diesem Abend, als man sich zum Schlafengehen trennte. -

Ja, diese Erinnerung!

Und heute?

Weihnachten 1945! Welch eine Weihnacht!

Kein Essen, kein Baum, keine warme Stube, keine Familie, kein Kirchgang, keine Zukunft . . .!

Alle drei Söhne, die als Soldaten am letzten Krieg teilnehmen mußten, waren irgendwo in der Fremde kriegsgefangen - oder gar tot? Lange schon war es her, daß von ihnen irgendwoher aus dem Kampfgeschehen die letzte Lebensnachricht eintraf. Wo mögen sie jetzt wohl sein? Hundertmal und mehr hatte Herold sich diese Frage schon gestellt. Unendliche Sehnsucht nach seinen Kindern wühlte das Gemüt auf. Würde er sie jemals wiedersehen, seine drei Jungen, die er von Herzen lieb hatte?

Doch, was nützen solche Gedanken jetzt!

Die Wirklichkeit war hart und ungerecht; denn Herold hatte diesen Krieg nicht gewollt und auch nicht geschossen und gemordet. Er war im Leben immer hilfsbereit gewesen und hatte im christlichen Glauben der Nächstenliebe gehandelt. Warum jetzt dieses quälende Schicksal?

Ja, warum?

Quälende Gedanken eines Vaters, einer Mutter!

Ein tiefer Seufzer entrang sich seiner Brust. Was wird wohl die Zukunft bringen?

Da! - Aufmerksam wandte sich Herold dem Hausinnern zu. Er glaubte, ein Geräusch von der Haustür her gehört zu haben. Und richtig! Es war seine Frau, die heimkehrte und unterwegs gewesen war, um etwas Eßbares aufzutreiben. Der heutige Weihnachtstisch sollte ja nicht ganz leer bleiben.

Plötzlich waren laute Stimmen vom Hausflur zu hören. Die bereits allseits bekannte keifende Stimme einer polnischen Bewohnerin des Hauses ließ Böses erahnen; denn die Deutschen waren Freiwild zu jener Zeit und hatten keinerlei

Rechte. Doch bald fand das Geschrei im Hausflur ein Ende, die Polin war ihren Frust losgeworden. Frau Herold öffnete die Stubentür und trat mit vereistem Gesicht und leeren Händen ein.

„Ach, Hans!“ begrüßte sie frierend und zitternd ihren Mann, wobei sie sich erschöpft auf dem Schreibtischsessel tief atmend niederließ, der einzigen Sitzgelegenheit im Zimmer. Vater Herold hatte verstanden. Kein Essen, keine warme Stube. Intuitiv zog er die dünne Wolldecke fester an sich und beruhigte tröstend seine Frau, wenn auch mit wenig überzeugender Stimme: „Ach, Gretel, laß gut sein! Es wird schon wieder einmal besser werden!“

Doch diese Worte, so gut sie gemeint waren, gaben keinen Trost. Gretel zog nur ungläubig die Schultern hoch, wußte sie doch, daß ihr Mann schwerkrank darniederlag und dieses Weihnachtsfest wohl sein letztes sein würde. Doch was sollte sie tun?

Die Polen im Hause hatten ihnen alles genommen. Sie durften nicht einmal in eines ihrer neun Zimmer des eigenen Hauses gehen. Brauchten sie ein neues Wäschestück, ja selbst nur eine Gabel oder ein Messer oder ein Glas, was auch sonst für einen Gebrauchsgegenstand, jeder Zugriff wurde ihnen verweigert. An seinem letzten Geburtstag im August pflückte Gretel ihrem Mann im Garten blaue Astern, um sie wie jedes Jahr auf den Geburtstagstisch zu stellen. Wütende Hausbewohner rissen ihr das Blumenbouquet aus der Hand und zertrampelten die Blumen vor ihren Augen.

Sie mußten überhaupt froh und dankbar sein, daß sie noch im Herrenzimmer logieren durften.

Was für eine furchtbare Zeit!

Und trotzdem: Heute ist Weihnachten, Christus geboren! Das Freudenfest aller Christen!

Waren diese Polen hier nicht auch Christen? Einen katholischen Pfarrer hatten sie schnell herbeigeholt, und die katholische Kirche war mehrmals täglich bis auf den letzten Platz angefüllt. Beten und laut singen konnten sie, aber verzeihen, verstehen, helfen, wie es das Christentum lehrt?

Die evangelische Kirche war ausgeplündert und in ein Soldatenkino umfunktioniert. Wohl aus Rache dafür, daß der Pastor dieser Kirche beim Überfall auf Polen 1939 als Hauptmann und Batteriechef gefallen war?

Eine wahrhaft christliche Geste!

Wortlos legte sich Frau Herold auf ihr Nachtlager, das sie auf dem Fußboden mittels eines Strohsackes und zweier Decken ausgebreitet hatte. Wie tat das Ausstrecken der Glieder wohl! Sie dämmerte vor sich hin.

War sie gar eingeschlafen und träumte, daß irgend jemand an das Stubenfenster klopfte und Einlaß begehrte?

Erst der Zuruf ihres Mannes gab ihr Gewißheit, daß wirklich jemand am Fenster war. Was sollte sie tun?

Da! - Richtig, es klopfte abermals, jetzt stürmischer als zuvor. War es ein Bekannter, ein Fremder? Jetzt am Abend des Weihnachtsfestes?

Sollte man helfen? Welch Gewissensfrage!

Womit helfen, da man selbst nichts, gar nichts mehr besaß?

Aber dieses Klopfen konnte auch Gefahr bedeuten. Was war nicht schon alles geschehen. Mord und Totschlag, Entführung, Vergewaltigung, Raub und Plünderung und vieles mehr.

Vater Herold ermunterte seine Frau zur Tat. Was war auch schon zu verlieren? Höchstens das Leben. Und gerade das war zur Zeit wenig wert.

„Gretel“, war er mit unsicherer Stimme zu hören, „mach halt das Fenster auf und guck nach! Ist's ein Freund, freuen wir uns; ist's gar ein Feind, dann kommt er sowieso gewaltsam herein und dann - Gnade uns!“

„Du hast recht!“ war die lakonische Antwort, und Frau Herold öffnete umständlich und vorsichtig das eingefrorene Fenster um einen kleinen Spalt, denn durch das Glas konnte man wegen der dicken Eisblumen nichts sehen. Ein kalter Luftzug drängte durch den Spalt. Doch wie erschrak sie, als sie zwei russische Soldaten vor dem Fenster stehen sah, die heftig und ungeduldig das Öffnen der Haustür verlangten.

„Großer Gott!“ entfuhr es der erschrockenen Frau, „es sind Russen, die hereinwollen!“

Vater Herold schwieg. Mit gefalteten Händen bat er seinen Herrgott in stillem Gebet um Hilfe.

Die Russen betraten das Zimmer und waren sichtlich enttäuscht darüber, daß solche Kälte im Zimmer herrschte. Sie verhehlten ihren Unmut nicht und waren sehr ungehalten, da sie wohl ein warmes Plätzchen erwartet hatten. Fast wütend über diesen Irrtum, wollten sie gerade das Zimmer verlassen, als der Blick des einen Russen auf Johannes Herold fiel, der einen Anblick des Erbarmens bot. Das fahle Gesicht, von einem schneeweißen Vollbart umrahmt, bis auf Haupt und Knochen verfallen, von Leid und Hunger gezeichnet, die hilflose Gestalt auf der Couch, das schien beide Russen, die sonst dem rauhen Kriegshandwerk vertraut waren, zu rühren. Sie blickten teilnahmsvoll auf den Kranken und unterhielten sich kurze Zeit.

Dann wandte sich der eine an Frau Herold und fragte mit einem Schwingen von Mitleid in der Stimme: „Was mit altes Mann?“

Beide Russen traten jetzt an Herolds Lagerstätte.

„Mein Mann ist krank und halb verhungert. Wir haben nichts zu essen!“ wagte die Angesprochene in ihrer Verzweiflung ängstlich zu erwidern.

Tiefe Stille herrschte im Raum.

Wieder schauten sich die Russen an und sprachen ein paar Worte miteinander.

Dann geschah das Wunder des Heiligen Abends!

Frau Herold, die verängstigt hinter den Schreibtisch getreten war in Erwartung von nichts Gutem, staunte nicht schlecht, als die beiden ihre Rucksäcke auf den Fußboden stellten, der eine Essen und eine Flasche Schnaps hervorholte, während der andere hinausging in den Garten, um Holz vom Zaun zu brechen und im verwaisten Kachelofen Feuer zu machen.

Ein riesiges Schwarzbrot kam aus des einen Russen Rucksack zum Vorschein, ein riesiges Stück Speck und eine Menge - ja, was war denn das? - ja, eine Menge Zwiebeln! Während bereits das Feuer im Ofen zu prasseln begann und dieser sich anschickte, seinem Namen alle Ehre zu machen, ließen sich die Russen gemütlich auf dem Fußboden nieder.

Eine wahrhaft seltene Stimmung kam auf!

Hier die Russen, die - auf der Erde sitzend - das Essen zubereiteten, da Frau Herold, die immer noch verängstigt hinter dem Schreibtisch stand und mit großen, ungläubigen Augen dem Treiben der Russen erwartungsvoll zusah, und schließlich der alte Schulmeister, der ebenfalls von seinem Lager aus die Lage skeptisch betrachtete.

Doch dann richtete sich Johannes Herold mühsam von seinem Lager auf und warf einen sehnsüchtigen Blick auf das Brot und den wohlriechenden Speck. Er glaubte zu träumen und dankte im Stillen seinem Herrgott für die Erhörung seines Gebetes.

Und das sah der eine Russe, der schon die Backen mit den Köstlichkeiten vollgestopft hatte. Spontan winkte er dem Kranken freundlich zu und rief froh:

„Du guttes Mann, gutte Leit! - Hier . . .!“

Dann reichte er dem Halbverhungerten ein Stück Brot, ein Stück Speck und eine Zwiebel. Als Herold diese Wunderdinge umständlich in den Händen hielt, kullerten ihm vor Glück die Tränen über die Wangen, bis sie im Bartgestrüpp versiegten.

Das war Weihnachten im wahrsten Sinne des Wortes!

Das war Freude aus ganzem Herzen!

Erschütternd war dann der Augenblick, da er das Brot zum Mund führen wollte, der schwache Arm samt Hand aber einer solchen Kraftprobe nicht mehr fähig war.

Schnell kam Frau Herold hinter dem Schreibtisch hervor und half liebevoll ihrem leidenden Mann.

Wie mußte das gut schmecken, wenn man die leuchtenden Augen dieses Mannes sah! Wie lange mochte er wohl schon solches Essen entbehrt haben?

„Du, Frau, auch essen!“ erfolgte nun auch die Aufforderung an Herolds Ehefrau.

So aßen sie zu viert Brot, Speck und Zwiebeln. Und da keine Schnapsgläser zur Verfügung standen, tranken alle vier abwechselnd aus der Flasche. Welch ein Anblick! Und was für ein Weihnachtsfest! Wohl einmalig auf dieser Welt!

Obwohl ein solches Essen dem Ehepaar Herold ungewohnt, langte es herzhaft zu und ließ es sich auf gut russisch schmecken.

Man sah es den Russen an, daß sie ihre wahre Freude an diesem Erlebnis hatten. Selbst der alte, fast vergessene Kachelofen knisterte munter und lustig dazu, daß er vor lauter Freude schon zu schwitzen begann.

Wohlige Wärme lag im Raum, und da diese ungewohnt, wirkte sie ermüdend. Dazu kam, daß die Freude, das reichliche Essen und auch die wenigen Schlucke Schnaps Johannes Herold überfordert hatten, daß er bald in Schlaf verfiel. Als man sattgegessen war und die Russen noch gemütlich verdauen wollten - sie hatten es gar nicht eilig - griff der eine zu Tabak und Papier, um sich eine Zigarette zu drehen und zu rauchen.

Da faßte ihn der andere ermahnend an der Hand wohl mit dem Hinweis, daß ein schwerkranker Mann im Zimmer liege, dem Tabakqualm sicher nicht förderlich sein würde. Mit einem Blick zum schlafenden Kranken nickte der Ermahnte kurz mit dem Kopf und steckte Tabak und Papier wieder in seine Hosentasche.

Frau Herold glaubte ihren Augen nicht zu trauen! Was waren das eigentlich für Russen, die so ganz anders waren als die meisten anderen?

Doch eine Antwort darauf blieb leider aus.

Schließlich holten die Russen noch für mehrere Tage Brennholz ins Zimmer und ließen dem Ehepaar noch reichlich Speck, Brot und Zwiebeln zurück.

Nur die Flasche Schnaps nahmen sie mit, „weil draußen viel kalt!“, wie sie sagten und womit sie auch wirklich recht hatten.

Beide Russen traten noch einmal an das Krankenlager, strichen mit der Hand unbeholfen über das Kopfhaar des Schlafenden und versprachen, vielleicht einmal wiederzukommen.

Dann nahmen sie ihr Gepäck auf und verließen grüßend Zimmer und Haus.

Jetzt atmete Frau Herold zufrieden tief durch und fühlte sich zum ersten Mal seit langer, langer Zeit wieder einigermaßen als Mensch. Kein Hunger, eine warme Stube, das höchste Glücksgefühl dieser Zeit.

Scheinbarer Weihnachtsfriede lag im Raum. Sie blickte besorgt auf ihren Mann, der ruhig atmete und schlief. Die zurückgelassenen Eßwaren packte sie behutsam in den Schreibtisch und wollte sich gerade niederlegen, als zwei polnische Hausbewohner gegen die Stubentür polterten und Einlaß forderten. Sie traten schimpfend ein und fragten nach dem Begehr der Russen.

Sie bemerkten das prasselnde Feuer im Ofen, die Wärme im Zimmer und das Häuflein Holz, das die Russen hereingebracht hatten. Bösen Blickes forderten sie die Herausgabe des Holzes. Sie wollten gerade das Holz an sich nehmen, als abermals ein Wunder der Weihnacht geschah. Johannes Herold war durch das laute Schimpfen der Polen aufgewacht. Er richtete sich langsam auf, als wäre er ein Wesen aus einer anderen Welt, schaute die Polen gütig lächelnd an und sagte ganz freundlich, doch bestimmt und verhältnismäßig laut:

„Aber, meine Herren, Sie werden doch nicht mein letztes Weihnachtsfest verderben wollen. Heute ist Jesus Christus geboren, in seinem Namen sollten wir alle Brüder sein!“ Dann fiel er langsam auf die Couch zurück und lächelte zufrieden die beiden Männer an.

Diese standen zunächst verwirrt und unschlüssig an der Stubentür und schauten den alten Mann wie ein Wunder an. Während der eine Pole eine abwertende Handbewegung machte, verließen sie lautlos den Raum und kamen nicht wieder.

Der Weihnachtsfriede war wieder hergestellt.

So hatte das Ehepaar Herold das Weihnachtsfest, gemessen an den Wirren der Zeit, doch noch verhältnismäßig friedlich erleben können.

Wer hätte jemals in früherer Zeit daran gedacht, daß der schlesische Schulmeister Johannes Herold sein letztes Weihnachtsfest im Jahre 1945 in Not und Elend gemeinsam mit zwei fremden russischen Soldaten bei Schwarzbrot, Speck und Zwiebeln begehen würde und daß diese russischen Soldaten dazu berufen sein sollten, ihm zum letzten Weihnachtsfest Freude und Hilfe zu bringen!

Wer hätte das jemals geglaubt?

Thomas Klettke

Träume

****

Der Himmel verdunkelte sich noch mehr. Dichte Wolken schoben sich zusammen und jagten vom Wind getrieben über den Himmel. Die Baumwipfel neigten sich tief zu Boden. Unmengen von Schnee trieben zwischen den Stämmen. Hier im Wald hörte sich das Heulen des Windes schaurig und geheimnisvoll an.

Auf dem schmalen Weg, eigentlich war es mehr ein Pfad, kämpfte eine eingemummte Gestalt gegen die Naturmächte an. Nur mühsam kam sie vorwärts. Die Stiefel versanken bei jedem Schritt im Schnee, und der lange schwarze Mantel schien jeden Moment vom Körper gerissen zu werden. Weit nach vorn gebeugt, mit eingezogenem Kopf, bewegte sich die Gestalt vorwärts, von Zeit zu Zeit hinter einem stöhnenden Baum Schutz suchend. Die Fußspuren wurden verweht, kaum daß sie entstanden waren. Wenn man das Gesicht des Mannes hätte sehen können, dann wäre man erstaunt über die Entschlossenheit in seinen Augen gewesen. Trotz der eisigen Kälte stand der Schweiß auf seiner Stirn.

Vor ein paar Stunden war er aufgebrochen zu diesem Ort. Noch wußte er nicht, wo genau dieser Ort lag und was er dort finden würde. Doch er hatte ein sicheres Gefühl, auf dem richtigen Weg zu sein. Es mußte der richtige Weg sein, denn seit er aufgebrochen war, hatte sich das Wetter verschlechtert, bis es zu diesem Sturm geworden war. Und auch jetzt noch nahm das Unwetter stetig an Stärke zu, als ob es sich selbst übertreffen wollte. Der Weg wurde schmaler. Zweige peitschten in sein Gesicht und machten das Fortkommen noch schwerer.

Nach einer endlos erscheinenden Zeit sah er plötzlich zwischen den Bäumen etwas tiefer im Wald ein Licht. Es war nur ein sehr kleines Licht, doch es war da. Wie weit es noch entfernt war, konnte er nicht abschätzen. Dieses

Wetter nahm ihm jedes Gefühl von Zeit und Raum. Er blieb stehen und spähte mit zugekniffenen Augen in den Wald hinein. Sein Atem ging schwer, und er war erschöpft. Er fror, denn seine Kleidung war klamm vor Nässe und Kälte.

Doch das Licht war tatsächlich da. Er verließ den Weg und kämpfte sich direkt darauf zu. Das Vorwärtskommen war nun noch schwerer. Mehrmals rutschte er aus und fiel hin. Doch er ging weiter. Immer deutlicher konnte er nun sein Ziel erkennen.

Dann, nach unendlich langer Zeit, kam er an eine kreisförmige Lichtung. In der Mitte stand eine Hütte, die zum Teil aus Holz und zum Teil aus Stein beschaffen war. Das Dach war an mehreren Stellen offen, und der Sturm war gerade dabei, die Öffnungen noch zu vergrößern. Die hölzerne Tür schlug lautstark auf und zu.

Kurz entschlossen stürmte er auf das Haus zu. Kaum war er drinnen, ließ der Sturm etwas nach. Er hatte keine Mühe, die Tür zu schließen, denn das Schloß war intakt.

Eine Weile ruhte er sich aus, dann begann er sich umzusehen.

Es war überraschend warm hier drin. Er ging den Flur entlang bis zur gegenüberliegenden Tür. Beim Öffnen gab sie einen wohlig knarrenden Ton von sich. Dahinter lag ein gemütlich eingerichteter Raum. In der rechten Zimmerecke brannte ein Feuer in einem reich verzierten Kamin. Vor dem Kamin stand ein bequem aussehendes Sofa. Auf dem Fußboden lag ein dicker Teppich. An den Fenstern hingen keine Gardinen. Das Licht, das er gesehen hatte, war also offensichtlich vom Kamin gekommen. Er zog seinen Mantel aus und hing ihn an einen Haken neben dem

Kamin. Dann ging er zum Fenster und sah hinaus. Der Sturm hatte bereits nachgelassen und schon viel von seiner Gewalt verloren. Am Rande der Lichtung tauchte einige Zeit später ein einsames Reh auf. Eine Weile stand er noch am Fenster und beobachtete die dahintreibenden Schneeflocken. Dann taten die angenehme Wärme im Zimmer und der anstrengende Weg hierher seine Wirkung. Mit einem ausgiebigen Gähnen ging er zum Sofa hinüber und ließ sich darauf fallen. Ein wohliges Gefühl überkam ihn, langsam fielen seine Augen zu und er verfiel in einen tiefen und angenehmen Schlaf.

Irgendwann begann er zu träumen. Er stand wieder am Eingang dieses verwilderten Grundstückes. Es war von einer mannshohen zerbröckelten Mauer umgeben. Eine kleine verrostete Eisenpforte bildete den Eingang. Langsam öffnete er die Pforte und trat auf den stark verwucherten Weg. Zu beiden Seiten standen alte, dicke Bäume, zwischen denen alles mögliche Unkraut prächtig gedieh. Es war windig. Bedächtig schritt er den Weg entlang, geradewegs auf das alte Steingebäude zu. Kurz davor gabelte sich der Weg. Er bog nach rechts ab und ging am Haus vorbei. Er zwängte sich durch die Zweige eines dichten Gebüsches, das den Weg an dieser Stelle verdeckte. Dahinter lag eine kleine kahle Fläche. Am gegenüberliegenden Ende rankte sich das Unkraut an dem verrosteten Maschenzaun empor. Am Fuß des Zaunes sah er einen kleinen Haufen Erde, der zu einem länglichen Viereck aufgeschichtet worden war. Ein kleines Holzkreuz stand an dem Ende des Haufens, der zum Zaun zeigte. Langsam trat er näher. Dann stand er direkt davor. Am Kreuz hing ein kleines Bild. Er kniete sich nieder, um es sich genauer anzusehen. Er streckte die Hand nach dem Bild aus und wollte es gerade aufnehmen, als ihn eine Stimme zusammenzucken ließ.

„Laß es hängen. Es gehört dir nicht!“ Die Stimme war hinter ihm. Erschrocken fuhr er herum und sah direkt in die Augen einer alten Frau. Sie war sehr seltsam gekleidet. Ihr schneeweißes Haar hing zerzaust in langen Strähnen über ihren Schultern. Aus ihrem zerfurchten Gesicht blitzten ihn zwei unnatürlich grellblaue Augen böse und kalt an. Unweigerlich lief ihm ein kalter Schauer über den Rücken.

„Wer sind Sie? Wo kommen Sie so plötzlich her?“ Er hätte schwören können, daß niemand hier war, als er kam. Wieso hatte er sie nicht kommen hören? Eigentlich war sein Gehör sehr gut. Auf seine Frage kam keine Antwort. Statt dessen verzog die alte Frau ihren Mund zu einem ironischen Grinsen. Sie musterte ihn ausführlich und lange von oben bis unten.

„Wer ist die Person auf dem Bild?“ Wieder nur Schweigen und kalte Blicke. Er kniete sich wieder hin und beugte sich zu dem Bild. Je näher er kam, desto deutlicher konnte er es sehen, und um so mehr kam die Gewißheit, daß er die Person auf dem Bild kannte. Gut kannte. Kurz entschlossen streckte er die Hand aus.

„Natürlich kennst Du sie! Es ist schließlich auch Deine Schuld!“ Die Stimme der Alten klang jetzt scharf und drohend.

„Du solltest es besser hängenlassen. Glaub mir, es ist besser für Dich.“

Er hielt in seiner Bewegung inne und zögerte. Bildete er sich das jetzt ein, oder war es tatsächlich etwas kühler geworden? Auch der Wind schien stärker zu wehen. Ihm wurde leicht schwindelig. Er schloß kurz die Augen. Ein greller Blitz zuckte in seinem Kopf auf. Schnell öffnete er die Augen wieder, griff kurz entschlossen zu und nahm das Bild ab. In dem Moment, als er einen Blick darauf warf, wurde ihm schlagartig klar, wer die Person war. Im selben Moment begann sich um ihn herum alles zu drehen, und der Boden verschwand unter seinen Füßen. Mit rudernden Augen versuchte er, irgendwo Halt zu finden, doch es war nur Leere um ihn herum. Er fing an zu fallen, immer tiefer und schneller zu fallen. Das Bild war verschwunden. Im Fallen sah er nach unten und erblickte in weiter Ferne ein grelles, pulsierendes Etwas, auf das er immer schneller stürzte. Vor Entsetzen wollte er schreien, doch er brachte keinen Ton heraus. Dann kam der Aufschlag.

Mit einem gequälten Laut und schweißgebadet wachte er auf. Er hatte einen Alptraum gehabt.

Es roch seltsam hier im Zimmer. Alles war so hell. Wo war er überhaupt? Es dauerte eine Weile, bis ihm bewußt wurde, daß dies hier ein Krankenzimmer war. Langsam kam seine Erinnerung wieder. Er hatte einen Unfall gehabt. Irgendwie war er von der Straße abgekommen. Da war etwas vor ihm gewesen, etwas Kleines, dem er ausgewichen war. Dann kam sein Wagen von der Straße ab. An mehr erinnerte er sich im Moment nicht.

Die nächsten Wochen verbrachte er im Krankenhaus. Zweimal wurde er operiert. Sein linkes Bein war bei dem Unfall arg in Mitleidenschaft gezogen worden. Ein paar Sehnen waren durch, Kreuzband oder so. Und ein Bruch. Der Heilungsprozeß ging nur langsam voran. Vor dem Fenster im Park stand eine dicke, knorrige, alte Eiche. Irgendwann waren ihre Blätter gold, dann gelb und dann waren sie ab. Der Patiententag lief immer gleich ab. Wecken, waschen, Frühstück, Therapie, Mittag, Besuchszeit, Abendessen, Nachtruhe usw., zwischendurch mal eine Tablette. Tag für Tag dasselbe Spiel. Bald erkannte er die Schwestern schon am Klang ihrer Schritte.

Als die Eiche anfing, einen weißen Schimmer anzunehmen, kam der Arzt und erzählte ihm, daß er nun gesund sei und nach Hause könne. Naja, noch nicht ganz gesund. Eine Zeitlang müsse er schon noch die Krücken zum Laufen nehmen, aber das werde schon. Am nächsten Morgen könne er dann heim.

Als die Sonne aufging, war er schon längst wach und hatte seine Sachen gepackt.

Nach zwölf Wochen Krankenhausaufenhalt konnte er wieder nach Hause. Yvonne hatte ihn jeden Tag besucht. Immer brachte sie irgendwas Selbstgemachtes mit. Sie saßen täglich wenigstens eine Stunde zusammen, zuerst an seinem Bett, später, als er schon mit Krücken umhergehen konnte, im Besucherraum. Und sie haben sich viel unterhalten. Irgendwann fragte sie ihn, ob er nicht mit zu ihr ziehen wolle, wenn er entlassen werde. Und irgendwann hat er zugestimmt. In den letzten Monaten, seit sie sich kennengelernt hatten, haben sie eine Menge Gemeinsamkeiten festgestellt. Warum also nicht? Sie waren zusammen in den Urlaub gefahren. Ins Ausland. Dort hatten sie sich eigentlich erst richtig kennengelernt.

Jetzt holte sie ihn vom Krankenhaus ab. Sie wartete vor der Station. Gemeinsam gingen sie nach Hause, zu ihr.

Bratenduft drang aus der Küche ins Wohnzimmer. Das Feuer im Kamin verbreitete ein gemütliches und doch ein wenig geheimnisvolles Licht. Dicke Schneeflocken drängten sich am Fenster. Gegenüber vom Kamin stand ein reichlich und festlich geschmückter Weihnachtsbaum.

Gähnend sah er sich im Raum um. Er war wohl wieder mal eingeschlafen und hatte geträumt. Wie schon so oft seit dem Unfall. Damals hatte er geglaubt, daß seine Freundin nicht überlebt hatte. Doch sie hatte nur ein paar kleine

Schürfwunden abbekommen. Er war damals einer kleinen Katze ausgewichen, die auf der Straße lag. Dann war er in den Graben gefahren und hatte sich mehrmals überschlagen. Doch seitdem hat sich sein Leben verändert. Zum Vorteil verändert. Er lebte nun mit seiner Freundin richtig zusammen. Sie ergänzten sich beide wunderbar.

Die Träume, die er seitdem hatte, hingen mit der Angst um seine Freundin zusammen. Ein Fachmann erklärte ihm einmal, daß sie einfach die Angst ausdrückten, daß er sie verlieren könnte. Darauf deuteten einige Symbole hin, die in seinen Träumen auftauchten. Das kleine Kreuz zum Beispiel, und auch das Haus im Wald, das er immer versuchte zu finden. Zwar waren diese Träume nicht sehr häufig, dafür aber um so intensiver. Besonders zur Weihnachtszeit kamen sie immer wieder. Dann war jedes Erwachen wie eine Erlösung.

Hinter dem Sofa ertönte ein leises Maunzen. Kurz darauf erschien eine Katze vor dem Kamin. Sie schnupperte neugierig und vorsichtig in Richtung des Feuers, dann machte sie es sich auf dem Teppich bequem. Nachdem sie ausgiebig ihr gestreiftes Fell geputzt hatte, streckte sie sich schnurrend in ihrer vollen Länge aus. Mit halb zugekniffenen Augen blinzelte sie abwechselnd ins Feuer und zu Tom auf dem Sofa hinüber.

Sie hatten ihr den Namen Susie gegeben. Sie war eine gutmütige Katze und noch sehr verspielt. Sie war wahrscheinlich höchstens zwei Jahre alt. Genau wußten sie das nicht, denn Susie war ein Findling. Yvonne hatte sie auf der Straße aufgelesen, als Susie noch ganz klein war. Seitdem lebte das Kätzchen hier und entwickelte sich fantastisch. Yvonne kam aus der Küche und setzte sich neben Tom auf das Sofa.

„Fröhliche Weihnachten, mein Schatz!“ Damit drückte sie einen Kuß auf Toms Lippen.

„Fröhliche Weihnachten!“ Tom sah sie nachdenklich an. Dann gab er ihr einen Kuß.

Susie kam aufs Sofa gesprungen und setzte sich zwischen Tom und Yvonne. Sie schnurrte immer noch. Man konnte ihre Zufriedenheit förmlich fühlen. Sie fühlte sich wohl. Das sollte sie auch. Schließlich war Susie schuld daran, daß ihre beiden Menschen zueinander gefunden hatten. Susie war die kleine Katze, die damals auf der Straße gelegen hatte. Heute waren die beiden fast dankbar dafür.

Tom legte noch etwas Holz im Kamin nach. Der Bratenduft wurde langsam stärker. Das war deutlich die Weihnachtsgans. Eine Weile saßen sie alle drei noch auf dem Sofa und sahen sich an. Sie verstanden sich auch ohne Worte.

Weihnachten ist ein Fest der Besinnlichkeit. Zu dieser Zeit kommen oft die intensivsten Gedanken und Erinnerungen.

„Komm Schatz, die Gans ist fertig!“ Tom und Susie standen fast gleichzeitig vom Sofa auf. Tom nahm Susie auf den Arm, was sie sich gern gefallen ließ.

Weihnachten ist auch ein Fest der Liebe. Und das soll auch so bleiben.